英語で伝える日本の文化・観光・世界遺産

山口百々男 著

Tell Me About Japan

An Introduction to Culture, Tourism and World Heritage Sites in Japan

牧野眞一／デリック・ブリス／佐原正夫 校閲

改訂版

三修社

Photos

p. 13（第 1 章扉）p. 17 皇居の二重橋
©iStockphoto.com/RoderickMacte
p. 22 雲仙岳付近（撮影・公開）米国地質調査所、石巻港（撮影・公開）米国海軍
p. 23（第 2 章扉）明治神宮遠望
©iStockphoto.com/TAGSTOCK1
p. 31（第 3 章扉）東京スカイツリー
©iStockphoto.com/Yasuppy
p. 41（第 4 章扉）お台場の花火
©iStockphoto.com/geargodz
p. 51（第 5 章扉）鎌倉の大仏
©iStockphoto.com/tma1
p. 56 江ノ島 ©iStockphoto.com/joel-t
p. 60 円覚寺 ©Akiko Shibata
p. 61（第 6 章扉）横浜赤レンガ倉庫
©iStockphoto.com/Kavuto
p. 69（第 7 章扉）箱根芦ノ湖
©iStockphoto.com/44kawa
p. 77（第 8 章扉）奥日光湯滝
©iStockphoto.com/Hiro1775
p. 80 東照宮鐘楼・p. 81 陽明門 (Public Domain) Fg2
p. 80 東照宮本殿・五重塔 ©663highland (CC BY-SA 4.0)
p. 82 中禅寺湖 ©iStockphoto.com/magicflute002
p. 84 三猿 ©iStockphoto.com/brytta
p. 87（第 9 章扉）p. 90 白川郷
©iStockphoto.com/M-Kurosuke
p. 94 飛騨高山祭り ©iStockphoto.com/gyro
p. 95（第 10 章扉）京都の舞妓
©iStockphoto.com/Imre Cikajlo
p. 99 祇園祭 © 読売新聞社
p. 103（第 11 章扉）清水寺三重塔 ©David Monniaux
p. 106 金閣寺 ©Keith Pomakis (CC BY-SA 2.5)
p. 107 龍安寺 ©iStockphoto.com/tassapon
p. 109 五山送り火 © 佐野宇久井 (CC BY-SA 3.0)
p. 113（第 12 章扉）東大寺南大門
©iStockphoto.com/coward_lion
p. 115 唐招提寺金堂 ©663highland (CC BY-SA 2.5)
p. 118 平城宮跡大極殿 ©iStockphoto.com/vichie81
p. 123（第 13 章扉）p.127 三重県二見ノ浦の夫婦岩
©iStockphoto.com/chichimikan
p. 128 伊勢神宮の鳥居 ©iStockphoto.com/alfa_t
p. 131（第 14 章扉）大阪城 ©iStockphoto.com/ngkaki
p. 139（第 15 章扉）姫路城 © 姫路市提供
p. 146 剣道 ©iStockphoto.com/OSTILL
p. 147（第 16 章扉）原爆ドーム
©iStockphoto.com/GLJones
p. 151 厳島神社 ©iStockphoto.com/Yobab
p. 154 灯籠流し ©iStockphoto.com/GI15702993
p. 155（第 17 章扉）p.161 兼六園
©iStockphoto.com/Peera_Sathawirawong
p. 163（第 18 章扉）出雲大社
©iStockphoto.com/snei1375
p. 165 錦帯橋 ©iStockphoto.com/Tom-Kichi
p. 171（第 19 章扉）鳴門海峡の渦潮
©iStockphoto.com/44kawa
p. 173 明石海峡大橋 ©iStockphoto.com/takashikiji
p. 179（第 20 章扉）日向海岸のソテツ
©iStockphoto.com/Antonio D'Albore
p. 185 高千穂渓谷 ©iStockphoto.com/Sara Winter
p. 187（第 21 章扉）長崎市内の橋
©iStockphoto.com/Sean Pavone
p. 194 踏絵 ©Takahide/PIXTA（ピクスタ）
p. 195（第 22 章扉）沖縄本島俯瞰
©iStockphoto.com/tc397
p. 203（第 23 章扉）松島海岸
©iStockphoto.com/ 永太朗斎藤
p. 211（第 24 章扉）浅虫温泉ねぶた祭り
©663highland (CC BY-SA 2.5)
p. 218 竿燈祭 ©iStockphoto.com/CHENG FENG CHIANG
p. 219 七夕飾り p. 220 花笠祭
©iStockphoto.com/Taku_S
p. 221（第 25 章扉）阿寒国立公園の鶴
©iStockphoto.com/plusphoto
p. 225 摩周湖 ©iStockphoto.com/kuzelv
p. 295 蚕蛾の繭 ©iStockphoto.com/lirtlon
p. 302 国立西洋美術館 ©PhotoNetwork/PIXTA（ピクスタ）
p. 305 沖津宮遙拝所 ©iStockphoto.com/Snowmode
p. 332 奄美群島 ©TANAKA JUUYOH (CC BY-SA 2.0)
p. 333 西表島のマングローブ
©iStockphoto.com/gyro
p. 333 西表島の海岸
©iStockphoto.com/Akira Nakatani

装丁　イシバシマサミ (Ishibashi Design Inc)
装画（カバー）©FUTO/PIXTA（ピクスタ）

はしがき

グローバル化社会と言われて久しい昨今、世界的な人の往来はもはや日常となりました。訪日外国人観光客の数は2013年から急増し、JNTO（日本政府観光局）の統計では2018年に28,560,080人に達しました。その後、2019年からCOVID-19（新型コロナウイルス）の影響を大きく受け状況は激変しましたが、2022年10月には入国者数の上限撤廃、外国人の個人旅行の解禁など水際対策が大幅に緩和され、訪日外国人観光客の数は徐々に回復してきています。海外から日本を訪れる人々はこれからまた大きく増えていくことでしょう。そして、訪日する人々に「日本を正しく紹介すること」は今後もその重要性を増すものと言えます。このような実情に合わせて、本書では以下のようなねらいに基づき、英語学習書としてさまざまな特長を盛り込みました。

本書のねらいと特長

●日本の文化・観光・世界遺産を正しく紹介したい人のために

特長1　サンプルダイアローグ

ガイドと観光客のサンプルダイアローグを通じて、日常英会話の中で使用する重要な基本語句・構文が学習できます。例えば、when it comes to (Kamakura), ... / Come to think of it, ... / never fail to (visit the Imperial Palace) などです。本文中の「ガイド」は日本人の通訳ガイド（Guide-Interpreter)、「観光客」は海外からの訪日観光客（foreign tourist visiting Japan）を指します。

特長2　アテンドの知識

日本文化を紹介するときには、英語に先立つ知識内容が問われます。各章のテーマについて歴史的な知識や文化背景の要点をまとめました。通訳・ガイドの際に重要な語句については、かっこ内に英語を併記しました。

特長3　Q&A 1～107

日本を訪れる外国人からの質問が多い107の項目について、英語による質疑応答の形式でまとめています。言葉（＝英語）と文化（＝知識）を融合させながら学習できるよう配慮しました。

●国家試験である全国通訳案内士試験の合格を目指す人のために

特長4　全国通訳案内士試験の対策に必要な内容

本書の知識内容ならびに英文解説は、「全国通訳案内士試験」（通称「通訳ガイド試験」）の対策として必須のものとなっています。第1次筆記の英語試験（特に定番の「英語による日本紹介」の設問）はもとより、日本語による「地理・歴史・一般常識」の試験対策として、効果的に学習いただけます。また、第2次の口述試験で出題される「外国人が日本に関して聞きそうな身近な話題」、「通訳ガイドに求められる日本文化・日本事情の内容」の質疑応答や、「英語による2分間スピーチ」などの基礎知識の準備としてご活用いただけます。

●観光英語検定試験（全国語学ビジネス観光教育協会・観光英検センター主催）の合格を目指す人のために

特長5　観光英語検定試験の傾向に沿った解説

「観光英語検定試験」（通称「観光英検」、全国語学ビジネス観光教育協会・観光英検センター主催）の最大の特色は、3級・2級・1級すべてにおいて「海外」と「国内」の観光事情がそれぞれ半分ずつ出題される点です。特に観光英検1級では口述試験が課せられ、「日本文化」と「外国の文化」、そして「国内観光」と「海外観光」がほぼ同じ比重で出題されています。一般的な英語学習素材はどうしても海外に関する内容のものになりがちですが、本書を活用することで、日本を語るため英単語またその用語の背景となる知識・教養を効果的に学ぶことができます。

本書の編纂にあたり、多くの人の協力を得ました。第1部の英文校正においては日本文化や日本事情に造詣が深い石田プリシラ氏やスティーブ・ベイツ氏に多くを負っています。第2部の英文面ではデリック・ブリス氏、また内容面では牧野眞一氏と佐原正夫氏の助力を得ました。諸氏の協力に対して深謝します。

2023年夏　山口百々男

目 次

自然遺産

第1部

日本の文化・日本の観光

ブックガイド

通訳ガイドの英語についてさらに学びたい方へ、また全国通訳案内士試験の受験対策をされる方への推薦図書です。本書と併せてのご利用をお薦めします。

(1)『**和英：日本の文化・観光・歴史辞典［三訂版］**』(2022年三修社)
見出し語（約5,500語）に関する解説や例文が多数記載されています。全国通訳案内士試験の受験対策の必携書。特に第2次口述試験の対策に最適です。

(2)『**英語通訳ガイド試験 問題と解説［第八改訂］**』(2015年研究社)
長年使われている英語通訳案内士試験対策書の最新版。とくに第2次口述試験対策のTell Me About Japan（日本の文化・観光・歴史・日本人論）は、本書と併用して学習されると良いでしょう。

(3)『**観光のための初級英単語と用例**』(2013年三修社)
(4)『**観光のための中級英単語と用例**』(2013年三修社)
英語通訳案内士試験第1次筆記試験における「通訳ガイド用語」の対策にとくに役立ちます。この本に取り上げられている語句が、毎年実際に出題されています。

(5)『**観光英検3級の精選過去問題**（CD付＆音声DL）』(2021年三修社)
(6)『**観光英検2級の精選過去問題**（CD2枚付＆音声DL）』(2021年三修社)
観光英語検定試験に実際に出題された過去問題から特に学習効果の高い設問を精選し、3回分の試験問題（筆記とリスニング）として再構成したオフィシャルな問題集です。筆記試験・リスニング試験の一問毎に詳しい解説があります。『2級の精選過去問題』には、巻末付録として「**観光英検1級**」の試験概要と出題例を掲載しています。

(7)『**英語で伝える江戸の文化・東京の観光**』(2017年三修社)
皇居から東京スカイツリーまで、江戸文化の残る東京の歴史的資産・観光名所を150項目取り上げ、英語によるガイド方法を紹介しました。歴史的・文化的な背景を盛り込んだ記述は、ボランティア通訳ガイドの方をはじめ、専門通訳ガイドを目指す方にも必携の一冊です。

第1章
昔の江戸城、今の皇居

サンプルダイアローグ

Guide: Most tourists never fail to visit the Imperial Palace when they arrive in Tokyo.

Tourist: Is this a conspicuous landmark in central Tokyo?

Guide: Yes, it is. The Imperial Palace used to be part of **Edo Castle**, the seat of the Tokugawa shogunate about 400 years ago.

Tourist: What does "Edo" mean?

Guide: It's the old name of Tokyo. The Emperor moved to Edo from Kyoto, then the capital of Japan, in 1869, after the Tokugawa shogunate was abolished.

Tourist: I see. By the way, is that bridge the main entrance to the Imperial Palace?

Guide: Yes, it is. We call this bridge "**Niju-bashi,**" **the double-arched bridge**. There is also a surviving turret of the old Edo Castle in the background.

Tourist: Who lives there now?

Guide: Presently, the Emperor and Empress do. The **Imperial Palace** has been the official residence of the Imperial Family since 1869.

Tourist: I see. I heard the Emperor was worshipped as a living god.

Guide: That was true before World War II. But that's all changed now.

Tourist: However, I believe many Japanese people still pay him deep respect.

Guide: Sure. We respect him as a symbol of the nation, with the same status, for example, as the King or Queen of England.

Tourist: Who is the present Emperor?

Guide: His name is Naruhito, the 126th Emperor. The Imperial Family has reigned for about 1,500 years.

Tourist: It's such a long time.

Guide: Yes, it is. The Imperial Palace is open to the public twice a year: on January 2, the New Year's celebration, and on February 23, the Emperor's Birthday.

Tourist: That's why the Imperial Family appears on the balcony of the

Palace to receive **congratulatory greetings** from crowds of well-wishers. Is that right?

Guide: That's right.

ガイド：東京に着くと観光客は必ずといってよいほど皇居を訪れます。
観光客：皇居は、都心のひときわ目立つランドマークになっているのですか。
ガイド：はい、そうです。約 400 年前、皇居は徳川幕府の本拠地である**江戸城**の一部でした。
観光客："Edo" とはどのような意味ですか。
ガイド：東京の古称です。徳川幕府廃止後の 1869 年（明治 2 年）、天皇が当時日本の首都であった京都から江戸にお移りになりました。
観光客：なるほど。ところで、あの橋は皇居への正門ですか。
ガイド：はい、そうです。「**二重橋**」と言います。背後には、今も江戸城の櫓《やぐら》が残っています。
観光客：今は、どなたが皇居にお住まいですか。
ガイド：現在は、天皇・皇后両陛下がお住まいです。1869 年以来、**皇居**は皇族の正式な居住地となっています。
観光客：なるほど。天皇陛下は現人神《あらひとがみ》（★キーワード参照）として崇拝されていたらしいですね。
ガイド：第二次世界大戦前まではその通りでしたが、現在はすっかり変わっています。
観光客：今でも、大勢の日本人が天皇陛下に深い敬意を示しているように思いますが。
ガイド：そのとおりです。天皇陛下は国の象徴として尊敬されているのです。例えば、英国の国王や王妃と同じような身分と捉えられています。
観光客：現在の天皇はどなたですか。
ガイド：126 代目の徳仁天皇です。皇族は約 1,500 年もの間君臨してきました。
観光客：ずいぶん長いですね。
ガイド：はい。年に 2 回、新年の 1 月 2 日と天皇誕生日の 2 月 23 日には、皇居が一般に公開されます。
観光客：皇室の方々がバルコニーに姿をお見せになって、国民の皆さんから**お祝いの挨拶（一般参賀）**を受けられるのですね。
ガイド：そのとおりです。

アテンドの知識

日本を訪れる外国人だけでなく、地方から上京する日本人も、必ずと言ってよいほど足を向ける観光名所に「皇居」があり、また洋の東西を問わず関心の深い「皇室」があります。

皇居（昔の江戸城）

東日本の表玄関・東京駅から丸の内ビル街を通り抜けると、皇居前広場（the Imperial Palace Plaza [Square]）に出ます。皇居（the Imperial Palace）は、昔の江戸城（Edo Castle）です。1457年（長禄元年）に室町時代後期の武将・大田《おおだ》道灌《どうかん》（1432-1486）が築き、1590年（天正18年）には徳川家康（1542-1616）の居城（江戸城）となりました。1603年（慶長8年）に徳川家康が徳川幕府（the Tokugawa shogunate）を開くと、政治の中心として本格的に町づくりが進められ、今日の東京の原型（the model for Tokyo）が生まれました。明治維新（the Meiji Restoration）で徳川幕府が倒れると、1868年（明治元年）に「江戸」は「東京」と改称されました。皇居も京都から江戸城に移り、現在は天皇（the Emperor）の公的な居住地（the official residence）で、国賓を迎える宴会を催す豊明殿（the *Homeiden* State Banquet Hall for entertaining state guests）などがあります。

皇室

皇室（the Imperial Household）は天皇を中心とするその一族のことで、「皇族」（the Imperial Family）とも呼ばれています。現在の天皇は、紀元前660年（皇紀元年）に即位（enthronement）された初代神武天皇（the first Emperor Jimmu）から数えた直系（a direct line of descent）で126代目の天皇に当たります。明治時代（the Meiji era）には、政治権力と軍事力を持っていましたが、第二次世界大戦（the Second World War; World War II）の敗戦後は、政務には直接関与せず、「国の象徴」（a symbol of the nation）となりました。皇室に関する公的な執務は、宮内庁（the Imperial Household Agency）が行っています。

新元号「令和」

2019年（平成31年）4月1日、新しい元号（the name of the new Imperial era）が「令和」に決まり、菅義偉内閣官房長官（Chief Cabinet Secretary Suga Yoshihide）によって発表されました。4月30日明仁天皇が生前退位（abdicate the Imperial Throne before death）され、それに伴い5月1日午前0時をもって徳仁皇太子（Crown Prince Naruhito）が新天皇に即位（ascend the Imperial Thone）されました。1989年（平成元年）1月8日に始まった「平成」は、2019年4月30日をもって31年間の歴史に幕を下ろすことになりました。5月1日からは新元号「令和」の時代が始まりました。天皇の退位に伴う改元は憲政史上初めてです。

「令和」の２つの漢字は万葉集（the Collection of Myriad [Ten Thousand] Leaves）の一節から選ばれました。最初の「令」の字は「美しい」、次の「和」は「調和」の意味です（The first character, “rei,” has meaning of “beautiful,” while the second character, “wa,” means “harmony.”）。

2019（平成31年）4月30日「退位礼正殿の儀」（Ceremony of the Abdication of His Majesty the Emperor at the Seiden [State Hall]）において明仁天皇（現・上皇）は次のように述べられました。“I sincerely wish, together with the Empress, that the Reiwa era ,which begins tomorrow, will be a stable and fruitful one, and I pray, with all my heart, for peace and happiness for all the people in Japan and around the world.”「明日から始まる新しい令和の時代が、平和で実り多くあることを、皇后と共に心から願い、ここに我が国と世界の人々の安寧と幸せを祈ります」

上皇・上皇后

明仁天皇が2019（平成31年）4月30日に生前退位され、新元号が幕開けすると、天皇・皇后の英語名は各々「上皇陛下」（His Majesty the Emperor Emeritus）、「上皇后陛下」（Her Majesty the Empress Emerita）となりました。呼称は、「明仁上皇」・「明仁上皇陛下」そして「美智子上皇后」・「美智子上皇后陛下」です。「上皇上皇后陛下」はTheir Majesties the Emperor Emeritus and Empress Emeritaです。ちなみに、emeritus（ラテン語で「退職した」の意）は、多大な功績のあった者に対する敬虔と敬意を示す称号です。

明仁天皇は1989年（昭和64年）1月7日から2019（平成31年）4月30日まで日本の第125代天皇として在位されました。2016年（平成28年）8月8日生前退位の意向を示すため国民に向けて「おことば」（⇒22頁）をテレビ放送されました。

二重橋

Q&A 1 国歌（君が代）

Q 「君が代」には、どのような意味がありますか。そして、いつごろ制定されましたか。**What does *Kimi-ga-yo* mean? When was it settled?**

A "Kimi" refers to the Emperor, and the word "Yo" applies to the Era (when the Emperor reigns over the people). Therefore *Kimi-ga-yo*, meaning "His Imperial Majesty's Era," is the national anthem of Japan.

The classical Japanese poem of this national anthem is originally found in the Kokin-wakashu (Collection of Ancient and Modern Poetry), compiled in the 10th century (in 905). The poet's name is unknown. The poem contains the prayer: "May the Emperor's Era last forever till small pebbles grow up into a big rock, and become covered with moss." The melody was composed by Hayashi Hiromori (1831-96), an Imperial Court musician, in 1880, and then arranged by Franz Eckert, a German musician, to constitute today's *Kimi-ga-yo*. *Kimi-ga-yo* was officially adopted by the Imperial Household Agency as the national anthem of Japan in 1880.

【主旨】

「君」とは「天皇」のこと、また「代」とは「(天皇が世の中を統治する) 時代」のことを指します。したがって、「君が代」は「天皇の時代」を意味する日本の国歌です。

国歌の歌詞は、元来 10 世紀（905 年）に編纂された古今和歌集の中にあります。詩人の名は不明です。歌詞には、「天皇の時世が、小石が大岩になり、苔が生えるまで永遠に続くように」という祈願が込められています。メロディは、1880 年（明治 13 年）に雅楽家の林広守（1831-96）が作曲し、ドイツの音楽家フランツ・エッケルトが編曲しました。こうして現在の「君が代」が完成したのです。1880 年（明治 13 年）には宮内庁により国歌として採用されました。

Notes

- □ **national anthem** 国歌
- □ **compile** 編纂する
- □ **last forever** 永久に続く
- □ **pebble** 小石 ☆小さな玉石。神社参道（例：明治神宮）などでよく見かける。
- □ **compose** 作曲する
- □ **arrange** 編曲する

Q&A 2　国名（日本）

Q 「ニッポン」と「ニホン」とは、どのように違うのですか。**What is the difference between “Nippon” and “Nihon”?**

A The two names of the Japanese country originally came into use around the 7th century when Prince Shotoku (574-622) used the word “place from where the sun rises” to refer to his country in a letter he sent to China. The meaning of this expression was translated into a pair of Chinese characters that indicated the name of the country in writing. At first the Chinese characters of the country were called “Yamato.” Today’s usage of “Nippon” or “Nihon” was adopted in the Nara period (710-794).

There is no general rule to distinguish the two ways of reading. In 1934, “Nippon” was designated by the Ministry of Education’s Provisional Japanese Language Council as the official name for Japan. “Nippon” is often used on official occasions, such as at international sports games and on the postage stamps. “Japan” is the formal name designating the country of “Nippon” or “Nihon” in the English language.

【主旨】

日本国に対する２通りの呼び名の起源は７世紀頃で、聖徳太子（574-622）が中国に送った親書において日本を「日《ひ》出《い》ずる国」と表現したことに由来します。この表現が中国に渡り、文書において日本の国名を表す２字の漢字に翻訳されました。これらの漢字は当初「ヤマト」と発音され、現在の「ニッポン」または「ニホン」という呼称は、奈良時代に入ってから用いられるようになりました。

２通りの読み方を区別する一般規定はありません。1934年（昭和９年）には、日本の正式呼称として「ニッポン」が文部省（現・文部科学省）の臨時国語調査会で指定されました。国際競技大会や郵便切手など正式の場合には「ニッポン」がよく用いられます。「ジャパン」は、「ニッポン」または「ニホン」の国を英語で表現する正式名です。

【注】「固有名詞」は要注意です。例：「日本橋（東京）」（ニホンバシ）。「日本橋（大阪）」（ニッポンバシ）。

Notes

- □ **come into use** 使用する
- □ **adopt** 採用する
- □ **translate** 翻訳する
- □ **Chinese character** 漢字 ☆ character「(それ自体が意味を持つ）表意文字」。letter「(仮名やアルファベットのように、それ自体は意味を持たない）文字」
- □ **distinguish** 区別する
- □ **designate** 指定する
- □ **the Ministry of Education** 文部省 ☆「文部省」(Ministry of Education, Science and Culture）は 1871 年（明治 4 年）に設置された。2001 年（平成 13 年）には「文部科学省」(Ministry of Education, Culture, Sports, Science and Technology [MEXT]）と改名された。☆ MEXT（英語表記の略語）は頭文字の MECSST（メクスト）の発音から "CSS" を "X" と表記したもの。文部科学省の略語は MEXT と定められている。

Q&A 3 国旗（日章旗）

Q 日本の国旗には、どのような意味がありますか。そしていつごろ採用されましたか。**What is the meaning of the national flag of Japan? When was it adopted?**

A The national flag of Japan is called "Hi-no-maru" or "Nisshoki," which means "the flag of the rising sun." The flag has a red circle, symbolizing the sun, in the exact center of a white field.

In ancient times, people who worshipped *Amaterasu–Omikami*, the Sun Goddess, believed that the sun rose in their country. The design of the rising sun was used on shrines and banners. In the 16th century, it was accepted by the Tokugawa shogunate as a flag for showing the nationality of Japanese ships. In 1870, the flag of the rising sun was formally adopted by the Meiji Government as Japan's national flag for use on Japanese merchant ships.

【主旨】

日本の「国旗」は、「昇る太陽の旗」という意味を表す「日の丸」または「日章旗」と呼ばれています。旗には白地のちょうど中心に太陽を象徴する赤い円があります。

昔、太陽神である「天照大神」(★キーワード参照）を崇拝していた人々は、太陽は日本から昇ると信じていました。「日の丸」のデザインは、神社の旗や幟に用いられました。16 世紀に入ると、「日の丸」は日本船の国籍を表す旗として徳川幕府に容認され、1870 年（明治 3 年）には、日本商船に掲げる日本の国旗として、明治政府によって正式に採用されました。

Notes

□ **banner** 幟、旗

□ **nationality** 国籍

キーワード

★現人神　a living god [deity]; god [deity] in human form. An emperor was worshipped as a living god before World War II. The defeat of Japan in 1945 brought renunciation of divinity by the emperor.
現世に人の姿で現れる神（a deity who is a human being）。人の姿をした神としての天皇（a “living-god” emperor）。戦前、特に第二次世界大戦中は天皇の神格化（deification of the Emperor; the Emperor viewed as a god）が強かった。しかし戦後の 1946 年には天皇の神性が否定され、昭和天皇は「人間宣言」（Humanity Declaration: the Emperor viewed as a human being）を宣言・公布された。

★天照大神　the Sun Goddess; Great deity illuminating Heaven. She is enshrined with the Sacred Mirror (as one of the three regalia [treasures] of the Japanese imperial throne), in the Inner Sanctuary of Ise Grand Shrine in Mie Prefecture. The Sacred Mirror is believed to represent the sacred body of *Amaterasu-Omikami*, the original ancestress of the Imperial Family. She is regarded as the national deity of Japan.
三重県伊勢神宮の内宮に「八《や》咫《た》の鏡」とともに祀られている。鏡は皇室の初代祖先である天照大神の御身体を表すと信じられ、日本の国民的神として仰がれている。☆神話によると、天照大神はイザナギとイザナミの女《むすめ》で、皇室の祖先（the supreme deity of Shintoism and the ancestral goddess of the Imperial Family）とされる。「日の神」（the Sun Goddess）と仰がれ、太陽と同一視される神道神話の女神（the female deity of Shinto mythology who is identified with the sun）である。

コラム❶

明仁天皇の生前退位と「祈りの旅」

■2016年（平成28年）8月8日にテレビ放送された、明仁天皇の生前退位に関する「おことば」より一節を抜粋します。

"(Partially omitted) I ascended to the throne approximately 28 years ago, and during these years, I have spent my days together with the people of Japan, sharing much of the joys as well as the sorrows that have happened in our country. I have considered that the first and foremost duty of the Emperor is to pray for peace and happiness of all the people. At the same time, I also believe that in some cases, it is essential to stand by the people, listen to their voices, and be close to them in their thoughts."

(extracted a passage from Emperor Akihito's speech)

「（中略）私が天皇の位についてから、ほぼ28年、この間私は、我が国における多くの喜びの時、また悲しみの時を、人々と共に過ごして来ました。私はこれまで天皇の務めとして、何よりもまず国民の安寧と幸せを祈ることを大切に考えて来ましたが、同時に事にあたっては、時として人々の傍らに立ち、その声に耳を傾け、思いに寄り添うことも大切なことと考えて来ました」

出典：宮内庁ホームページ（https://www.kunaicho.go.jp/page/okotoba/detail/12）

■祈りの旅

明仁上皇陛下は在位中、国内の自然災害の被災地へ、また国内外の戦場跡地へ平成という時代を通じて「祈りの旅」を歩み続けられました。「雲仙・普賢岳噴火の被災地」（1991年）、「初の沖縄激戦地」（1993年、沖縄訪問回数11回）、「阪神大震災」・「長崎・広島慰霊の旅」（1995年）、「新潟県中越地震の被災地」（2004年）、「サイパンの慰霊」（2005年）、「東日本大震災の被災地」（2011年）、「硫黄島の激戦地」（1994年）、「フィリピンの慰霊」（2016年）、「パラオの慰霊」（2015年）、「西日本豪雨の被災地」（2018年）、その他欧米・アジア諸国への「戦没者祈念碑での慰霊」等々、「祈りの旅」が続きました。その総距離は地球を3周するほどになると伝えられています。

火砕流堆積物のつもった
雲仙岳付近

津波の被害を受けた後の石巻港（2011年）

第2章
日本人の心のオアシス・明治神宮

サンプル・ダイアローグ

Tourist: **Meiji Shrine** is located in a quiet place even though it is in the bustling city of Tokyo.

Guide: Yes, it is. We call this shrine "**Meiji Jingu**."

Tourist: Is that the entrance gate to the shrine?

Guide: Yes, we call this kind of gate, "**torii**." This is one of the largest wooden *torii* gates in Japan.

Tourist: Who is enshrined here?

Guide: This shrine is dedicated to the deified spirits of **Emperor Meiji and Empress Shoken**. They passed away about 110 years ago.

Tourist: I see.

Guide: Emperor Meiji achieved the Meiji Restoration and promoted friendship with overseas countries by opening Japan's door to the outside world. Empress Shoken promoted women's education and worked for the establishment of the Japan Red Cross.

Tourist: That's why this shrine was constructed in commemoration of their virtues, right?

Guide: You're correct. Many people come here to express their reverence for the deified spirits. At the *torii* gate, they never fail to bow once when entering and leaving the shrine.

Tourist: I see. By the way, most people seem to worship in front of the shrine. Could you tell me how to do that?

Guide: Before proceeding to the main shrine building, you have to stop first at the "**temizuya**," the font for ablution, to purify yourself.

Tourist: What should I do?

Guide: First, you must wash your left hand and then your right hand using water from the stone basin. Next you must rinse your mouth using water from the dipper. But you should be careful not to touch the dipper directly with your lips. Finally you have to wash the dipper.

Tourist: All right. I'll just do what the other people are doing.

Guide: That's a good idea. Okay then, shall we go to the main shrine building?

Tourist: Yes. Let’s go.

Guide: Here we are at the **offertory box**. You may throw some coins into this box. First, bow politely twice at the oratory. Then, clap your hands twice. You may make a wish while you pray. Finally, bow politely once again. We call this ceremonial process, “Kashiwade.”

Tourist: Thank you.

Guide: Please do not take photos or videos close to the main shrine building in order to preserve the dignity of this holy place.

観光客：**明治神社**は、賑やかな東京の中とは思えないほど静かな場所にありますね。

ガイド：はい。「**明治神宮**」と呼ばれています。

観光客：あれは、神宮（神社）への入口の門ですね。

ガイド：はい、「**鳥居**」と言います。これは、日本最大の木製鳥居（⇒ Q&A 5）の１つですよ。

観光客：この神宮には誰が祀られているのですか。

ガイド：**明治天皇**（1852-1912）**と昭憲皇太后**（1849-1914）の御霊《みたま》に捧げられています（⇒ Q&A 4）。両陛下は、約 110 年前に崩御されました。

観光客：なるほど。

ガイド：明治天皇は明治維新を実現させ、日本の開国を通して海外諸国との友好関係を推進しました。昭憲皇太后は女性教育を促進し、日本赤十字社の設立に貢献された方です。

観光客：そのようなわけで、この神宮（神社）は両陛下の聖徳を記念して創建されたのですね。

ガイド：そのとおりです。ここに祀られた御霊に敬意を表すため、大勢の日本人が参詣します。参拝の前後に鳥居をくぐる際には、必ず一度お辞儀をします。

観光客：なるほど。ところで、多くの人が神宮の前で礼拝していますね。どのようにすればいいのか教えていただけますか。

ガイド：本殿に進む前に、手を洗うための水溜め「**手水舎《てみずや》**」（★キーワード参照）に立ち寄って、身を清めなくてはいけません。

観光客：どうすればよいのですか。

ガイド：石盤から水を汲んで、まずは左手それから右手を洗います。次に柄杓《ひしゃく》から水をすくって口をすすぎます。でも唇で直接柄杓を触らない（柄杓に口をつけない）ように注意してください。最後に柄杓を洗います。

観光客：わかりました。他の人の作法を見てまねしてみます。

ガイド：それはいい考えですね。では、本殿に行きましょう。いいですか。

観光客：はい。行きましょう。

ガイド：**賽銭箱**の前に着きました。この箱に硬貨を投げ入れてください。まず、拝殿に向かって丁寧に2回お辞儀をします（二拝）。そして、2回両手を鳴らします（二拍手）。願い事をお祈りしてもいいですよ。最後に、もう一度丁寧にお辞儀をします（一拝）。この動作を「柏手《かしわで》」といいます。

観光客：ありがとうございました。

ガイド：本殿は神聖な場所としての品位を保たなければならないので、本殿近くでの写真やビデオ撮影は禁止ですよ。

アテンドの知識

明治神宮へ初詣に来た学生に、明治神宮はいつごろ創建されたかというアンケート調査（a questionnaire survey）が行われたことがあります。その結果は、古くは奈良時代、近くは昭和という様々な回答がありました。明治時代と回答したものも40%だったそうです。外国人ならいざ知らす、日本人として知っておきたい知識なのですが…。明治神宮は2000年（平成12年）で鎮座《ちんざ》（enshrinement）80年記念、2020年（令和2年）には鎮座百年記念を迎えました。

明治神宮

明治神宮（Meiji Shrine）は、1920年（大正9年）に、近代日本の礎を築かれた明治天皇と昭憲皇太后の御霊《みたま》を祀る（enshrine the deified spirits of the Emperor and Empress）ために創建されたのです。明治神宮の社殿（the sanctuary of Shinto shrine）は、1945年（昭和20年）の戦災で焼失しましたが、1958年（昭和33年）に再建されました。境内には20万本以上の樹木が茂り、広大な緑に包まれています。

ところで、「～神社」（Shinto shrine）や「～大社」（grand Shinto shrine）があるのに、なぜ「（明治）神宮」と言うのでしょうか。それは古代から皇室と深い関係がある神社、あるいは天皇を祀る神社だからです。例えば、京都にある有名な「平安神宮」（Heian Shrine）は、1895年（明治28年）に平安遷都《せんと》（the transfer [relocation] of the Imperial Capital to Kyoto）1,100年を記念して造営されました。この神宮には京都創建（the founding of Kyoto as the capital of Japan）の帝（a *mikado*; an emperor）である桓武《かんむ》天皇（737-806）と京都統治最後の帝である孝明《こうめい》天皇（1831-1867：明治天皇の父）の2柱が祀られています。京都三大祭りの1つである「時代祭」（Festival of the Ages）は、平安遷都1,100年を記念して始められた平安神宮の祭りで、毎年10月に行われます。

玉砂利《たまじゃり》

さて、明治神宮の参道には歩きにくい玉砂利（gravel; pebbles）があります。どうしてなのでしょうか。玉砂利の「玉」ですが、「御霊《みたま》」の「霊」（the spirit of the deceased person）と同じ意味があり、また「大切なもの」「美しいもの」を指します。「玉にきず」（a flaw in the gem [crystal; a precious stone]）という諺や「玉のような赤子」（a cute [lovable] baby）という慣用表現でおなじみです。「砂利」は「細かい石」（pebbles）の意味です。したがって「玉砂利」とは「御霊の宿る大切な美しい石」のことです。参道（the approach leading to a Shinto shrine）を進むとき、人々は清い石を踏むことにより心身を清めながら、神様に近づいて行くのです。

おみくじ

ところで、神社にはおみくじ（an *omikuji*; a fortune-telling paper）がつきものです。本来「神様の意思を占うもの」（an oracle bearing a certain Chinese character corresponding to a good or bad fortune written on a slip of paper）ですが、明治神宮では明治天皇と昭憲皇太后の教訓的な歌を厳選し、それに解説文を入れたものとなっています。

都民の憩いの場

明治神宮には、清らかで森厳《しんげん》な神宮の本殿（the sanctuary of Shinto shrine）を中心とした「内苑」（the inner garden）、そして明治天皇の偉業を描いた絵画を展示する聖徳《せいとく》記念絵画館（Meiji Memorial Picture Gallery）を中心とした「外苑」（the outer garden）があり、菖蒲田《しょうぶだ》（the iris garden）の花菖蒲の美しさは有名です。特に６月下旬から７月初旬の見頃には、多くの観光客が足を運びます。また「神楽殿」（a *kagura* hall [stage]）で見られる日本古来の「神楽舞」（a *kagura* dance and music performed by shrine maidens）は、見る者を古代日本の心の故郷《ふるさと》へと誘います。

こうしたことから、明治神宮は東京のオアシスと称えられ、都民の憩いの場（a place of recreation and relaxation for the citizens）として親しまれており、最近では地球環境保全（global environment conservation [preservation]; Earth environment protection）の役割を担う「緑の空間」（Green space, the Natural Environment）として注目されています。

菖蒲田

Q&A 4 明治神宮の御霊

Q 「明治神宮」の創建はいつですか。神宮には、どなたの御霊《みたま》が祀られていますか。**When was *Meiji-jingu* Shrine constructed? Whom was it built for?**

A *Meiji-jingu* is a Shinto shrine dedicated to the deified spirits of Emperor Meiji (1852-1912) and his consort, Empress Shoken (1850-1914). After they passed away, people wished to commemorate their virtues and constructed this shrine in 1920 with state funds to venerate them forever. The shrine was destroyed by fire in 1945 air raids, but it was rebuilt in 1958 using private donations.

The annual festival is held on November 3, Emperor's Birthday (Culture Day).

【主旨】

明治神宮は、明治天皇と昭憲皇太后の御霊に捧げられた神宮です。両陛下の崩御後、ご聖徳を讃える人々の声が上がり、永久に敬意を表すために、1920 年（大正 9 年）この神宮が国の資金で創建されました。神宮は、1945 年（昭和 20 年）の空襲の火災で破壊されましたが、1958 年（昭和 33 年）には個人の献金で再建されました。

例祭が 11 月 3 日の明治天皇の誕生日に行われます（文化の日）。

Notes

- □ **consort**（天皇・国王の）配偶者
  ▶empress consort 皇后
- □ **commemorate** 讃える
- □ **virtue** 聖徳、美徳
- □ **state funds** 国の資金
- □ **venerate** 崇める、尊敬する
- □ **air raid** 空襲 ▶be killed in air raids 空襲で死ぬ
- □ **donation** 寄付（金）、献金
- □ **annual festival** 例祭、年中行事

明治神宮

Q&A 5 明治神宮の鳥居

Q 明治神宮の「鳥居」が台湾産というのは本当ですか。**Is it true that the *Torii* Gates of Meiji Shrine are made of Taiwanese wood?**

A That's true. The large *torii* gates at the formal entrance to this shrine are made from *hinoki* cypress trees more than 1,500 years old, which were cut down from Mt. Dandai-yama in Taiwan.

The *torii* gate standing at the point where the southern and northern approaches meet is one of the largest (not the tallest) wooden *torii* gates in all Japan. It is about 12 meters in height, with pillars 1.2 meters in diameter.

【主旨】

本当です。この神宮の参道にある大きな「鳥居」は、台湾の丹大山《だんだいやま》（3,240m）から伐採された樹齢1,500年以上と言われるヒノキの材木で作られています。

南参道と北参道の出会い口の所にある鳥居は、日本最大（最高ではない）の木製鳥居です。高さ12メートル、柱の太さは直径1.2メートルです。（⇒ Q&A 48：鳥居）

Notes

- □ ***hinoki* cypress (tree)** ヒノキ ☆cypress「イトスギ」ヒノキ科の常緑樹。一度切れば二度と生えないことから、欧州では悲しみの象徴（喪・哀悼の印）としてよく墓地に植えられる。日本では最良の建築材として使用する。
- □ **approach**（神社の）参道
- □ **pillar** 柱、支柱
- □ **diameter** 直径

Q&A 6 明治神宮の建物

Q 明治神宮には、どのような建物がありますか。**What kinds of buildings are there in Meiji Shrine?**

A Meiji Shrine consists of three areas, which are as follows.

First, "Naien," or the inner garden, which is centered on the shrine buildings made from Japanese cypress trees and is famous for its iris gardens. Next, "Gaien," or the outer garden, which contains the Meiji Memorial Picture Gallery and Sports facilities including the National Stadium, one of the main sites of the events of the Tokyo Olympiad, a gymnasium, indoor swimming pools and baseball grounds. Lastly, the Meiji Memorial Hall, which includes the Marriage Hall managed by Meiji Shrine.

【主旨】

明治神宮は、下記の 3 地域から構成されています。

まずは「(神宮) 内苑」で、ヒノキの材木で建造された社殿を中心とし、菖蒲庭園でも有名です。次に「(神宮) 外苑」で、聖徳記念絵画館、そして東京オリンピック大会の主要競技場となった国立競技場・体育館・室内プール・野球場などのスポーツ施設があります。最後は「明治記念館」で、明治神宮直営の結婚式場があります。

Notes

□ **iris** 菖蒲 ☆ a Japanese iris; a sweet flag; a sweet sedge. サトイモ科の多年草

□ **the Olympiad** 国際オリンピック競技大会 (= the Olympic Games; the Olympics)

キーワード

★手水舎《てみずや》(「ちょうずや」とも言う)　a small roofed building [pavilion] for washing hands and rinsing mouth (in purification of spirit and body). It has a stone washbasin filled with water which is prepared to purify hands and mouth before worshipping at a Shinto shrine. It is located on the approach to the main building of a shrine.

(心身を清めるため) 手を洗い、口をすすぐための屋根付き建物。拝観前に手と口を清めるための石の水盤がある。神社の本殿に通ずる参道にある。☆キリスト教国の欧米人に対しては the font for ablution というほうが理解しやすい。font ablution (カトリック用語) : font はカトリック教会で洗礼に用いる水の入った「聖水盤」または「洗礼盤」のこと。ablution は宗教儀式で手や足などを「洗い清める」こと。

第3章
下町情緒あふれる庶民の街・浅草

サンプルダイアローグ

Tourist: This is a bustling area of Tokyo, compared with quiet Meiji Shrine.

Guide: Asakusa is one of the main amusement centers where the atmosphere of Tokyo's traditional downtown is still preserved.

Tourist: What is that gate with the huge red lantern hanging under its eaves?

Guide: It's called "**Kaminari-mon**" or Thunder Gate, the temple's front gate. It's a landmark of Asakusa. At either side stand two statues, "**Fujin,**" **the god of wind**, and "**Raijin,**" **the god of thunder**.

Tourist: Is this shopping arcade lined with stores selling many kinds of souvenirs and traditional Japanese goods?

Guide: Yes. We call this arcade "Nakamise-dori," which leads to the main entrance of **Senso-ji Temple**, the oldest in Tokyo.

Tourist: When was this temple built?

Guide: It was founded in the seventh century to enshrine a small golden statue of **Kannon, the deity of mercy**. The statue is said to have been caught in a fishing net in the Sumida(-gawa) River. That's why this temple is also called Asakusa Kannon Temple.

Tourist: Is that so? By the way, I'm curious to know why many worshippers draw the smoke from the big incense burner, with the long narrow burning sticks of incense placed in it, into their hands and rub it on their heads.

Guide: That's right. They believe they can be cured of illness and become much smarter when they are exposed to this smoke.

Tourist: I see. I'd like to give it a try.

Guide: Sure, go right ahead. If you have the chance to visit here in mid-May, you'll undoubtedly enjoy the **Sanja Festival**, one of the Tokyo's biggest festivals.

Tourist: What's special about this festival?

Guide: Many **portable shrines** are carried energetically through the streets on the shoulders of local men, women and children to the grounds of **Asakusa Shrine**. "Kagura," sacred Shinto dance and music, is performed here on the last day of the festival as well.

Tourist: Do many people come to see this parade?

Guide: Believe it or not, tens of thousands of onlookers gather for it every year.

Tourist: I hope I can see it someday.

観光客：ここは、閑静な明治神宮とは打って変わって、東京の中でも賑やかな地域ですね。

ガイド：浅草は、東京の伝統的な下町情緒を今に伝える人気観光エリアの 1 つです。

観光客：軒下に大きな赤提灯を吊した門は何ですか。

ガイド：「**雷門**」といい、お寺の正門です。浅草のランドマーク（シンボル）です。両側には「**風神**」と「**雷神**」の 2 つの像が立っています。

観光客：売店が並ぶ商店街には、いろいろなお土産物や日本の伝統品が売られているのですか。

ガイド：はい。このアーケードは「仲見世通り」と言って、東京最古の寺院である**浅草寺**（⇒ Q&A 7）本殿の入口に通じています。

観光客：このお寺は、いつ建てられたのですか。

ガイド：7 世紀ごろ、小さな金色の**観音像**を祀るために創建されました。この観音像は、隅田川で魚の網にかかったものだと伝えられています。だから、このお寺は「浅草観音寺」とも呼ばれているのですよ。

観光客：知りませんでした。ところで、大勢の参拝者が大きな香炉から線香の煙を両手で引き寄せ、頭にこすりつけています。あれはなぜですか。

ガイド：そうですね。この煙にさらされると病気が癒され、もっと賢くなれると信じられているのです。

観光客：なるほど。私も試してみます。

ガイド：是非やってみてください。5 月の中頃に浅草を訪れるチャンスがあれば、東京三大祭りの 1 つ、**三社祭**がきっと楽しめますよ。

観光客：お祭りでは何か特別なことがあるのですか。

ガイド：**浅草神社**（⇒ Q&A 8）の境内への**神輿**行列（⇒ Q&A 9）です。男神輿、女神輿や子ども神輿などを肩に担いで賑やかに市街地を運びます。祭りの最終日には、お神楽（⇒ Q&A 58）も演じられます。

観光客：大勢の人がこの行列を見に来るのですか。

ガイド：信じられないかもしれませんが、なんと、毎年幾万人もの見物客が訪れます。

観光客：いつかぜひ見たいです。

アテンドの知識

「火事と喧嘩は江戸の華」（Fires and fights are the soul of Edo. / Fires and fighting are what invigorate Edo.）は、下町に住む「ちゃきちゃきの江戸っ子」（a genuine [trueborn] Edokko; a Tokyoite to the backbone）の威勢の良さを表しています。火災の多かった江戸の名物は、命懸けの火消活動の最中に起こる町火消の喧嘩で、派手に喧嘩早くて鯔《いな》背《せ》で男気のある町火消は「江戸の華」とされていました。池波正太郎の小説『鬼平犯科帳』で有名な「火付盗賊改方」（the riot police against arsonists and burglars）や、歌舞伎の演目でも知られる「め組の喧嘩」にもその活躍が描かれています。

浅草寺

どの旅行社の東京観光ツアー（sightseeing tour in Tokyo）を見ても、必ずと言ってよいほど組み込まれているのが江戸っ子の下町、浅草です。また、外国からの来客を個人的に観光案内するときにも欠かせない場所の１つに東京都内最古の浅草寺（Senso-ji Temple）とその仲見世（shopping arcade）があります。浅草寺の歴史（創建628年）は古く、日本人であればその寺の名を知らぬ者はいないでしょう。

浅草寺の草創の伝承によると、「浅草寺」（正しくは金《きん》龍《りゅう》山《さん》浅草寺）の歴史は、実に約1400年前にさかのぼります。漁夫の兄弟が隅田川で漁をしていたところ、その日に限って魚が１匹もかからず、その代わりに「金の像」（a golden statue）がかかりました。その像を持ち帰り、近くに住む学者に見せると、それは「聖観世音菩薩」（Sho-Kanzeon-Bosatsu, the Deity of Mercy：浅草寺の本尊）の尊像（a respectable [an honorable] statue）だと言われました。そこで、兄弟は魚が捕れるようお祈りすると翌日は大漁（a big catch）となりました。それを聞いた学者は自宅に聖堂（a chapel）を設け、観音像を安置したのです。これが現在の「浅草寺」の起こりと言われています。

浅草神社

また、後世になって、兄弟と学者は「三社権現《さんじゃごんげん》」（the Three Deified Guardians）として祀られ、これが今の「浅草神社」（Asakusa Shrine）となりました。毎年行われる恒例の浅草神社の例大祭（an annual festival of a Shinto shrine）は、「三社祭」と呼ばれ、東京三大祭りの１つとなっています。

観音

ところで、「観音さまは男か女か」と聞かれることがあります。元来、観音（Kannon, the deity of mercy）は中性的（neutral; sexless）ですが、観世音菩薩はヒンドゥー教（Hinduism; the Hindu religion）の女神（a goddess）の影響が強くあります。また、観音とは「世の中の音を見る」という意味で、人々に対する慈悲の心が深く、人々の苦しみを救う仏です。したがって「観音」のことを英語でthe deity of mercyと表現できます。辞書によってthe god of mercy（男性）またはthe goddess of mercy（女性）といった表現がありますが、本書では中性的存在（neutral super-sex being）の the deity of mercy を使用します。観音像については、奈良の法隆寺「夢殿」や京都の「三十三間堂」で、その粋《すい》（the best; the pith）を見ることができます。

三社祭と神輿

三社祭（the Sanja Festival）の日には、数多く（約百基）の町神輿（a portable shrine of the town）が市中を練り歩きますが、最大の呼び物（attractions）は2兄弟と彼らの師を祀った3基の本社神輿の宮出し（carrying the *mikoshi* out of the shrine precincts）と宮入り（carrying the *mikoshi* into the shrine precincts）で、三手に別れて江戸下町情緒の強く残る市中を朝早くから夜遅くまで渡《と》御《ぎょ》すること（*mikoshi* procession）です。さて、神輿をどのように説明すればよいでしょうか。神輿は文字通り「運搬できる、神《しん》霊《れい》を安置する輿《こし》」のことですから、the portable Shinto shrine ですが、今ではれっきとした a mikoshi という国際語になっています。少し説明を加えて、It is a sacred palanquin that rests on two or four long horizontal poles. It is used as a god's vehicle to carry the spirit of deity.（2または4本の長い横棒に支えられた輿で、神霊を運ぶ神の乗り物として使用します）と表現できます。通訳ガイドをする上で非常に大事なので、その表現法はQ&A 9で後述します。

下町、浅草の魅力と東京スカイツリー

雷門（Thunder Gate）から仲見世通り（a shopping arcade; a shopping street lined along the temple in the precincts）を通過して観音堂（浅草寺）に入ると、そこには宝蔵門（Two-story Treasure House Gate）、五重塔（★キーワード参照）、伝法院（Denboin Temple）、さらには浅草神社（Asakusa Shrine）とその石造鳥居（a stone-made *torii* gate）など、「神」（deity）と「仏」（Buddha）が習合しながら点在しています。その裏通りを抜けると、日本最古の遊園地である浅草花屋敷（Asakusa Amusement Park）、また演芸ホールや映画館などがある大衆歓楽街（popular entertainment district）である浅草六区（Asakusa Rokku or Downtown Six Districts of Asakusa）、かつての遊郭地吉原といった庶民の人間界があります。神仏（deities and Buddhas）と人間臭さ（humanity; a human touch）が渾然一体をなす町、これが下町の浅草なのです。

2012年（平成24年）には東京スカイツリー（⇒Q&A 10）が電波塔・観光施設として開業しました。自立式鉄塔（free-standing steel tower）の電波塔としては世界一位の高さ（634m）であり、2011年（平成23年）にはギネス世界記録に「世界一高いタワー」として認定されました。ただし人工の建造物としてはアラブ首長国連邦ドバイ（Dubai）にあるブルジュ・ハリファ（Burj Khalifa:828m）に次ぐ世界第2位です。

なにはさておき、懐かしい江戸・東京を再発見する日帰りの旅（one-day trip）「浅草・東京スカイツリー」で訪れる観光スポットは、東京下町特有の文化の力強い息吹を感じさせられるものと言えます。

Q&A 7 浅草寺と浅草観音さま

Q 「浅草寺」のことを「浅草観音寺」と呼ぶのはどうしてですか。**Why is Senso-ji Temple called "*Asakusa Kannon* Temple"?**

A Senso-ji Temple is the oldest temple in Tokyo which was founded in the 7th century. This temple is popularly called "*Asakusa Kannon Temple*," because *Kannon*, the Buddhist deity of mercy, is enshrined there.

According to the traditional legend, two brothers, fishermen pulled up a tiny golden statue of *Kannon* by a fishing net from the Sumida River. They housed the sacred statue of *Kannon* in the chapel, which was later founded as a temple. People flocked to the chapel to worship *Kannon* as the principal Buddhist statue. Now this temple is called Senso-ji Temple after it was rebuilt and enlarged several times over the next 10 centuries.

【主旨】

浅草寺は、7世紀に創建された東京最古のお寺です。浅草寺は、観音さまが安置されているので通称「浅草観音寺」とも呼ばれています。

伝統的な故事によれば、2人の兄弟漁夫が小さな黄金の観音像を漁網で隅田川から引き上げ、観音の聖像を礼拝堂に納め、この礼拝堂は寺院となりました。人々は、観音をご本尊として崇拝するために礼拝堂に参詣するようになりました。この寺院は、その後の10世紀間に渡り再建・増築を重ねた末、現在の「浅草寺」を見るに至ったのです。

Notes

- □ **legend** 伝説、言い伝え
- □ **house**（安全に）収納する、保管する
- □ **chapel** 礼拝堂
- □ **flock** 集まる、群がる
- □ **worship** 崇拝する
- □ **the principal Buddhist statue** 本尊 ☆A *Honzon* is a principal statue [image] of Buddha enshrined as the object of worship in a Buddhist temple.「本尊とは、寺院で御神体として祀られる主要な仏像である」

Q&A 8 浅草神社と三社権現

Q 「浅草神社」にはどなたが祀られているのですか。**Whom was *Asakusa Shrine* built for?**

A Asakusa Shrine is also called "Sanja Gongen" (=Shrine of the Three Deified Guardians) or "Sanja Sama" (=Shrine of the Three Venerable Men), because the souls of three people are enshrined there. They are the two brothers named Hinokuma Hamanari and Hinokuma Takenari, who are said to have found a small golden statue of Kannon, the deity of mercy, in the Sumida River in 628, and their masters Haji no Nakatomo, who is said to have enshrined it in his house. Tokugawa Iemitsu, the third Tokugawa shogun, built the main shrine in 1649.

The "Sanja Festival," one of the Three Biggest Festivals in Tokyo, is held here in May every year in commemoration of the Three Deified Guardians.

【主旨】

浅草神社は、「三者権現」または「三社さま」とも呼ばれています。というのも三尊の御霊がここに祀られているからです。三尊とは、628年（推古36年）隅田川で小さな黄金の観音像を発見したと言われる2兄弟の檜前浜成と檜前竹成、そして観音像を自宅に祀ったと言われる彼らの師である土師中知のことです。1649年（慶安2年）には第三代将軍徳川家光公（1604-1651）が本殿を創建しました。

毎年5月になると、3人の権現を記念して東京三大祭りの1つである「三社祭」が行われます。

Notes

- □ **deified guardian** 神格化された守護者 ☆ guardian deity 守護神
- □ **venerable man** 尊敬すべき人、尊者
- □ **enshrine**（神聖なものとして）祀る、安置する
- □ **in commemoration of** を記念して

Q&A 9 神輿とその意味

Q 「神輿」とはどのようなものですか。どうして市中で運ぶのですか。**What is the *Mikoshi*? Why is it carried around the city?**

A The *Mikoshi* is a portable Shinto shrine, in which the spirit of the deity [god] temporarily reposes during a festival. The small shrine, resting on two or four long horizontal poles, is usually made of black lacquered wood with gilded decorations. Its roof is decked with a carving of an elaborate gilded phoenix. The *Mikoshi* is carried on the shoulders of many men and women wearing *happi* coats and short white pants, shouting "Wasshoi, Wasshoi, Wasshoi."

Whenever the *Mikoshi* is carried, the god's purifying power is believed to permeate the area, warding off evil spirits and spreading blessings.

【主旨】

「神輿」というのは、祭事のときに神霊を一時的に安置する運搬可能な神社のことです。2本または4本の長い横棒の上に置かれた小さな神社は、通常金箔で装飾された黒い漆塗の材木で作られています。その屋根は優雅な金箔の鳳凰鳥の彫刻物で飾られています。法被《はっぴ》と白い短パン姿の男女が神輿を肩に担ぎ、「ワッショイ、ワッショイ、ワッショイ」(★キーワード参照)という歓声をあげながら運びます。

神輿が運ばれるときは、悪霊を追い払い、天恵《てんけい》を与える、神の清めの力がその地域に広められていると信じられています。

Notes

- □ **portable** 運搬できる、持ち運びできる
- □ **deity** 神 (=god, goddess)
- □ **temporarily** 一時的に
- □ **repose** 安置する
- □ **rest** 置かれている、(特定の場所に) ある
- □ **deck** を飾る
- □ **purify** 清める
- □ **permeate** 浸透する、充満する
- □ **ward off** 撃退する
- □ **evil spirits** 悪霊
- □ **blessing** 恩恵、天恵

Q&A 10 東京スカイツリー

Q 東京スカイツリーについて手短にお話しください。**Please tell me about Tokyo Skytree in brief.**

A Tokyo Skytree is located about 1km east of Asakusa, a town filled with the atmosphere of *Shitamachi* (traditional shopping, entertainment and residential district in Tokyo), and about 2km northeast of Ryogoku, a town famous for *sumo* wrestling stadium.

The free-standing steel tower is also a broadcasting transmitter and has a maximum height of 634 meters. 6-3-4 is MU-SA-SHI in Japanese wordplay (*goroawase*). Musashi(-no-kuni) was a province of Japan which comprised presently the Capital Tokyo, most of Saitama Prefecture and part of Kanagawa Prefecture, mainly Kawasaki and Yokohama. The external appearance of Tokyo Skytree is designed to have graceful curves similar to a samurai sword in the aesthetic way of traditional Japanese buildings.

Tokyo Skytree employs cutting-edge Japanese technology to reproduce a modern version of traditional architectural design known as the “Shinbashira-Seishin” (Central Column Vibration Control for mitigation of seismic motion) used in the five-story pagoda. This structure is said to help minimize the impact of earthquake tremors and also strong winds.

【主旨】

東京スカイツリーは、下町人情の漂う浅草から東に約 1km、相撲の競技場（国技館）で知られる両国の北東約 2km に位置しています。

この自立式鉄鋼塔は放送電波塔としての役割も担っていて、634 メートルの高さを誇ります。「634」という数字は「武蔵《むさし》」の語呂合わせで、「武蔵（の国）」は、現在の東京都、埼玉県の大部分、神奈川県の一部（川崎と横浜）から成る日本の旧国名を指します。東京スカイツリーの外観は、日本の伝統建築にみられるような、日本刀に似た優雅な曲線を備えています。

東京スカイツリーの建設には、「心柱制震構造」と呼ばれる建築技術の粋《いき》が施されています。これは、五重塔（★キーワード参照）にも用いられている日本古来の建築設計を現代に再現したものです。この構造は、地震の振動や強風の衝撃を最小限に押さえることができると言われています。

Notes

- □ **free-standing tower** 自立式タワー（=self-supporting tower）☆建築物が支柱なしで立っている塔
- □ **broadcasting transmitter** 放送電波塔、放送の発信装置
- □ **wordplay** 語呂合わせ
- □ **comprise** から成る、包含する
- □ **aesthetic** 審美眼のある、景観に配慮した
- □ **Central Column** 心柱、中心的な柱
- □ **Vibration Control for mitigation of seismic motion** 制震、地震動を緩和するための振動制御（装置）
- □ **minimize** 最小化する、最小限度にする ⇔ maximize 最大化する
- □ **the impact of earthquake tremors** 地震の振動の衝撃

キーワード

★五重塔　a five-story [five-storied] pagoda (usually found in the precincts of a Buddhist temple). The pagoda is built to enshrine ashes (or relics) of Buddha as sacred objects in an altar, and Buddhist scriptures and Buddhist statues.
5層になった仏塔。祭壇には聖遺物として仏舎利、経典、仏像が安置されている。☆仏教の教えによると、「5層」は「地（earth）・水（water）・火（fire）・風（wind）・空（heaven）」の5つをかたどり、現世はこの5要素（the five elements of the universe）から成るとされる。人が死去すれば、この5要素に還元される。
【参考】奈良・法隆寺の五重塔（約33m）は607年建立、現存する最古のもの。京都・東寺の五重塔（約55m）は796年創建、火災後1644年（寛永21年）に再建されたもので、現存する最大かつ最高のもの。
日本古来の五重塔の内部には耐震性を強化するため「柔構造」の理論が用いられている。柔軟な構造を用いることにより、建築物に影響する地震の力を和らげ、建築物の破壊を制御する構造である。五重塔の心柱は独立していて他の構造体と接していない構造になっている。

★ワッショイ
この語源には諸説ある。『東京風俗志』には「和を背負う」と記載されている。すなわち、「和の心をもって平和を担《かつ》ぐ」の意味である。また「和《わ》一処《いっしょ》」（皆がひとつになって力を合わせる）とも言われる。一般には、「和《わ》して背負《せお》え」（みんな仲良く神輿を背負え）と解釈されている。

第４章
変わりゆく若者の街・秋葉原と原宿そしてお台場

サンプルダイアローグ

Guide: **Here we are at Akihabara**, often shortened to "Akiba." You might consider purchasing a camera at *Yodobashi Akiba*, the landmark of this area.

Tourist: I'd like to buy a reasonably-priced compact camera as a souvenir for my father.

Guide: Well, the store has a large selection so you can no doubt find something nice.

Tourist: Good. By the way, I'm surprised to see so much cartoon and video game software displayed on store shelves.

Guide: Not only that, there are other software as well.

Tourist: I can see many sorts of costumes and figurines being displayed in show windows.

Guide: Akihabara evolved from merely an '**electric town**' into a vast **shopping center** for anime video games and fashionable costumes for teenage girls.

Tourist: I see. Say, I'm getting a little thirsty. Can we find something cold to drink?

Guide: Sure. Why don't we find a "Maid Café" while we're here at Akihabara?

Tourist: Did you say "Maid Café"?

Guide: It's a kind of costume-play-themed restaurant that originated in Akihabara. Teenage girls dressed as elegant maids treat customers like masters and mistresses in a private home rather than merely as café diners.

Tourist: Wow, that sounds interesting!

Guide: When you enter the Maid Café, the "maids" offer a humble greeting, such as "Welcome back home, Master!" in order to play the role of a house servant.

Tourist: I imagine that makes customers feel as though they live in a grand mansion and can relax and enjoy the service as much as possible, right?

Guide: That's correct. When it comes to young people, we can visit

Takeshita Street in Harajuku this afternoon. You can see "Harajuku girls": teenagers adorned in all sorts of fashion styles. They may also be dressed in anime or manga costumes known as "cosplay."

Tourist: Sounds fun!

Guide: If you are interested in high fashion stores, we can visit **Omotesando Avenue** which is lined with many exclusive brand shops such as Prada, Chanel and Louis Vuitton. The avenue is sometimes referred to as "Tokyo's Champs-Elysees." The trendy "Omotesando Hills" is also there.

Tourist: Okay! I'm looking forward to visiting Harajuku this afternoon.

Guide: On the way back to your hotel this evening, we could stop by in Odaiba.

Tourist: What's that?

Guide: **Odaiba** is a large artificial **reclaimed land** in Tokyo Bay, across from the Rainbow Bridge connecting Odaiba to the heart of Tokyo. It is also a major shopping and sightseeing destination and popular with Tokyoites and tourists alike.

Tourist: That sounds interesting.

Guide: Yes, it really is. The view of the sunset on Tokyo Bay is stunning, and there's a big fireworks-display tonight.

ガイド：**秋葉原** (⇒ Q&A 11) **に到着しました**。略して「アキバ」と呼ばれることもあります。カメラをお探しなら、秋葉原のランドマーク「ヨドバシAkiba」で買うのがお勧めです。

観光客：父へのお土産に、手ごろな値段の小形カメラを買いたいと考えています。

ガイド：お店には様々な種類の商品が揃っているので、気に入ったものが見つかりますよ。

観光客：いいですね。ところで、お店の棚にはアニメや漫画のゲームソフトがたくさん並んでいて驚きました。

ガイド：それだけでなく、他にもいろいろな種類のソフトがあります。

観光客：ショーウィンドウに、コスチュームやフィギュアが並んだお店が多いですね。

ガイド：秋葉原は、**電気街**からアニメやゲーム、それに十代の少女向けのお洒落なコスプレ衣装の**商店街**へと変わりました。

観光客：なるほど。さて、のどが渇いたので、なにか冷たいものでも飲みましょう。

ガイド：いいですね。秋葉原に来たからには、「メイドカフェ」に入りましょう。

観光客：「メイドカフェ」ですか。

ガイド：メイドカフェは、秋葉原発祥のコスプレ飲食店の一種です。可愛いメイド服を着た十代の女の子が、カフェのお客様ではなく自宅のご主人様のようにもてなしてくれます。

観光客：おもしろそうですね。

ガイド：メイドカフェに入ると、メイド服の女の子がお手伝いさんの役になりきって、「お帰りなさいませ、ご主人様」というように丁寧な挨拶をするのです。

観光客：メイドカフェでは、お客さんがゆったりとリラックスでき、豪邸に住んでいるかのような雰囲気でもてなしてくれるのですね。

ガイド：その通りです。若者といえば、午後には**原宿** (⇒ Q&A 12) にある竹下通りに行きましょう。原宿エリアでは、流行の洋服で着飾った「原宿ガール」が見られますよ。その中にも、「コスプレ」として知られるアニメやマンガのキャラクター衣装を着ている人がいます。

観光客：楽しそうですね。

ガイド：ファッション店に興味があるなら、**表参道**に行きましょう。プラダやシャネル、ルイ・ヴィトンといった高級ブランドの支店が軒を連ねていて、「東京のシャンゼリゼ通り」と呼ばれることもあります。モダンなショッピングモール「表参道ヒルズ」もありますよ。

観光客：いいですね。午後、原宿に行くのを楽しみにしています。

ガイド：夕方、ホテルに帰る途中にはお台場に寄り道しましょう。

観光客：それは何ですか。

ガイド：**お台場** (⇒ Q&A 13) は、東京湾にある大きな人工**埋め立て地**で、都心とお台場を結ぶレインボーブリッジを越えた所にあります。東京の人だけでなく観光客にも人気の主要なショッピングエリア・観光地です。

観光客：おもしろそうですね。

ガイド：そのとおりです。東京湾の日没はすばらしく美しく、今夜は大規模な花火が楽しめますよ。

アテンドの知識

秋葉原

秋葉原といえば「世界有数の電気街（an electric town）」であり、洋の東西を問わず、世界から秋葉原に足を運ぶ人の数は絶えません。祝祭日ともなれば歩行者天国（a pedestrian [car-free] zone; a vehicle-free promenade）になり、雑踏の中で必ずといってよいほど家電量販店（an electronics retail store; a household appliance general merchandising store）の紙袋を手にする日本人・外国人を見かけます。家電製品（a home electrical appliance）が安く買える家電量販店がひきしめ合っています。駅前に建てられた巨大なヨドバシカメラマルチメディア店の開業は秋葉原の大衆化に一層拍車を掛けました。しかし今、時代の変遷の波が打ち寄せ、電気街とは別にパソコンマニアが集まるサブカルチャーの街に変貌しました。秋葉原はもともと「マニア」の街ですが、近年インターネットの普及とともに「オタク」（geek; nerd）向けの文化・産業が急激に広まりました。「秋葉原電気街」は「オタクの街・アキバ系の街」に変貌し、昔のアキバのイメージとは違った様相を呈しています。

フィギュアやコスプレ

フィギュア（figure）は元来英語で「人の形を模したもの」の意味ですが、昨今の日本では主に「漫画・アニメ・コンピューターゲーム等のキャラクター人形」を指します。「アニメ」は、英語では animation で「漫画映画」または単に「動画」のことを言う場合がありますが、最近の国際社会、特に米国では「マンガ」は英語で MANGA と言い、ANIME の語も用いられており、逆輸入語になっています。「メイド喫茶」（maid café）は「コスプレ系飲食店」（cosplay restaurant）の一種です。特に「コスプレ」は英語の costume play で、「仮装」または狭義で「アニメなどの登場キャラクターに扮する行為」のことを言います。最近では、海外でも cosplay が通用するようになってきており、Concise Oxford English Dictionary などの英英辞典にも記載されています。cosplayer は「コスプレ行為を行う人」のことです。秋葉原では「コスプレ系飲食店」、特にコスプレイヤーによる「メイド喫茶」が数多くあります。また、コスプレ集団は、今では秋葉原だけでなく原宿でもよく見かけます。近年、欧米やアジア諸国でも否定的な先入観なく、日本発の新しい文化として受容される場合が多くなっています。

原宿

原宿といえば、江戸時代には鎌倉街道（the Kamakura Road）の宿場町（a post-station town）として栄え、江戸の大名（the feudal lords in the Edo period）が多数居住していました。1920 年（大正 9 年）に明治神宮が創建され、神宮参詣者の増加に伴い、表参道の顔となりました。1964 年（昭和 39 年）の東京オリンピック（the Tokyo Olympic Games）では選手村の建設に伴い、外国文化の洗礼を受けた若者たちによる「原宿族」

が出現しました。1978年（昭和53年）ラフォーレ原宿（Laforet Harajuku）のオープンに伴い原宿はファッションの中心地となったのです。また1980年代には歩行者天国や代々木公園でラジカセを囲み踊る「タケノコ族」の若者が現れ、原宿の名は全国に広がりました。裏原宿系（神宮前から千駄ヶ谷までの一帯に広がる服装用品店の総称）などが先端的流行の発信地となりました。

原宿の竹下通り（Takeshita Street）は、若者向けのブティックが多数見られ、週末や祝日、また春休みや夏休みとなれば、コスプレや個性的なファッションの若者で混雑します。世界的にもファッションの街として知られており、近年では中国人やアジア系の観光客が急増しています。また日本の名物「100円ショップ」（a hundred-yen shop; a store in which every piece of merchandise sells for a hundred yen）も人気が高く、日本の土産物として100円ショップの品物を買い求める外国人観光客も目立ちます。

原宿の「表参道」には海外の有名なファッションブランド店が林立し、2006年（平成18年）には「表参道ヒルズ」（Omotesando Hills）がオープンしました。地上6階、地下6階で、地下3階から地上3階には国内外の有名ブランドなどがあります。内部は6層の吹き抜け構造（a wellhole-style entrance hall; an entrance hall built in wellhole style）になっており、その周りに床をスロープ状に傾斜させたスパイラルスロープの通路がらせん状につながっています。建物はケヤキ（*keyaki* [zelkova] tree）並木の街路とよく調和しています。

お台場

お台場は、東京都港区台場（東京湾埋立13号地北区）の通称です。今でこそ、人で賑わう行楽地ですが、江戸時代末期は、ペリー艦隊が来航して幕府に開国を要求した地でもあります。脅威を感じた幕府は、その防御のため洋式の海上砲台を建設させました。それが「品川台場」（品海砲台）で、後年、幕府はこの砲台を使わずに開国しましたが、幕府が築いた台場にちなみ「御台場」と呼ばれるようになりました。「第6台場」の名残は、今もレインボーブリッジ上を走る車窓から見ることができます。

お台場では、海浜公園が開放され、シンボルプロムナード公園内の夢の大橋（歩行者・自転車専用の橋）や自由の女神像（a replica of the Statue of Liberty）が見られます。フジテレビ（Fuji Television Network, Inc.）の巨大なビルや「アクアシティお台場」（Aqua City shopping center）、「パレットタウン」（Palette Town）などがあります。

近くには日本科学未来館（Japan's International Museum of Emerging Science and Innovation）や船の科学館（Museum of Maritime Science）、また東京国際展示場（Tokyo International Exhibition Center）、通称東京ビッグサイト（Tokyo Big Sight）などがあります。レインボーブリッジ（the Rainbow Bridge）は芝浦埠頭とお台場を結び、都心からのアクセスを容易にしています。

Q&A 11　秋葉原

Q 秋葉原地区についてお話しください。**Could you tell me about the Akihabara area?**

A Akihabara, worldly-known as Akihabara Electric Town, is a major shopping area for electrical appliances and electronics of all sizes including new and used items. New items are mostly to be found on the main street, while many kinds of used items are found in the back street. In the past several years, the main trend has been a shift away from general home electrical appliances toward the new world of computers. In recent years, the main trend has transformed from a town of electrical appliances and personal computer into the new world of the internet and the mecca of so-called "otaku" culture such as *anime* and figure shops. With name-brand computer sales in decline, *anime* shops have arisen in their places, selling to the *otaku* crowd. Some shops have a rich lineup of figures of all genres. It is featured by its abundant stocks ranging from miniature figures to big figures of hit *anime* characters. They sell life-sized figures and costumes for "cosplay" [costume play].

In 2008 the tragedy of indiscriminate massacre took place on the Sunday-vehicle-free promenade in Akihabara. Seven people were killed by a young man in an attack on a crowd using a truck and survival knives.

【主旨】

世界有数の秋葉原電気街は、新品や中古品を含め大小の電気製品や電子器具類を販売する主流商店街です。新品は通常表通りにあり、中古品は裏通りにあります。過去数年の傾向としては、一般的な家庭用電気製品から離れ、コンピューターの新時代に向けて変化したことです。最近では、電気製品やパソコンの街からさらにインターネットの新時代やアニメやフィギュア商店のような所謂「オタク」文化のメッカへと変貌しました。ブランドコンピューター販売が減少するに伴い、それに代わってオタク向けのアニメ商店が台頭しました。いくつかの専門店では、幅広いジャンルのフィギュアを扱っています。その特徴は豊富な品揃えで、ミニフィギュアから大きなものまで、様々な人気アニメキャラクターを取り揃えています。等身大フィギュアやコスプレ衣装も販売されています。

2008 年（平成 20 年）には秋葉原の日曜歩行者天国で若い男性による無差別殺人事件が起こりました。人ごみの中で、トラックとサバイバルナイフによる通り魔的犯行が行われ、7 人の犠牲者を出しました。

Notes

- □ **trend** 傾向
- □ **shift** 変化、変貌
- □ **transform** 変貌する
- □ **name-brand (item)** 銘柄（品）。☆ brand-new (item) 新品
- □ **decline** 減少（=decease）、衰退（=downfall）
- □ **lineup** 品揃え
- □ **genre** ジャンル、分野
- □ **range from** 及ぶ
- □ **life-sized figure** 等身大の人形
- □ **tragedy** 悲劇
- □ **indiscriminate massacre** 無差別の大虐殺
- □ **vehicle-free promenade [mall]** 歩行者天国

Q&A 12 原宿

Q 原宿について簡単に説明してください。**Could you explain the feature of Harajiku in brief?**

A Harajuku is the common name for the area including Meiji Shrine, NHK Broadcasting Center and the National Indoor Stadium constructed for the Tokyo Olympic Games in 1964. Harajuku is also internationally known for the most popular and trendy place for young people who flock to the area with fashionable boutiques and food stores catering to cosmopolitan tastes.

There are two main shopping streets on the east area of Harajuku. One is Takeshita-dori Street, well-known as a popular hangout for teenagers, where many small stores sell outfits catering to youth fashions, in addition to fast-food outlets. The other is Omotesando Avenue referring to as Tokyo's Champs-Elysees in recent years, where a number of new stores have opened such as the fashion building "Omotesando Hills" shopping mall and famous brand name stores from the world. Omotesando has been a rise in branches of expensive fashion stores such as Chanel, Prada, Dior and Louis Vuitton. Harajuku is a cultural haven for Tokyo's youth and Omotesando Avenue gives the area an atmosphere like that of European Avenues, having a distinct European feel to them.

Recently Harajuku girls [teenagers clad in any fashion style who are in the area of Harajuku] may be also dressed as characters from an *anime* [*manga*] known as cosplay. There are still teenagers hanging out in Harajuku, mostly on the bridge across the train tracks from Harajuku Station to Yoyogi Park.

【主旨】

原宿は、明治神宮、NHK放送センター、1964年（昭和39年）の東京オリンピック時に建設された国立屋内競技場を含むエリアの総称です。最先端のブティックが並ぶ原宿は、若者に絶大な人気を誇る流行の発信地として、また国際色豊かなグルメストリートとしても世界的に知られています。

原宿の東側には主なショッピングストリートが2つあります。1つは十代の若者の集まる竹下通りで、流行のファッションを扱う小さな商店や、ファストフード店が立ち並んでいます。もう1つは、近年東京のシャンゼリゼと呼ばれる表参道です。おしゃれなショッピングモール「表参道ヒルズ」や有名ブランド店が新たに開店し、シャネル、プラダ、ディオール、ルイ・ヴィトンといった高級ブランドの支店が続々と増えています。原宿は東京の若者文化中心地であり、表参道はヨーロッパの街路のような雰囲気をまとっています。

最近の原宿ガール［原宿地域で流行のファッションに身を包んだ十代の若者］は、「コスプレ」と言われるアニメやマンガのキャラクターの衣装を着ている場合もあります。原宿の中でも、原宿駅から代々木公園にいたる鉄橋の上は、そういった若者が数多くたむろする場所となっています。

Notes

□ **cater (to)** <1> 必要なものを提供する；要求を満たす <2> 料理をまかなう；（出向いて）宴会の準備をする ▶cater for weddings and parties. 結婚式や宴会に出向いて料理の準備をする。☆「仕出し屋」は caterer という。

□ **hangout** たまり場、いきつけの場所（=haunt; gathering place）☆動詞は hang out「たむろする」

□ **haven** 憩いの場、休息所、避難所（=a place of shelter and safety）

Q&A 13 お台場

Q お台場について手短に教えてください。**Please tell me about "Odaiba" briefly.**

A Odaiba is a large artificial reclaimed land in Tokyo Bay. People can visit Odaiba by way of the New Transit Yurikamome, a new unmanned traffic system that crosses the Rainbow Bridge to connect Shinbashi Station with Odaiba.

Odaiba attracts mostly young people as a new amusement hot spot in the city as well as a popular shopping and sightseeing destination for Tokyoites and tourists alike. Some major attractions include Aqua City Odaiba and Palette Town. The former includes a shopping mall with a 300-meter-long boutiques street, a multiplex cinema that employs the latest acoustic and screen technologies, and a gourmet zone that stretches over 15,000 square meters (the largest leisure zone of its kind in Japan). The latter includes the shopping mall (accommodating over 160 shops) called "a theme park for women" with an interior modeled after a European city in the 17th-18th century.

【主旨】

お台場は東京湾にある人工埋め立て地です。お台場へは新橋とお台場を結ぶレインボーブリッジを渡る新無人交通システムゆりかもめに乗って行きます。

お台場は都市の新しい歓楽街として、また東京人と観光客にとって等しく人気の高い買い物と観光の行き先地として多くの若者の心を引きつけています。主たる観光スポットとしてアクアシティお台場とパレットタウンがあります。前者には長さ 300 メートルのブティック通路のあるショッピングモール、最新の音響装置やスクリーン技術を備えた複合型映画館、15,000 平方メートル以上のグルメゾーン（この種のものでは日本最大）があります。後者には 17 ～18 世紀ヨーロッパの美しい街並みを再現した内装の「女性のためのテーマパーク」というショッピングモール（160 店舗収容）があります。

Notes

□ **unmanned traffic system** 無人交通機関

□ **multiplex cinema** 複合（型）映画館［施設］
☆ cinema complex「シネコン」とも言う。

第５章
美男におわす
大仏の都・鎌倉

サンプルダイアローグ

Guide: When it comes to Kamakura, many tourists make it a point to visit **Kotoku-in Temple**, which is famous for the Daibutsu, the Great Statue of Buddha. It is a symbol of Kamakura.

Tourist: I have seen this Daibutsu in photos.

Guide: The Daibutsu is a bronze statue of **Amida**, one of the **Buddhist divinities**. It sits cross-legged with a majestically **serene expression**.

Tourist: I'm just curious to know why the hands of the Buddha are laid on its lap, with the palms facing upwards and the thumbs touching each other.

Guide: This posture represents gesture of meditation with deep and steadfast faith.

Tourist: I see.

Guide: If you are interested in going inside the Daibutsu, you can climb as high as its shoulder and look out through a window in its back.

Tourist: That sounds interesting.

Guide: If you have time, I suggest visiting **Hase-dera Temple**, just a five-minute walk from the Daibutsu. There you can see the sacred eleven-faced statue of Kannon, the deity of mercy.

Tourist: Could you tell me more about this statue?

Guide: The statue was carved from a single nine-meter-tall camphor tree more than a thousand years ago. It is said to be the largest wooden sculpture in Japan.

Tourist: I'd love to stop by there after visiting the Daibutsu.

Guide: Also, please don't miss **Tsurugaoka-Hachiman-gu Shrine**, which is dedicated to Emperor Ojin and his mother. They were worshipped as the Shinto **warrior gods** called Hachiman.

Tourist: I see.

Guide: Kamakura is also a popular seaside resort that is often called "the Miami Beach of the Orient."

Tourist: Really?

Guide: And nearby **Enoshima Island** is a popular place to view Mt. Fuji. The yacht harbor there was the site of sailing events for the 1964 and 2020 Tokyo Olympics. Moreover, Katase Kaigan is noted for fine swimming and surfing beaches.

ガイド：鎌倉といえば、大仏で有名な**高徳院**への参観はかかせません。鎌倉のシンボルになっています。

観光客：以前、写真でこの大仏を見たことがあります。

ガイド：大仏は、**仏神**の 1 人である**阿弥陀**（⇒ Q&A 15）のブロンズ像です。威厳ある**穏やかな表情**を浮かべ、あぐらをかいて鎮座しています。

観光客：手のひらを上に両手をひざにのせて、親指を触れ合わせたポーズなのはなぜですか。とても不思議です。

ガイド：このポーズは、ゆるぎない深い信仰をもって瞑想している状態を表しています。

観光客：なるほど。

ガイド：大仏の中に入りたければ、肩の高さまで登って背中の窓から外の景色を見晴らすことができますよ。

観光客：おもしろそうですね。

ガイド：時間があれば、大仏から歩いて約 5 分の所にある**長谷寺**を訪れることをお勧めします。十一面観音像が見られますよ。

観光客：その観音像についてもう少しお話しください。

ガイド：この像は高さ 9 メートルの 1 本のクスノキから 1,000 年以上前に彫りだされました。日本最大の木造彫刻とされています。

観光客：大仏を見た後、立ち寄ってみたいですね。

ガイド：また、応神天皇とその母親（神功皇后《じんぐうこうごう》）に捧げられた**鶴岡八幡宮**も見逃せません。八幡と呼ばれ、**軍神**として崇拝されています。

観光客：なるほど。

ガイド：鎌倉は海岸保養地としても人気で、「東洋のマイアミビーチ」とも言われています。

観光客：本当ですか。

ガイド：近くには富士山の見える場所として有名な**江の島**もあります。そこのヨットハーバーは、1964 年（昭和 39 年）と 2020 年（令和 2 年）[2021 年実施] の東京オリンピックでのセーリング競技開催地でした。また、片瀬海岸は海水浴場やサーフィンで知られています。

アテンドの知識

昔、詩人の与謝野晶子（1878-1942）は鎌倉の大仏を見て「鎌倉や御仏《みほとけ》なれど釈迦牟《しゃかむ》尼《に》は美男におはす夏木立かな」と詠みました。でも、鎌倉の大仏は釈迦牟尼ではなく阿《あ》弥陀仏《みだぶつ》です（⇒Q&A 15）。ちなみに釈迦牟尼は釈迦如来《にょらい》（＝奈良の大仏）のことで、釈迦は仏教の開祖です。いずれにせよ、鎌倉の大仏さまは美男子なのです。

鎌倉の大仏（高徳院）

日本観光通訳協会刊行の Guide Text には、The Great Statue of Buddha has 656 curls on the head, all winding clockwise. のように記されています。「鎌倉の大仏の頭には 656 本の巻き毛があり、その巻き毛は時計回り（clockwise）、つまり右巻き」です。大仏の額（the forehead）には大きなホクロのような丸い白毫《びゃくごう》（a round boss）がありますが、これは「仏の知恵の象徴」（a symbol of Buddha's wisdom）です。眉《まゆ》（an eyebrow）の間には 1 本のカールがあり、そこから光を放ち、世の人々に対して「悟り」（permanent enlightenment）の境地を開かせると言われています。

鎌倉の大仏（the Great Statue of Buddha at Kotoku-in Temple in Kamakura, with its seated height of 11.4m）は、正式には高徳院の本尊（the principal statue of the Buddha）ですが、最初から露座《ろざ》（sitting in the open air）していたのではなく、1252 年（建長 4 年）に現在の金銅仏《こんどうぶつ》（the gilt bronze statue of the Buddha）が鋳造《ちゅうぞう》（casting）され、そのときは大きな木造建築物の中に安置されていました。しかし 1495 年（明応 4 年）の津波（tsunami; a tidal wave）で大仏殿（the Hall of the Great Statue of the Buddha）は破壊され、大仏そのものも台風や地震で被害を受けました。現在の姿に修復されるに至ったのは昭和初期です。大きさでは奈良の大仏（the Great Statue of Buddha at Todai-ji Temple in Nara, with its seated height of 15m）には及ばないのですが、美しさでは日本一の「阿弥陀如来座像」（a seated Statue of Amida Nyorai Buddha [Amitabha]）だと言われています。その手の組み方は「瞑想の状態」（gesture of meditation）を表しています。大仏の胎内《たいない》（the body of the Great Buddha）は拝観でき、そこに入ると下から一段ずつ溶接《ようせつ》（welding）していった工程がよく分かります。

鶴岡八幡宮

鶴岡八幡宮（Tsurugaoka-Hachiman-gu Shrine）は、奥州を平定して鎌倉に帰った河内源氏 2 代目の 源 頼義《みなもとのよりよし》（988-1075）によって、1063 年（康平 6 年）鎌倉の由比郷鶴岡（現・材木座 1 丁目）に鶴岡若宮として創設されました。そして 3 代目の源義家《よしいえ》（1039-1106）が 1081 年（永保元年）に修復を加えました。1180 年（治承 4 年）には、平家打倒の兵を挙げ鎌倉に入った鎌倉幕府の初代征夷大将軍《せいいたいしょうぐん》（generalissimo）である源頼朝《よりとも》（1147-1199）によって現在地に移されました。1191 年（建久 2 年）には現在の姿に整えられ、鎌倉幕府（the Kamakura shogunate）の儀式や行事はすべてここで行われ、京都と並び政治文化の中心地となりました。この神社は武家源氏・鎌倉武士の守護神（a guardian god; a tutelary deity）としての軍神（the god of war）です。

鎌倉時代に行われていた「流鏑馬《やぶさめ》神事」（horseback archery; the traditional rite of shooting arrows on horseback）が、現在でも4月と9月に行われ、大勢の人々を楽しませてくれます（⇒ Q&A 16）。社務所（a shrine office）から鳥居に至る参道が流鏑馬の馬場となり、猟装束《かりしょうぞく》（colorful hunting costume）の騎馬武者（a samurai warrior on horseback）が馬を疾走させながら次々と3か所の木製の的（a wooden target）を射って行きます。3つの的は、矢（an arrow）の当たりはずれによって早稲《わせ》（the early rice-plant）、中稲《なかで》（the mid-season rice-plant）、晩稲《おくで》（the late rice-plant）の出来・不出来を占う（the fortune-telling of a good or poor harvest）のです。

鎌倉

鎌倉は最初の武家政権が開かれた地であり、江戸と並び、武士によって築かれた都市です。江戸が東京となってからは当時の名残を留めていないのに対して、鎌倉はかつての景観が今も残存し、息づいています。このため2012年（平成24年）には「古都鎌倉の寺院・神社遺産」としてユネスコ世界遺産の登録を希望したのですが、イコモス（ICOMOS=International Council on Monuments and Sites 国際記念物遺跡会議）によって取り下げられました。

北鎌倉には座禅（⇒ Q&A 14）が体験できるお寺が多数あります。

長谷寺

大仏殿の近くには、奈良時代からあったと伝えられる古寺《こじ》（an old temple; a temple with a long history）の「長谷寺《はせでら》」（創建736年）があります。安置されている本尊「長谷観音」の名で親しまれている「十一面観音立像」（the standing statue of the eleven-faced Kannon Bodhisativa）は高さ約9.2メートルで、見上げるほどの巨大な木造の仏像は日本最大（the largest wooden statue of Buddha in Japan）級と言われています。この観音は8世紀（721年）に徳道上人《とくどうしょうにん》（656-735）が奈良で1本のクスノキ（camphor tree）から2体の十一面観音（同本異体）を作り、1本は奈良の長谷寺（＝桜井市初瀬にある真言宗豊山派総本山）に安置し、もう1本を海に流したところ、それが鎌倉に流れ着いたといわれています。人々は上人を招き長谷寺を建てて観音を祀ったと伝えられています。観音堂（the Kannon Chapel）が建っている平地には見晴らし台が設けられ、そこからは「東洋のマイアミビーチ」（the Miami Beach of the Orient）と言われる鎌倉の海や長谷の町並みが見渡され、晴天の日には三浦半島（the Miura Peninsula）まで一望することができます。

江の島

江の島（Enoshima Island）は片瀬海岸（Katase Beach）にある周囲約4キロの小さな陸繋島《りくけいとう》（a small offshore island）で、海岸の砂州《さす》（sandbar）と橋で結ばれています。島には日本三大弁天の1つに数えられる「江島神社」（Enoshima Shrine）があります。

年間を通して多くの観光客が訪れる、今も昔も変わらぬ風光明媚な湘南を代表する観光スポットです。周辺は釣り場としても人気が高く、ヨットハーバーとしても恰好の場所です。近くには、東京に近い海水浴場で知られる「由比《ゆい》ヶ浜」、江の島と富士山の美しい風景が一望できる「七里《しちり》ヶ浜」があります。今では世界初の飼育下５世とみられるバンドウイルカの誕生で一躍有名になり、さらには巨大な「相模湾大水槽」（Big Sagami Bay Tank）で人気が高い「新江ノ島水族館」（Shin-Enoshima Aquarium）があります。

銭洗弁財天

鎌倉駅から 20 分ほど歩くと、正式名は「銭洗弁財天《ぜにあらいべんざいてん》宇《う》賀《が》福《ふく》神社」（1185 年創建）、通称「銭洗弁財天」（Money-Cleansing Shrine）があり、境内につながる岩山のトンネルをくぐる洞窟（a grotto; a small cave）があります。ここの清水（the waters of a spring）で銭貨を洗うと何倍にも増える（multiply the money washed in it）という言い伝えがあり、ザル（bamboo basket）を片手にお金を洗う人々の姿が見られます。最近ではキャッシュカード（plastic card; bank card; ATM card）を洗う人もいるそうです。

銭洗弁財天にて

江の島を望む

Q&A 14　禅・座禅

Q 「禅」また「座禅」とは、どのようなものですか。**What is *Zen* and *Zazen*?**

A Engaku-ji Temple is a famous Zen temple, along with Kencho-ji Temple. Both temples are still Zen temples of the Rinzai sect of Buddhism, which was introduced by the Buddhist monk Eisai from China in the late 12th century.

Zen is defined as an enlightened state attained by achieving serenity of mind. Therefore, the purpose of *Zen* is to awaken to the truth and seek enlightenment by eliminating delusion while meditating silently. One of the practices used to attain enlightenment is *Zazen*, which means to sit cross-legged in silent meditation with eyes slightly open.

Today many people visit Zen temples in order to pursue truth by practicing *Zazen* as a method of spiritual training.

【主旨】

円覚寺《えんがくじ》は、建長寺と並び有名な禅寺です。両寺院は、12 世紀末仏僧栄西（1141-1215）によって中国から導入された臨済宗の禅寺です。

「禅」というのは、心の平静を成就することによって得られた悟りの境地のことです。従って、禅の目的は、静かに瞑想しながら心の迷いを無くして真理に目覚め、悟りを開くことです。悟りに到達するために行われる修業のひとつに「座禅」があり、かすかに目を開けたままあぐらをかき、静かに黙想することです。

今では多くの人が真理を求めるために禅寺に参詣して、精神修業の一環として「座禅」を行います。

Notes

- □ **Buddhist monk** 仏僧
- □ **define** 定義［規定］する
- □ **enlightened state** 悟りを得た状態 cf. enlightenment 悟り
- □ **serenity of mind** 心の静かさ
- □ **awaken (to)** （に）気付く、（に）目覚める
- □ **eliminate** 除去する
- □ **delusion** 妄想、心の迷い
- □ **meditate** 瞑想する cf. meditation 瞑想
- □ **pursue truth** 真理を追及する
- □ **spiritual training** 精神修行

Q&A 15 阿弥陀

Q 「阿弥陀」について簡単に説明していただけますか。**Could you explain *Amida* [*Amitabha*] in brief?**

A The Great Buddha in Kamakura is the bronze Image of *Amida* located in the precincts of the Jodo sect of Kotoku-in Temple. *Amida* (called also *Amida-Nyorai*) is the Buddha in Mahayana Buddhism, worshipped as the principal Buddhist Image in the Jodo and jodo-shinshu sects of Buddhism in Japan. *Amida* is believed to reside in the Pure Land of Amida Buddha in the West.

Anyone who often chanted the NENBUTSU ("I trust myself to the Amida Buddha") in faith, may go to the Buddhist Paradise after his or her death. *Amida* is usually depicted as sitting cross-legged on lotus flower pedestal with both hands resting on his lap or with his left hand on his lap and right hand raised. The Great Buddha in Kamakura is shown as the *Amida* statue being deep in meditation.

【主旨】

鎌倉の大仏は、浄土宗高徳院の境内にあるブロンズの阿弥陀像です。阿弥陀（別名：阿弥陀如来）は、日本では浄土宗・浄土真宗のご本尊として崇められている大乗仏教の仏さまです。阿弥陀は、西方の極楽浄土に住むと言われています。

信仰をこめて念仏《ねんぶつ》（「南無阿弥陀仏」★キーワード参照）を何度も唱える人は、死後極楽に行けるとされています。「阿弥陀」は、通常蓮の花の台座にあぐらをかき、両手を膝にのせているか、あるいは左手を膝におき右手を挙げた状態で表現されます。鎌倉の大仏は、禅定に入っている阿弥陀像としての姿を見せています。

【注】如来＝悟りを開いた人（⇒奈良の大仏 116 頁、122 頁参照）

Notes

- ☐ **Mahayana Buddhism** 大乗仏教
- ☐ **reside** 住む、宿る
- ☐ **the Pure Land of Amida [Amitabha] Buddha** 極楽浄土（=the Land of Perfect Bliss; the Buddhist Paradise）
- ☐ **chant** 詠唱する
- ☐ **in faith** 信仰をこめて
- ☐ **lotus flower** 蓮の花
- ☐ **pedestal** 台座

Q&A 16 流鏑馬

Q 鶴岡八幡宮で行われる「流鏑馬」が、いちばん代表的なものだというのはどうしてですか。**Why is the most famous example of *Yabusame* held at Tsurugaoka Hachiman-gu Shrine?**

A Tsurugaoka Hachiman-gu Shrine is dedicated to the god of war or the god of archery. "Hachiman" is the posthumous title of Emperor Ojin, who is deified as the god of war. Therefore *Yabusame*, or archery on horseback, is observed annually at this shrine on September 15 or 16. Participants in colorful hunting costumes of the Kamakura period (1192-1333) shoot at three stationary targets with bow and arrow while riding at full gallop.

Yabusame was originally practiced as a Shinto rite to pray for abundant harvests, and was later adopted to foster Japanese-style chivalry for samurai warriors, who vied with each other in horsemanship and archery. It is now demonstrated as a traditional festive event at Shinto shrines.

【主旨】

鶴岡八幡宮は、軍神、または弓術の神に捧げられています。「八幡」というのは応神天皇の戒名《かいみょう》（★キーワード参照）で、軍神として神格化されています。そのため毎年 9 月 15 日か 16 日には、「流鏑馬」がこの神社で行われています。鎌倉時代の色鮮やかな狩衣を着用した参加者は、馬に乗って疾走しながら弓矢で静止した 3 つの的を射るのです。

元来「流鏑馬」は、豊作を祈願する神道の儀式として行われていましたが、後世に至り武士道を養成するために取り入れられ、武士たちは馬術と弓道を相互に競い合いました。今では神社の伝統的な祭事として行われています。

Notes

- ☐ **posthumous title** 戒名
- ☐ **deify** 神格化する
- ☐ **stationary target** 固定された的
- ☐ **bow and arrow** 弓矢
- ☐ **Shinto rite** 神事、神道の儀式（=Shinto ritual）
- ☐ **abundant harvest** 豊作
- ☐ **adopt** 採用する、導入する
- ☐ **foster** 養う、育てる
- ☐ **chivalry** 騎士道 ▶Japanese(-style) chivalry 武士道
- ☐ **vie (with)**（～と）競う

キーワード

★念仏　chant of a Buddhist invocation of Amitabha [Amida Buddha]; to say a prayer to Amitabha [Amida Buddha]
阿弥陀仏への祈願 ☆「念仏」とは「仏、特に阿弥陀仏の名号《みょうごう》を唱えること」（the sincere repetition of the sacred name of Amitabha while chanting a prayer — "Namu Amida Butsu" [I sincerely believe in Amitabha]）で、浄土宗・浄土真宗・時宗などの念仏宗での祈祷。

★南無阿弥陀仏　"I worship Amitabha [Amida Buddha] and follow his doctrine."
「阿弥陀仏を敬い、その教えに従います」☆「南無」は I worship [pray to] and obey one's doctrine [teachings]（敬い、その教えに従う）、「阿弥陀」は Amida、「仏」は Buddha である。浄土教で阿弥陀仏に帰依し（believe in Amitabha）、絶大に信頼を寄せる（depend on Amitabha）こと。これを唱えることを「念仏」と言う。

★戒名　① a posthumous Buddhist name (given to a deceased person by a Buddhist priest). This name is written in several Chinese characters, which are engraved on his/her memorial tablet to be placed in the family [household] Buddhist altar (or on the gravestone). ② a Buddhist name given to a new Buddhist priest: a name given to a person who enters the Buddhist priesthood.
①僧侶が死者（故人）に付ける名前。数個の漢字で書かれ、仏壇（または墓石）におく位牌に刻まれる。☆浄土真宗では「法名」また日蓮宗では「法号」と言う。⇔俗名《ぞくみょう》。②戒を受けて仏門に入った者に与えられる名。⇔俗名。

禅寺として有名な円覚寺

第6章
エキゾチックな街・横浜

サンプルダイアローグ

Tourist: I'd love to visit Yokohama while I stay in Japan.

Guide: Sure. You should do that. Yokohama is East Asia's largest port and the main sea gateway to Japan.

Tourist: Could you show me around the interesting spots of Yokohama?

Guide: **With pleasure**. I'll take you **Yamashita Park,** Japan's first seaside park. This is a pleasant place for a **stroll** along the waterfront.

Tourist: Are there any spots of interest around this park?

Guide: You can see Yokohama Bay Bridge, which is **suspended by cables from two towers** and spans 860 meters. It's one of the biggest bridges of its type in the world.

Tourist: Really?

Guide: There is also Marine Tower, which used to be one of the highest, land-based lighthouses in the world.

Tourist: Is that so?

Guide: If you are fond of Chinese food, we can stop by for a bite at some Chinese restaurant.

Tourist: Do you mean in Yokohama's famous **Chinatown**?

Guide: That's right. This Chinatown is bigger than those in Kobe and Nagasaki, I think.

Tourist: I see. I'm looking forward to eating some Chinese food.

Guide: After eating, we'll stop by the famous Motomachi Shopping Street which is well-known as a shopper's paradise in Yokohama.

Tourist: I'd love to browse for a while if we have time.

Guide: Sure. Then we can see the **Yokohama Foreign General Cemetery,** which is for the foreign people who lived and died in Yokohama.

Tourist: O.K.

Guide: Then, let's go up to Minatono-mieru-oka Park, or Harbor-Viewing Park. From the top there's a panoramic view of Yamashita Park lying along the waterfront and the whole expanse of the **Port of Yokohama**.

Tourist: That sounds interesting.

観光客：日本にいる間に、一度は横浜を訪れたいと思います。
ガイド：ぜひそうすべきです。横浜は東アジア最大の港町で、日本の海の玄関口となっています。
観光客：横浜の名所を案内していただけますか。
ガイド：**喜んで**。日本初の臨海公園である**山下公園**（⇒ Q&A 17）まで案内しましょう。とても気持ちがよく、海岸通り沿いの**散策**に最適の場所ですよ。
観光客：この公園の周辺には、どこか名所がありますか。
ガイド：横浜ベイブリッジを見ることができます。**2つの塔からケーブルで吊られ**ていて、全長は860メートルです。このタイプでは世界最大級の吊り橋の1つです。
観光客：本当ですか。
ガイド：地上からの高さがかつては世界最高の灯台の1つであった、マリンタワーもあります。
観光客：そうですか。
ガイド：中華料理が好きなら、ちょっと中華レストランに行きましょう。
観光客：有名な横浜**中華街**のことですか。
ガイド：その通りです。この中華街は、神戸や長崎の中華街よりも大きいでしょう。
観光客：なるほど。中華料理を食べるのを楽しみにしています。
ガイド：食後は、横浜の買い物天国として有名な元町ショッピングストリートに寄りましょう。
観光客：時間があれば、少しウィンドウショッピングを楽しみたいですね。
ガイド：いいですね。次に、**横浜外国人墓地**を見学しましょう。横浜で生活し、ここで亡くなった外国人のために造られたものです。
観光客：いいですね。
ガイド：その後は、港の見える丘公園まで登ってみましょう。頂上からは海岸沿いに広がる山下公園と**横浜港**（⇒ Q&A 18）の全景が一望できます。
観光客：楽しそうですね。

アテンドの知識

横浜といえば、横浜ベイブリッジや21世紀の新しい港湾都市計画の「横浜みなとみらい21」(⇒Q&A 19) などがあります。「横浜みなとみらい」は横浜駅東口地区、中央地区、新港地区からなる地域（東京ドームの約40倍）で、桜木町駅に近接します。桜木町駅はいわゆる「初代の横浜駅」で、1915年（大正4年）に桜木町駅に改称されましたが、1872年（明治5年）5月7日に日本初の鉄道が「品川と横浜」の間で開業した際の、由緒ある場所です。横浜には一度は足を向けたい懐かしい観光ルート（sightseeing route）が多数あります。

山下公園

山下公園（Yamashita Park）は、横浜港に面して大桟橋（pier）の入り口から山下埠頭（wharf）まで1キロにわたる臨海公園（waterfront park）です。芝生や花壇、ベンチが置かれ、晴れた日に家族がのんびりと過ごす、海を見ながら恋人同士がベンチでゆったり過ごす、港を眺めながらソフトクリームをなめてぼんやりと過ごす…そんな公園です。

マリンタワー

マリンタワー（Marine Tower）は横浜港 (⇒Q&A 18) のシンボルで、横浜開港100年を記念して建てられた展望塔です。高さ106メートルのタワーの展望台（observatory）からは、港に停泊する外国航船、遠くは富士山や三浦半島（the Miura Peninsula）まで一望できます。このタワーは2008年までは灯台（lighthouse）としての機能をもっていました。

横浜ベイブリッジ

横浜ベイブリッジ（Yokohama Bay Bridge）は、全長860メートル、高さ172メートルの2本の塔からワイヤーで橋げたを吊す巨大な斜張橋《しゃちょうきょう》（cable-stayed bridge）です。264灯の投光器で主塔部分をライトアップし、魅力的な横浜港の夜景を演出しています。吊り橋（suspension bridge）の一種であるこの橋は、特に夜景が素晴らしく、埠頭にはカップルのためのペアシート（a seat for a good couple）も随所に見られます。

中華街

近くには中華街（Chinatown）があり、北京（Peking）、上海（Shanghai）、広東（Canton）、四川（Szechwan）の4大中華料理が楽しめます。「中華街」と朱で大書された西側入口の「善隣門《ぜんりんもん》」をくぐると、150軒以上の中華飯店が連なっています。客がズルズルと大きな音を立て中華ソバ（Chinese noodles）を食べているので、この大通りは「ズルズル通り」とも呼ばれているそうです。

港の見える丘公園

横浜の観光スポットとして忘れてはならないのが「港の見える丘公園」(Harbor-Viewing

Park）です。公園内の展望台からは、海岸沿いに広がる山下公園や横浜港の全景が一望できます。さらには「横浜ベイブリッジ」の夜景や日本一の高さを誇っていた横浜ランドマークタワー（Yokohama Landmark Tower）の姿も満喫できます。超高層ビルとしては 2014 年（平成 26 年）開業の「あべのハルカス」（Abeno Harukas: 高さ 300m、地上 60 階建）に日本一の座を奪われ、第 2 位の高さとなりました。しかし地下 3 階、地上 70 階で高さ 296 メートルの横浜ランドマークタワーは、最大分速約 750m の世界最高速エレベーターを有しています。ただし「降り」の速度のみで、「昇り」は 2004 年（平成 16 年）開業の「台北 101」のエレベーターが世界最速です。横浜ランドマークタワーは大規模な事務所・ホテル・ショッピングモール・文化施設など多彩な機能をもった日本最大級の複合開発型の超高層ビルです。

横浜外国人墓地

港の見える丘に行く途中には横浜外国人墓地があります。その昔、ペリー提督が黒船で東京湾に入港した後、1859 年（安政 5 年）に横浜が開港になり、1861 年（文久元年）には外国人の居留地となりました。そのとき、日本の近代化に尽力し、横浜に大きな功績を残した約 40 か国 4,400 人の外国人が眠るエキゾチックな墓地です。

キーワード

★老いも若きも　young and old

日本語と英語とで語順が違う表現に注意したい。

(1)「左右」right and left　「白黒」black and white
「新旧」old and new　「今昔」past and present
「貧富」rich and poor　「発着」arrival and departure
「寒暖」heat and cold　「水陸」land and water
「苦楽」joy and sorrow　「売買」buying and selling
「終始」from beginning to end　「死活」life and [or] death
「飲食物」food and drink　など

(2)「紳士淑女諸君！」Ladies and Gentlemen!
「寝ても覚めても」awake or [and] asleep; waking or [and] sleeping
「あちこち」here and there　「あれこれ」this and [or] that
「前後に」back and forth　「晴雨にかかわらず」rain or shine　など

(3) その他（決まり文句）「バター付きのパン」bread and butter
「鎖付きの時計」a watch and chain　「皿付きのカップ」a cup and saucer
「ハイボール」whiskey and soda

Q&A 17 山下公園の起源

Q 山下公園はいつ作られましたか。**When was Yamashita Park built?**

A Yamashita Park is well-known as one of the best parks for strolling or the best place to rest for young and old.

This park was built in 1930 as part of the reconstruction project of the Great Kanto Earthquake in 1923. The debris of collapsed buildings left by the earthquake was swept away and land reclaimed. The area was made into a beautiful park with lawns, trees and flowers. The Statue of "The Guardian of the Water," which stands in the fountain in the park, was presented in 1960 by San Diego, one of Yokohama's sister cities.

【主旨】

山下公園は、散策するためには最高の公園、また老いも若きも（★キーワード参照）休憩するには最高の場所として知られています。

この公園は、関東大震災の復興事業の一環として 1930 年（昭和 5 年）に造られました。破壊された建物などのがれきを一掃して埋め立てられ、そしてこの整地が芝生、樹木や花々のある美しい公園になったのです。公園にある噴水池に立つ「水の守護神」像は、1960 年（昭和 35 年）に横浜の姉妹都市であるサンディエゴから贈られた物です。

Notes

- ☐ **stroll** 散策する（=take a stroll）
- ☐ **reconstruction** 再建、復興
- ☐ **debris** がれき（類）
- ☐ **collapse** 崩壊する、倒壊する
- ☐ **sweep away** 一掃する、押し流す
- ☐ **reclaim** 埋め立てる

Q&A 18 横浜港

Q 横浜港についてお話し願えますか。**Could you tell me about Yokohama Port?**

A Japan closed its doors to many foreigners in 1639, but American ships visited Yokohama in 1853, asking for commerce relations. Yokohama opened to foreign trade since the first commercial treaty between Japan and the United States was signed in 1858. Since then, Yokohama has developed as a trading port. The port handled the export of automobiles and cameras, and the import of oil and machinery. The port played an important role in the civilization and enlightenment of Japan.

Nearby is the Yokohama Bay Bridge which opened in September 1989. This bridge has become a landmark of Yokohama.

【主旨】

日本は 1639 年（寛永 16 年）に鎖国しましたが、1853 年（嘉永 6 年）にアメリカの船が横浜に来て、通商を求めました。1858 年（安政 4 年）に交わされた最初の日米通商条約の署名後、横浜は外国に向けて開港することとなりました。その後、横浜港は貿易港として発展したのです。港では、自動車やカメラなどの輸出、また石油や機械類などの輸入の通商を行ってきました。横浜港は、日本の文明開化において大きな役割を果たしてきたのです。

近くには 1989 年（平成元年）9 月に開通した横浜ベイブリッジがあります。この橋は、今では横浜のランドマークとなっています。

Notes

- □ **commerce relations** 通商
- □ **commercial treaty** 通商条約
- □ **trading port** 貿易港
- □ **civilization and enlightenment** 文明開化 (=Japan's Westernization movement during the Meiji era)

Q&A 19 横浜みなとみらい 21

Q 「横浜みなとみらい 21」とは何ですか。**What is "Yokohama Minato Mirai 21"?**

A "Minato Mirai," meaning the "Port of the Future," embodies the dream that Yokohama will enjoy a bright future in the 21st century.

Yokohama is now a leading international trading port and the second largest city in Japan after Tokyo. Minato Mirai 21, known simply as Minato Mirai, is now flourishing as one of the newest urban business centers in the Greater Tokyo Metropolitan Area. The business district is host to several major hotels, office towers including the Yokohama Landmark Tower and the Pacifico Yokohama Convention Center, the Yokohama Museum of Art and numerous shops in shopping centers along its central pedestrian mall.

There are also numerous attractions in the area, such as the 112-meter-tall Cosmo Clock 21, formerly the world's tallest Ferris wheel, the Yokohama Red Brick Warehouse that includes a shopping mall and banquet hall. Visitors can also enjoy the Nippon Maru, a four masted sailing ship which is permanently docked at Minato Mirai Harbor operating as a museum. Minato Mirai 21 attracts a number of tourists to the area along with nearby Yokohama Chinatown.

【主旨】

「みなとみらい」とは「未来の港」という意味で、21 世紀に横浜の明るい未来があるという夢の象徴です。

横浜は、国際貿易港、また東京に次ぐ日本第 2 位の大都市としての役割を担っています。単に「みなとみらい」と親しまれることもある「みなとみらい 21」は、現在東京都市圏における最新の都市商業センターの一角として繁栄の途上にあります。

いくつかの主要ホテルや、横浜ランドマークタワー、パシフィコ横浜国際会議場といったオフィスタワーからなる商業地区があり、歩行者天国沿いには、横浜美術館や多数の商店を含むショッピングセンターがあります。

また、ひと頃は世界最大であった高さ 112m の大観覧車コスモクロック 21、ショッピングモールや宴会場のある赤レンガ倉庫などの観光スポットが多数点在します。観光客は博物館としてみなとみらい埠頭につけられている日本丸を楽しむこともできます。みなとみらい 21 は近隣の横浜中華街とともに大勢の観光客を魅了しています。

Notes

- □ **embody**（思想・感情などを）具現化する、具体的に表現する
- □ **enjoy**（よいものを）有している、恵まれている
- □ **flourish** 繁栄する、繁盛する
- □ **urban** 都市の、都会の ⇔ rural
- □ **the Greater Tokyo Metropolitan Area** 東京都市圏 ☆東京都心から 50km～70km の圏内（東京・神奈川・千葉・埼玉・茨城）を指す場合が多い。「首都圏」(National Capital Region) とも言う。
- □ **pedestrian mall** 歩行者天国
- □ **Ferris wheel** 観覧車
- □ **sailing ship** 帆船

第7章
日本屈指の観光名所
富士・箱根・伊豆

サンプルダイアローグ

Tourist: While I am in Japan, I'd like to see **Mt. Fuji**, one of the most famous mountains in the world.

Guide: I suggest you arrange some tours of Fuji-Hakone-Izu National Park. It contains three spots of interest: Mt. Fuji with the Fuji Five Lakes, Hakone with Lake Ashino-ko, and the Izu Peninsula with its hot springs and pretty coastal scenery. You can see Mt. Fuji clearly from each of these areas.

Tourist: I'm looking forward to seeing Mt. Fuji, the symbol of Japan. By the way, what's so special about Hakone?

Guide: **Hakone** is one of Japan's most popular vacation spots with hot springs, hiking courses, and many other sightseeing attractions.

Tourist: I see.

Guide: Lake Ashino-ko is famous for its **inverted reflection of Mt. Fuji** that can be seen on its surface on clear days, especially at dawn.

Tourist: How about the **Izu Peninsula**?

Guide: It's well-known for its many **hot springs**, beautiful **coastal scenery** and delicious seafood.

Tourist: I heard Atami is one of the most popular seaside hot-spring resorts in Japan.

Guide: That's true. Atami, the gateway to the Izu Peninsula, is located in eastern Izu, together with the famous spa resorts of Ito and Atagawa.

Tourist: Shimoda in southern Izu reminds us of Commodore Matthew Perry helped open Japan's doors and terminate its **seclusion policy**.

Guide: I see. Most Japanese love Shimoda, which is noted for Cape Irozaki with its fantastically shaped rocks protruding above the surface of the sea. It commands a fine view of the Izu Islands on clear days.

Tourist: I'd like to stop by at the spa resort to soak in a hot spring some day while I am in Japan.

Guide: A good idea. I recommend Atami Spa, the most popular spa resort area in Japan. Moreover, you might also enjoy "the Million-Dollar Night View" from the window of a Japanese-style inn.

Tourist: That sounds nice.

観光客：日本に来たからには、世界でも有名な**富士山**（⇒ Q&A 20）を一目見たいと思います。

ガイド：それなら、富士箱根伊豆国立公園の周遊をお勧めします。富士五湖が広がる富士山、芦ノ湖のある箱根、そして温泉と美しい海岸風景が見られる伊豆半島といった３つの観光名所が含まれています。この地域のどこからでも、富士山がきれいに見えますよ。

観光客：日本のシンボルである富士山を見るのが楽しみです。ところで、箱根にはどんな特徴があるのですか。

ガイド：**箱根**は日本有数の人気行楽地の１つです。温泉やハイキングコース、多くの観光名所があります。

観光客：なるほど。

ガイド：芦ノ湖は**逆さ富士**で有名です。晴れた日、特に夜明けごろには湖水に映る富士山が見られます。

観光客：**伊豆半島**はどんなところですか。

ガイド：散在する**温泉**や美しい**海岸風景**、美味しい海の幸で知られています。

観光客：熱海は、日本で最も人気のある海岸沿いの温泉地の１つだと聞いているのですが。

ガイド：その通りです。熱海は伊豆半島の玄関口で、有名な温泉地である伊東や熱川と並び、東伊豆に位置しています。

観光客：南伊豆にある下田と言えば、日本の**鎖国政策**を廃して開国を促したマシュー・ペリー提督を思い出します。

ガイド：そうですね。下田は、海に奇岩怪石が突き出した石廊崎で有名で、多くの日本人に愛されています。晴天の日には、伊豆諸島の美しい風景を一望することができますよ。

観光客：日本にいる間に一度は温泉地に立ち寄って、温泉（★キーワード参照）に浸かりたいです。

ガイド：いいですね。おすすめは、日本で最も人気のある熱海温泉です。さらには、日本旅館の窓から「百万ドルの夜景」も満喫できるかもしれません。

観光客：よさそうですね。

アテンドの知識

今、外国人の間で静かなブームとなっているものの１つが温泉です。温泉紀行ものがテレビの人気番組になっているように、日本人の間でも、老若男女（men and women of all ages)を問わず関心が高いようです。そうした意味でも「富士箱根伊豆国立公園」は、国の内外を問わず、多くの観光客を根強く集めており、その中心は何と言っても「富士山と伊豆・箱根の温泉」です。

富士山

富士山（Mt. Fuji, 3,776 meters high）は、高さや形が日本一であるだけでなく、日本のシンボル、世界の秀峰です。昔から「フジヤマ・サクラ・ゲイシャ」と言われるほど有名な日本観光の３大名物です。日本３名山（富士山・立山・白山）の１つである富士山を見るために芦ノ湖にやって来た外国人が、富士山が見えずにがっかりしたことがあったとき、ガイドさんがこんなことを言ったそうです。「富士山は、日本人の娘さんのようにちょっと恥ずかしがっているのですよ」（Mt. Fuji is so shy and seems to be like some of the Japanese girls.）。その真偽のほどは別として、富士山は、1707 年（宝永４年）に最後の噴火をした活火山（an active volcano）です。あの穏やかな富士山もいつ噴火するかは誰も予知できません。富士山の形状は円錐形で、成層火山（stratovolcano）です。その「山開き」のことは the official opening of the climbing season と表現できます。2013 年（平成 25 年）に富士山はユネスコ世界文化遺産（⇒第２部「日本の世界遺産」）に登録され、2016 年（平成 28 年）より「山の日」（Mountain Day）が国の祝祭日に制定されたこともあり、富士山への注目度は増々高まっています。

温泉地、熱海・箱根

伊豆半島の表玄関である熱海は日本一の温泉街（the spa city with hot springs）です。そして箱根は温泉や芦ノ湖といった景勝地に恵まれ、ホテル・旅館・別荘が充実した一大国際観光地です。箱根（Hakone）のことを「ヘイコーン」と発音する外国人もいて、慣れるまでは少々閉口（ヘイコー）します。箱根山は世界でも珍しい典型的な三重式火山（triple volcano)、芦ノ湖は箱根山の火山活動でできた細長い典型的なカルデラ湖（a caldera lake; a crater formed by the collapse of the central part of a volcano）です。この湖は富士山をバックに四季折々の美しさを見せ、湖面に映し出す美しい「逆さ富士」（an inverted image of Mt. Fuji reflected on the water）は絶景です。日本には火山が多く、その噴火のおかげで温泉に恵まれており、地熱を利用した発電所があります。鹿児島の桜島は活火山で、火山が噴煙を上げる姿が美しく、それが有名な観光名所になっています。

熱海と箱根は別府と並ぶ有名な温泉地で、年間を通して利用客が日本で最も多い場所です。ある外国人に、温泉に入る前に「私は医者の診断書を持っていません」と言われたことがあります。欧米では温泉はリハビリなどの療養のために使用することが多いからでしょう。日本でも治療のために（as a medicinal healing property attributed to thermal spring water）利用しますが、やはり温泉でくつろぎながらレジャーを楽しむ（as a means of relaxation）要素が強いようです。

砂湯温泉（a hot spring bath in the hot sand）などさまざまな種類の温泉がありますが、何といっても楽しいのが「露天風呂」（an open-air bath）。男女混浴の温泉場で、時には合唱しながら、時には背中を流し合いながら、国境を越えていろいろな外国人と一緒に楽しむのは素晴らしいことです。

キーワード

★温泉　*Onsen*; a hot spring; a spa. *Onsen* is used not only as treatment for rheumatism or neuralgia but also as relaxing in a hot bath.

温泉はリュウマチや神経痛などの治療だけでなく骨休みに利用される。

温泉の関連用語

「砂《すな》湯《ゆ》（鹿児島県の指宿温泉）」mineral sand bath

「泥湯（大分県の別府温泉）」mineral mud [clay] bath

「温泉蒸気浴（秋田県の後生掛温泉）」steam hot bath

「温泉熱気浴（秋田県の玉川温泉の岩盤浴）」hot air bath

「全身浴」full-body soak; soaking the whole body in hot-spring water

「半身浴」half-body soak; soaking the half body in hot-spring water

「腰《こし》湯《ゆ》」taking a lower-body bath; soaking the lower body in hot-spring water

「足湯」taking a footbath; soaking feet in hot-spring water

「かぶり湯」pouring hot-spring water on the body

「打たせ湯」cascading hot-spring water on the body

「かけ流し」free-flowing hot-spring water

「湯《ゆ》中《あた》り」feeling dizzy after taking a long bath; discomfort caused by prolonged bathing

Q&A 20 富士山の起源

Q 「富士山」という言葉にはどのような語源があるのですか。**What is the origin of the word "Fuji-san"?**

A The word "san" in the "Fuji-san" means "mountain," but the simple two-syllable word "fuji" can be interpreted in several ways. The name of "fuji" can be academically interpreted as "the mountain that emits fire" in the Ainu language. It also can be religiously interpreted as the "mount that never dies."

In either case, there is no doubt that Mt. Fuji(-san) has long been venerated as a sacred object since ancient times in Japan. It is climbed by many pilgrims every year. There is a Shinto shrine (called Sengen-jinja) at the top of the mountain.

【主旨】

「富士山《ふじさん》」の言葉にある「さん」の意味は「山」、しかし2つのシラブルだけの単語である「富士」にはいろいろな解釈があります。「富士」の名は、学術的にはアイヌ語で「火を噴《ふ》く山（フンチヌプリ）」という解釈があります。宗教上では、「不死《ふし》の山」という解釈です。

いずれにせよ、富士山は、日本古来聖なるものとして長く畏敬の念をこめて崇められ、毎年巡礼する人の数が多いことは確かです。山頂には（浅間神社という）神社があります。（⇒第2部「富士山」）

Notes

- □ **syllable** 音節
- □ **interpret** 解釈する
- □ **venerate** 崇める
- □ **pilgrim** 巡礼者

Q&A 21 箱根関所の由来

Q 箱根関所はなぜ作られたのですか。**Why was the Hakone Barrier built?**

A The Hakone Barrier was set up as an important checkpoint at the Hakone Pass between Edo (current Tokyo) and Kyoto in 1619. The Tokugawa shogunate screened people traveling to and from Edo. Especially feudal lords (called *daimyo*) and their retainers were rigorously checked. In feudal times, feudal lords were required to reside in alternate years in Edo to attend to the Tokugawa shognate (1603-1868). Their wives were kept on in Edo as hostages so that feudal lords would not plan rebellions. Therefore the Hakone Barrier was set up to prevent wives from returning to their husbands as well.

In 1869, the Hakone Barrier was demolished with the Meiji Restoration. In 2007, an exact replica was built in Hakone.

【主旨】

「箱根関所」は 1619 年（元和５年）、江戸・京都間にある箱根峠に重要な関所として設けられました。徳川幕府は、江戸を出入りする旅人を監視し、特に諸大名とその家来には厳しい取り締りが及びました。封建時代には、諸大名に参勤交替が課せられていたため、諸大名が謀反を起こさないように、妻は人質として江戸に残留させられていました。そのため妻が自分の主人の所に帰れぬように箱根関所が設けられたのです。

箱根関所は、1869 年（明治２年）に明治維新をもって廃止されましたが、2007 年（平成 19 年）には建物が箱根に再現されました。

Notes

- □ **set up** 設ける、築く
- □ **pass** 峠
- □ **shogunate** 幕府
- □ **screen** 検査する、監視する
- □ **to and from** 行き帰り、往復
- □ **retainer** 家来（=vassal）
- □ **feudal times** 封建時代
- □ **alternate year** 隔年
- □ **attend to**（業務）に専念する、（客）に対応する
- □ **hostage** 人質
- □ **rebellion** 謀反、反逆
- □ **prevent A from (doing)** A が（するのを）防ぐ ▶Bad weather *prevented* us *from making* a trip. 悪天候のため、私たちは旅行できなかった。
- □ **demolish** 廃止する、壊す

Q&A 22 大名行列

Q 大名行列とは、どのような行列ですか。**What is the Daimyo-Gyoretsu or the Feudal Lord Procession?**

A The Daimyo-Gyoretsu is a procession of a feudal lord and his retainers and vassals to demonstrate their power, when they went up to Edo for alternate year attendance of feudal lords on the Tokugawa shogunate (1603-1868). In the Edo period, feudal lords were required to reside periodically (usually a year or two) in Edo and served the shogunate.

This annual event, observed on November 3rd in Hakone, has been held since 1935. It recalls the ceremonious customs in which many local residents colorfully costumed as a feudal lord and his retainers parade as the ancient warriors did on the path in the Edo period. They march at a very slow pace from Yumoto Elementary School near Soun-ji Temple to Yumoto in the morning and parade back to Yumoto Fujiya Hotel in the afternoon.

【主旨】

大名行列というのは、大名とその家来たちが、徳川幕府への参勤交代で江戸に上るときに、その権勢を誇示するために行われた行列のことです。江戸時代には、大名は定期的に（通常 1、2 年）江戸に在住し、徳川幕府に奉仕する必要があったのです。

11 月 3 日に箱根で行われる恒例の行事は、1935 年（昭和 10 年）から現在に至るまでずっと続いています。この行事は、大名と家来の派手な衣装を身につけた住民が、江戸時代に武士が道中に行った行列の風俗を再現したものです。大名行列は、午前中早雲寺近くの湯本小学校から湯本の町まで非常にゆっくりと練り歩き、午後は湯本富士屋ホテルに戻ります。

Notes

- ☐ **procession** 行列
- ☐ **feudal lord** 大名
- ☐ **vassal** 臣下（=retainer）
- ☐ **go up to** まで上がる ▶go up to Tokyo 上京する
- ☐ **attendance** 出勤、出席
- ☐ **be required (to do)**（する）必要がある
- ☐ **reside** 住む（=live）
- ☐ **recall** 想起させる
- ☐ **resident** 住民
- ☐ **warrior** 戦士、武士

第８章
日光見ずして結構と言うなかれ

サンプルダイアローグ

Tourist: Last night I watched a TV program about Tokugawa Ieyasu, the **founder** of the Tokugawa shogunate.

Guide: Oh, did you? His gorgeous **mausoleum** is in the famous Tosho-gu Shrine, which has been designated as one of the World Heritages Sites of Japan.

Tourist: Is this shrine considered the main attraction of Nikko National Park?

Guide: Yes, you could say so. However, this park includes other picturesque areas, such as the **Oze(numa) Marshland** which is noted for its lovely *Mizubasho* wildflowers in summer.

Tourist: Many temples and shrines are situated in perfect harmony with the beauty of their natural surroundings, aren't they?

Guide: Yes. That's why a Japanese proverb says, "Never say 'Kekko', or excellent, until you have seen Nikko."

Tourist: That sounds reasonable.

Guide: In particular, you should never miss seeing the **Yomei-mon**, the Gate of Sunlight, which is the most fascinating gate in Japan. It's also called the "**Higurashi-no-mon," the Twilight Gate**.

Tourist: Why does it have such a name?

Guide: Because it is said that anyone seeing this gate will want to remain admiring its beauty until twilight falls.

Tourist: That's nice. Are there any popular scenic spots of interest in this area?

Guide: Yes. There is **Kegon(-no-taki)** Falls, one of the three largest waterfalls in Japan. It drops from the edge of a **precipice** and draws its water from **Lake Chuzenji(ko)**.

Tourist: I hope I can visit this area someday.

Guide: Sure, you should. You had better drive through the famous **Irohazaka Winding Road** when you go up to Lake Chuzenji(ko) and Kegon(-no-taki) Waterfall.

Tourist: Could you tell me about that?

Guide: It has the same number of zigzag curves, 48, as letters in the

Japanese "Kana" syllabary. Actually, it gets its name after the first three letters of the Japanese alphabet "i-ro-ha."

Tourist: That's interesting.

観光客：昨晩、徳川幕府の**創設者**である徳川家康についてのテレビ番組を見ました。

ガイド：そうですか。家康の豪華な**霊廟**（★キーワード参照）は、世界遺産登録で有名な東照宮にありますよ。

観光客：この神社が、日光国立公園の主役なのですか。

ガイド：はい、そう言えますね。この公園には絵画のような美しい自然地域もあります。例えば、**尾瀬沼**は夏に咲く美しい野生の水芭蕉で有名です。

観光客：たくさんの神社仏閣が、周辺の美しい自然と見事に調和しているのですね。

ガイド：はい。だからこそ、「日光見ずして結構と言うなかれ」という日本の格言があるのです。

観光客：納得です。

ガイド：特に、日本一魅力的と言われる**陽明門**は見逃せません。別名「**日暮しの門**」とも呼ばれています。

観光客：なぜそんな名前がついたのですか。

ガイド：この門はあまりの美しさに、誰もが日が暮れるまで見とれるからだと言われています。

観光客：素敵ですね。この地域には、どこか景観の名所がありますか。

ガイド：はい。日本三名瀑のひとつである**華厳の滝**があります。**断崖**から落下する水は、**中禅寺湖**から流れてきたものです。

観光客：いつかこの地域を訪れてみたいです。

ガイド：ぜひ行ってみてください。中禅寺湖と華厳の滝まで上るなら、有名な**いろは坂**をドライブするのがおすすめです。

観光客：どんなところですか。

ガイド：その坂には日本語の「仮名文字」の数と同じ、48 か所のつづら折りのカーブが続いています。現に日本仮名文字の最初の 3 文字「いろは」に因んで名付けられました。

観光客：おもしろいですね。

アテンドの知識

日光と言えば、1999年（平成11年）世界文化遺産に登録された東照宮（Toshogu Shrine）、そして東照宮と言えば、世界でも類を見ない豪華絢爛たる陽明門があります。世界中からこの日光に足を運ぶ観光客は跡を絶ちません。日光はいまや世界の観光地です（⇒第2部「日本の世界遺産」）。

神仏習合の様式

この地を訪れる一神教の欧米人が驚くことの1つは、日光には二社一寺の「神仏習合の様式」（the mixture style of Buddhism and Shintoism）が数多く見られることです。神社（東照宮・二荒山神社）と寺院（輪王寺）が同じ境内に建ち、神社の近くに仏教のシンボルである五重塔（a five-story pagoda enshrining the remains of Buddha）が並んでいます。また神社の特徴である鳥居（the *torii* gate marking the entrance to the Shinto shrine）があり、その柱脚は蓮華《れんげ》の花（a lotus flower placed before the Buddhist altar）で覆われているなど、時として説明に窮することもあります。そのようなときは、日本の家庭には仏壇と神棚（★キーワード参照）の両方があったりすること、また日本人は、結婚式は神社で、葬式は寺院で行うことなどを説明すれば、日光の見方も少しは変わってくるようです。

実は、明治維新（the Meiji Restoration:1868年）までは神道と仏教は深い関係にありましたが、それ以後は分離され、多くの神社で五重塔や鐘楼などの仏教建築物は除去される中、東照宮だけは両方が保存されました。

（上）東照宮上神庫と鐘楼
（下）東照宮本殿

東照宮五重塔

東照宮

日光が国立公園（national park）に指定されたのは1934年（昭和9年）です。日光観光のメッカ「東照宮」は二社一寺の中心です。日光の人工美を代表する豪華絢爛な神社で、徳川家康（1542-1616）を祀っています。1636年（昭和11年）にほぼ現在の社殿が徳川3代将軍家光（1604-1651）の「工費一切お構いなし」の命で完成しました。寛永の大造替《だいぞうたい》（1年5か月の工事）と呼ばれ、延べ450万の職人が寛永11年（1634年）11月に着工し、寛永13年（1636年）4月に完了しました。日光東照宮の総工費は、「金56万8千両、銀100貫目、米1000石」とあります（日光山東照大権現様御造営御目録）。現在の金額では、米の価格で換算すると約400億円、大工の日当から計算すると約2000億円に相当すると言われています。特に、高さ11m間口7mの「陽明門」（the Gate of Sunlight）は日本の寺社建築を代表する建築で、別名「日暮しの門」（the Twilight Gate）とも呼ばれます。豪華絢爛たるこの門に見とれているうち日が暮れるということのようです。さらに、この門を含め、大小数えて約500以上の金箔、極彩色のおびただしい数の彫刻、それに狩野探幽《かのうたんゆう》画の天井画・魔除けの逆柱などを1つ1つ見ていけばまさに日が暮れます。国宝（national treasure）になるのは当然でしょう。

東照宮には、日本人なら子どもでも知っている有名な彫刻「眠り猫」（a sleeping cat）（⇒ Q&A 23）があります。江戸時代前期の彫刻家・左甚五郎《ひだりじんごろう》の傑作ですが、彼はその卓越した技術のため、仲間から嫉妬のあまり右腕を切り落とされ、左腕だけで「眠り猫」を彫刻したと言われています。この猫のおかげでこの東照宮にはネズミがいないそうです（There are no rats in this shrine, because this cat keeps all such rodents away.）。

陽明門正面の彫刻

陽明門（境内より）

華厳滝

日光には日本三名瀑（他は那智滝《なちのたき》・称名滝《しょうみょうだき》）の１つである華厳滝（Kegon waterfalls）があります。落差 97m、幅 7m、毎秒約３トンの水が禅寺湖から一直線に流れ落ちる滝です。滝のしぶきは霧となり、日が当たると美しい虹がかかります。冬季ともなれば、凍結して氷のシャンデリアが見られます。新緑・紅葉の頃は特に絶景です。この美しい滝は、明治時代中期には自殺の名所として知られたそうです。

いろは坂

日光には有名な「いろは坂」（the Iroha(-zaka) slope which is named after the first three syllables “i-ro-ha” in the classical arrangement of the Japanese “kana” syllabary）があります。日光市街から中禅寺湖・奥日光へ続く標高差約 440 メートルを一気に登るこの坂は一方通行で、行きと帰りは別々の道です。中禅寺湖までの間の上り坂には「い」から「ね」の文字、そして日光への下り坂には「な」以降の文字がカーブにつけられています。何よりも紅葉の頃は山全体が色づき、まさしく絶景（panoramic views of the splendid colors of the trees）です。

「日光見ずして結構と言うなかれ」（See Nikko and then die. / Don’t say “excellent” until you’ve seen Nikko.）とは日光東照宮の美しさをたたえた言葉で、「結構」には、英語で Excellent の意味合いがあると説明できるでしょう。でももう１つ、陽明門を長時間じっと見つめている観光客に対して「まだ見続けますか」と聞くと、「もう、結構だ」（No, thank you. / It’s enough.）と応える人もいるかもしれません。

中禅寺湖

Q&A 23 東照宮の三彫刻

Q 東照宮にある人気の高い三彫刻とはどんなものですか。**What are the three popular carvings shown in Tosho-gu Shrine?**

A First of all, there is the famous carving of "simian trinity" (three monkeys) placed in the eave of a sacred stable, which once accommodated the sacred horses. Next, there is a carving of "the sleeping cat," another famous symbol of Tosho-gu Shrine, which can be seen above the gateway in the corridor between the Yomei-mon and Kara-mon gates. It is said to ensure that no mice will never be found in the buildings of the shrine. Lastly, there are "two elephants" carved in relief under the gable of the Sanjinko building. They are said to have been made from an image of a drawing of Kano Tanyu (1602-1674).

【主旨】

まずは、昔神馬を収容していた神厩舎の軒にある有名な「三猿」の彫刻があります。次に、陽明門と唐門の間にある廊下の入口に掲げられた、東照宮の有名なシンボルである「眠り猫」の彫刻です。この神社の建物にはネズミが入らないという保証があるそうです。最後に、三神庫の切妻に浮き彫りにして彫刻された「2頭の象」です。この象は、狩野探幽（1602-1674）の下絵をもとにした想像上の制作だと言われています。

Notes

- □ **simian** サル（=monkey）
- □ **trinity** 3つの組、3人組 ☆ Trinity（大文字・ラテン語の trinitas に由来)「(キリスト教の）三位一体」☆ God the Father（父なる神)、God the Son 子なる神（イエス・キリスト)、God the Holy Spirit（聖霊なる神）の三位が一体と成っている。
- □ **eave** 軒
- □ **stable** 馬小屋
- □ **accommodate** 収用する
- □ **corridor** 廊下
- □ **mice**（mouse の複数形）ネズミ
- □ **ensure** 保証する、確保する
- □ **in relief** 浮き彫りして
- □ **gable** 切妻、破風

左：「眠り猫」
右：「2頭の象」

Q&A 24 東照宮の三猿

Q 有名な「三猿」は何を教えていますか。**What is the teaching of the three famous carvings of monkeys?**

A There are three monkeys: one holding its hands over its eyes, another over its ears, and the other over its mouth. The trinity of monkeys is referred to as "See no evil, hear no evil, and speak no evil." The monkeys are said to be chasers of evil spirits.

The monkeys teach us something about how to go through the world. The famous group of monkeys has almost become the symbol of Nikko.

【主旨】

3匹の猿の中で、1匹は手で目を隠し、1匹は手で耳を覆い、もう1匹は手で口をふさいでいます。この三猿の三位一体は、「悪を見ざる、悪を聞かざる、悪を言わざる」という教訓です。猿は、悪霊を追い払うものだと言われています。

三猿は、何かと世渡りのコツを教えているようです。この有名な三猿は、日光のシンボルとなっています。

Notes

☐ **refer to** 言及する

☐ **chaser** 追跡者

☐ **evil spirits** 悪霊

「三猿」の彫刻

Q&A 25 千人武者行列

Q 日光の千人武者行列とは、どのようなものですか。**What is the Sennin-Musha-Gyoretsu (1,000-person procession) in Nikko?**

A It is a gay costumed procession of more than one thousand people masquerading as feudal warriors. The main festival of Tosho-gu Shrine is held on May 17 and 18, and on October 17. The 1,000-person procession is the main event of this festival.

This procession recalls the large parade held when the coffin of Tokugawa Ieyasu was reburied at Tosho-gu Shrine in 1617. On the festival day, three sacred portable shrines containing the spirits of Tokugawa Ieyasu, Toyotomi Hideyoshi and Minamoto Yoritomo are carried, accompanied by samurai warriors armed with swords, helmets, bows and arrows and other weapons.

【主旨】

「千人武者行列」とは、武者に仮装した千人以上の人が華やかに行う仮装行列のことです。東照宮大祭が5月17日と18日、そして10月17日に行われ、千人行列はこの祭り1の主要な行事です。

「千人武者行列」の祭りは、1617年（元和3年）に徳川家康（1542-1616）の棺が東照宮に改葬された時に行われた大行列を再現したものです。この祭事には、徳川家康、豊臣秀吉（1537-1589）、そして源頼朝（1147-1199）の御霊を乗せた3基の御輿の行列があり、刀、兜、弓矢またその他の武器で武装した大勢の武者が続くのです。

Notes

- ☐ **masquerade** 仮装する、変装する
- ☐ **feudal warrior** 武者
- ☐ **recall** 想起させる、思い出させる
- ☐ **coffin** 棺
- ☐ **rebury** 会葬する
- ☐ **arm** 武装する

千人武者行列

キーワード

★仏壇　a household [family] Buddhist altar. It is a small Buddhist altar enshrining a Buddhist statue (or picture) in the center, and mortuary tablets with the posthumous names of ancestors in the family at the sides. Flowers, food, and burning incense holder are placed before the Buddhist altar.

中央には仏像（仏画）、脇に先祖の位牌が安置されている小さな家族用の祭壇。祭壇の前には献花・食べ物・線香立てなどがある。

仏壇の関連用語

「仏像〈本尊〉」Buddhist image [statue]　「位牌」family mortuary tablet
「茶湯器《ちゃとうき》」tea offering cup　「仏飯器《ぶっぱんき》」rice offering bowl
「高坏《たかつき》」food offering stand　「経机《きょうつくえ》」lectern for reading sutras
「香炉」incense burner　「線香」incense sticks
「鈴《りん》」small bell　「花立て」flower stand　「ローソク立て」candlestick

★神棚　a household [family] Shinto altar. It is a miniature Shinto altar made of plain cypress wood with roofs and steps. It is placed on a high shelf over a lintel [near the ceiling] to worship family guardian gods. Sacred objects, such as an amulet from the Ise Grand Shrine and a charm tablet from the local tutelary shrine, are enshrined in the center of the Shinto altar.

神道の家庭用祭壇。屋根と階段がある檜の白木造りの小型祭壇で、家族の守護神を礼拝するために鴨居の上（天井近く）の棚に置かれる。神棚の中央には伊勢神宮のお札（大麻）や氏神神社のお札（talisman; good-luck charm）などの神符《しんぷ》が祀られている。

神棚の関連用語

「お社《やしろ》」small-scale shrine　「神鏡《しんきょう》」divine mirror
「ご神体《しんたい》」the object of worship venerated as a deity
「御神酒《おみき》」sacred *sake*（offered to gods before the altar）
「榊《さかき》」*sakaki* twig
「注連縄《しめなわ》と紙垂《かみしで》」sacred twisted rope tied with zigzag strips of paper

★霊廟《れいびょう》　a mausoleum (enshrining an ancestor's spirit)

祖先の霊をまつる壮大な墓。「廟宇《びょうう》」「廟所《びょうしょ》」「御霊屋《みたまや》」などとも言う。☆複数形は mausolea（ラテン語中性名詞の複数形）または mausoleums（英語式）☆「陵《りょう》墓《ぼ》」（天皇・君主などの墳墓）と区別すること。英語で an imperial [a royal] mausoleum と言う。(⇒ Q&A 85「玉陵」)

第9章
合掌造りの集落・白川郷と五箇山

サンプルダイアローグ

Tourist: You have a variety of shrines and temples as well as beautiful seascapes in Japan. Do you have any traditional villages and serene countryside?

Guide: The historic villages of "Shirakawa-go and Gokayama" Districts have been designated as World Heritage Sites.

Tourist: What are these villages famous for?

Guide: They are noted for their "**Gassho-zukuri houses**."

Tourist: What is that?

Guide: "Gassho-zukuri" means a farmhouse with **a steeply-pitched roof,** which is thought to resemble "**gassho,**" or "**hands clasped in prayer**."

Tourist: I see.

Guide: The inhabitants have maintained their tradition of several families living together in these wooden farmhouses.

Tourist: Why did they build such houses?

Guide: Good question. The attic space was divided into two or three levels which were used for raising silkworms.

Tourist: Is that so?

Guide: Large window openings in the gabled end walls were needed to provide adequate lighting and ventilation for **silkworm production**.

Tourist: That's interesting.

Guide: These houses are also able to **withstand heavy snowfalls**, as the tops of the roofs are built at steep angles.

Tourist: Thanks for the information. Are there any other popular attractions in Gifu Prefecture?

Guide: Gifu has two other popular attractions: One is **cormorant fishing** on the Nagara(gawa) River, and the other is the **Takayama Festival** in Takayama City.

Tourist: What is special about this festival?

Guide: The festival is held twice a year — in April and October. It features a parade of high-wheeled wagon floats, some of which are lavishly embellished with gold and decorated with elaborate carvings.

Tourist: I hope I can see this festival someday.

観光客：日本には美しい海景や様々な神社仏閣がありますね。伝統的な村落や閑静な田舎もあるのですか。

ガイド：世界遺産に登録された「白川郷と五箇山」地域には歴史的な村落があります。

観光客：その村落はなぜ有名なのですか。

ガイド：**合掌造りの家屋**（⇒ Q&A 26）でよく知られているのです。

観光客：それは何ですか。

ガイド：合掌造りは、**急勾配の屋根**のある民家のことで、その様子が両手を合わせて拝む**合掌**に似ていることから名付けられました。

観光客：なるほど。

ガイド：住民たちは木造民家に数世帯が同居し、自分たちの伝統を保っています。

観光客：なぜこのような家屋を造ったのですか。

ガイド：いい質問ですね。この家屋の屋根裏が 2・3 層に分かれているのは、カイコガを育てるためです。

観光客：そうなのですか。

ガイド：**養蚕**には適度な光と通風が必要なため、妻壁には大きな窓が設けられました。

観光客：興味深いですね。

ガイド：また、このような家屋は、屋根の頂上が急勾配になっているため、**激しい積雪にも耐え**られるのです。

観光客：いろいろな情報をありがとうございます。岐阜県には、この他にも有名な見所がありますか。

ガイド：人気の呼び物が 2 つあります。長良川の**鵜飼い**（⇒ Q&A 27）と高山市の**高山祭**（⇒ Q&A 28）です。

観光客：この祭りの特徴はなんですか。

ガイド：高山祭は、年 2 回 4 月と 10 月に行われ、背の高い屋台の行列で有名です。金をふんだんに使い、精巧な彫刻で飾られた豪華絢爛なものもあります。

観光客：いつかこの祭りを見てみたいです。

アテンドの知識

日本の観光と言えば有名な神社仏閣や美しい海景・海岸、それに温泉などを訪れることが多いのですが、最近の外国人観光客の間では、少人数のグループで山間にある閑静な民家に宿泊するのが静かなブームとなっています。豪華なホテルに泊まる代わりに安価な宿を選ぶのが理由の1つでしょうが、何よりも日本人が忘れかけている真の日本の故郷《ふるさと》を訪ねるのが目的のようです。

白川郷・五箇山の合掌造り集落

白川郷・五箇山の合掌造り集落（Historic Villages of Shirakawa-go and Gokayama districts）は1995年（平成7年）に世界遺産として登録されました。白川郷は岐阜県の北部にあり、日本で最も美しいと言われる地域の1つです。五箇山は岐阜県と富山県の県境の、山深い渓谷地域にあります。どちらの地域も、急勾配の切妻《きりづま》式茅葺《かやぶ》き屋根（the gabled and thatched rafter roof slope in a distinctly precipitous fashion）を持つ、3階または4階建ての木造農家「合掌造り家屋」で有名です。（⇒第2部「日本の世界遺産」）

ところで、なぜ合掌造りと呼ぶのでしょうか。また、なぜこのような合掌形式の家屋が造られたのでしょうか。建物を初めて見る人にとっては素朴な疑問です。合掌と言うのは、「両手を合わせて拝むこと」（to worship with one's hands clasped in prayer）です。合掌造りの家屋を見ると、その屋根の構造は人が手を合わせて拝むように組み合わさっており、ここから合掌造りの名がつきました。建築された理由についてですが、まずこの地域は日本でも有数の豪雪地帯です。激しい積雪に耐える（to withstand heavy snowfalls）ために、雪が屋根から落ちやすくなるように急勾配に造られています。さらに、この地は昔から養蚕《ようさん》業（silkworm cultivation; silkworm production）が盛んでした。養蚕を行うために3層の屋根裏部屋（tri-level attic）内を広く大きくとる必要があったのです。これらの家屋には釘が1本も使用されていません。聳え立つような大きな三角形の妻面《つまめん》（家の側面の三角形の壁面）をみせる家屋が群となって並び立つさまは、世界でも類をみない集落景観です。静寂に包まれた集落には民話の世界を思わせる風情が漂います。

高山にある飛騨民俗村（the Hida Folklore Village）は、飛騨地方の農民の住んでいた伝統的な茅葺きなどの民家を多数集めた、大きな野外博物館（open-air museum）となっています。

鵜飼い

岐阜と言えば鵜飼い（cormorant fishing）も有名です。鵜飼いは「海鵜《うみう》を飼いならして鮎などの川魚をとる漁法」（traditional method of catching *ayu*, small sweet fish, by manipulating trained cormorants）で、その歴史は古く、奈良時代から行われる由緒ある行事として、長い伝統を誇っています。昔を偲ばせる古風な鵜匠のいでたちは、風雅な趣の中に 1,300 年の歴史を物語っています。夏の夜をいろどるかがり火を焚き、数隻の鵜船が川面を下る様子は壮観で、印象深い水と火のページェントです。観光用として一般に公開されたのは 1885 年（明治 18 年）以降のことで、毎年 5 月中旬から 10 月中旬にかけ、中秋の名月と増水時を除く毎日、川を下る遊覧船（a pleasure boat floating down the river）からこの眺めを楽しむことができます。

高山祭

高山祭（the Takayama Festival）は高山を代表する年中行事で、4 月中旬に行われる日枝《ひえ》神社の「山王《さんのう》祭」と 10 月中旬に行われる桜山八幡宮の「八幡《はちまん》祭」という 2 社の例祭を総称したものです。その特徴は、高い屋台行列（a parade of high-wheeled wagon floats）で、屋台のいくつかは金がふんだんに使用された見事な彫刻（elaborate carvings lavishly embellished with gold）で飾られています。そのため高山祭の屋台は「動く陽明門」と言われるほど豪華絢爛、まさに国の重要無形文化財（Important Intangible Cultural Property）にふさわしいものでしょう。この祭りは京都の祇園祭、埼玉の秩父夜祭と並ぶ日本三大曳山《ひきやま》祭りの 1 つです。また、からくり人形（marionette; a puppet which is made to perform according to the highest level of Japanese techniques）の演技は、この祭りの大きな呼び物で、そのユーモラスな動きは観衆の注目の的です。

キーワード

★重要文化財　　important cultural asset [property]

1950 年（昭和 25 年）に発布された「文化財保護法」（the Cultural Properties Protection Law）で正式に保護されたもの。建造物、絵画、彫刻、考古学上発掘物などがある。中には「国宝」（national treasure）級のものもある。

【参考】

「重要無形文化財」an important intangible cultural asset

「重要無形文化財保持者」an important intangible cultural property holder

「重要無形民俗文化財」an important intangible folk cultural asset

「重要伝統的建造物群保存地区」An Important Preservation District for Groups of Historic Buildings（例：「白川郷と五箇山」の歴史的合掌造り集落）

Q&A 26 合掌造りの目的

Q 合掌造りの民家は、どのような目的で作られるのですか。**What is the purpose of the *Gassho-zukuri* farmhouse?**

A The *Gassho-zukuri* farmhouse is so named because that the steep-sloping roof of the farmhouse looks like "hands folded in prayer." It consists of a three-or-four-story wooden building with a high-pitched, thatched roof, in which several families totaling tens of people live on the ground floor together. This structure is built with wood and straw ropes without using any nails.

This farmhouse has a second or third floor which is used to raise silkworms. Silkworms require varying amounts of heat and light during different phases of their growth. Silkworm nurseries became widespread to provide raw silk in the Meiji era. The roofs of the *Gassho-zukuri* farmhouse are also constructed at steep angles to withstand the heavy snowfalls.

【主旨】

「合掌造りの民家」と言われるのは、民家の急勾配の屋根が「手を合わせて祈る」姿に似ているからです。合掌造りの民家は、急勾配の茅葺き屋根がある3階、または4階建の木造建造物で、その1階には、総勢十名ほどの人が一緒に住んでいます。この建造物は釘を使わず、材木とわら縄だけで組み立てられています。

この民家の2階または3階では蚕《かいこ》を飼うようになっているのです。蚕は、その異なる成長過程においていろいろな光熱量を必要とします。明治時代には生糸を供給するために養蚕業が盛んに行われていました。また、合掌造りの民家の屋根が急勾配で作られているのは、激しい積雪に耐えるためです。

Notes

- ☐ **steep-sloping roof** 急傾斜の屋根
- ☐ **consist of** から成る（=be composed of）
- ☐ **thatched roof** 茅葺《かやぶ》きの屋根
- ☐ **straw rope** わら縄
- ☐ **nail** 釘
- ☐ **varying amount** 各種量
- ☐ **phase**（発達・成長などの）段階、局面
- ☐ **growth** 成長
- ☐ **silkworm nursery** 養蚕業
- ☐ **become widespread** 普及する
- ☐ **raw silk** 生糸《きいと》

Q&A 27 鵜飼い

Q 「鵜飼い」について説明していただけますか。**Could you tell me about "Ukai" or cormorant fishing?**

A "Ukai" is the traditional method of catching the river fish by using well-trained cormorants. The fishing boats are manned by four men on a moonless night. The cormorant-fishing master, Usho, wearing ancient costume stands at the bow and handles a dozen birds. His assistant, Uzukai, stands amidship and has four birds. The third man steers the boat and the fourth attends to the decoy fire burning in an iron basket hung over the bow of the boat. The cormorants have a cord tied at the base of their necks to prevent them from swallowing fish. The commonest catch is *ayu*, the small sweet fish.

【主旨】

「鵜飼い」は、よく手慣らした鵜を使って川魚を捕る由緒ある漁法のことです。新月の日になれば、4 人が漁船に乗り込みます。古風な身なりをした「鵜匠」が、船首に立ち 12 羽の鳥を操ります。その助手「鵜遣い」が、船の中央に立ち 4 羽の鳥を担当します。3 人目はボートの舵を取り、4 人目は魚をおびき寄せるために船首に吊された鉄籠に燃える火を見張ります。鵜には、獲物を飲み込まないように首の根本に紐が結びつけられています。獲物は通常「アユ」です。

Notes

- □ **man** 要員を配置する、（船に人を）乗り込ませる
- □ **bow** 船首 ⇔ stern（船尾）
- □ **a dozen~** 1 ダース（12 個）の～
  ☆ half-a-dozen eggs 卵半ダース（6 個）
- □ **steer**（船の）舵を取る
- □ **attend to**（に）留意する、注意する
- □ **decoy** デコイ、おとり ▶decoy bird（狩猟用の）おとりの鳥
- □ **cord** 紐《ひも》
- □ **prevent A from B** A が B するのを防ぐ
  ▶*prevent* someone *from* rolling off a bed 人がベッドから落ちるのを防止する
- □ **swallow** 飲み込む

鵜飼いに使われるウミウ

Q&A 28 高山祭

Q 「高山祭」とは、どのような祭りですか。**What is the Takayama Festival?**

A The Takayama Festival is held twice a year in spring (April) and autumn (October) at Takayama City, Gifu Prefecture.

The main feature of this festival is a parade of high-wheeled wagon floats with stages on them, some of which are lavishly embellished with gold and decorated with elaborate carvings. Some wagon floats have the marionettes, controlled by rods and wires, that perform amazing feats. There are 12 wagon floats in spring and 11 in autumn, each of which is designated as a National Important Cultural Asset. The gorgeous decorated, high-wheeled wagon floats are so called "Moving Yomei-mon Gates" after the famous gate in Nikko because of their brilliance.

【主旨】

「高山祭」は、岐阜県高山市において年2回春季（4月）と秋季（10月）に行われます。

その特徴は、舞台付きの高い屋台行列で、屋台によっては金がふんだんに使われ、豪華絢爛たる彫刻で飾られています。屋台によっては、棒と金具で操られるからくり人形があり、珍しい妙技を披露します。春季には12台、秋季には11台の屋台が見られ、どれも国の重要文化財に指定されています。豪華絢爛たる屋台は、その見事な輝きのため日光の有名な門にちなんで「動く陽明門」とも言われます。

からくり人形のある屋台（高山祭）

第10章
都市全てが歴史の博物館・京都

サンプルダイアローグ

Tourist: I once saw a picture with a beautiful young lady wearing a traditional Japanese kimono in the Gion district of Kyoto.

Guide: We call such a woman "**maiko,**" or **apprentice *geisha***. They entertain guests by singing and dancing at dinner parties.

Tourist: Does it take a lot of time to become a "maiko"?

Guide: Yes, it does. As you noticed, they wear beautiful traditional Japanese kimonos, which are made with high-quality **silk fabrics** called "**Nishijin-ori**." Such silk is produced in the Nishijin weaving district in Kyoto.

Tourist: Are there many styles of this kind of weaving?

Guide: Yes, there are. One of the best-known is the "Tsuzure-ori" style, which has produced many masterpieces such as the tapestries used on the festive floats in the Gion Festival. Needless to say, a Tsuzure(-ori)-weave kimono is the finest examples of Kyoto elegance.

Tourist: Where can I see such beautiful weaving?

Guide: You can see it at the Nishijin(-ori) Kaikan, not so far from Kyoto Station. They show the process of manufacturing Nishijin(-ori) weaving. You can also enjoy a gorgeous kimono fashion show, which will vary according to the four seasons.

Tourist: That sounds interesting.

Guide: You should not miss the "**Gion Festival**," one of the three greatest festivals of Kyoto. I think it is the most gorgeous festival in Japan.

Tourist: What's the feature of this festival?

Guide: This festival, which has a long history, is held from July 1 through 31. The highlight is the "**Yama-boko junko**" parade of elaborate festive floats through the main streets.

Tourist: What is the meaning of "Yama-boko"?

Guide: The many **festive floats** are decorated with many time-honored ornaments. There are the large ones called "hoko" and the smaller ones "yama." The big "hoko" floats bear tall spearlike poles on their tops.

Tourist: I guess we cannot understand the real Japan until we understand the real Kyoto.

Guide: You're right. Kyoto is known as the **spiritual home** of the Japanese people.

観光客：京都の祇園地域で、伝統的な和服姿の美しい若い女性の写真を見たことがあります。

ガイド：そのような女性は**芸者見習い**で、「**舞妓**」(⇒ Q&A 29) と言います。宴会の席で歌や舞踊を披露し、客をもてなすのです。

観光客：舞妓になるためには、長い時間がかかりますか。

ガイド：はい、その通りです。お気付きのように、彼女たちは美しい伝統的な和服を着ています。これは「**西陣織**」(⇒ Q&A 30) という高級**絹織物**で作られています。そのような絹は京都の西陣地域で製造されています。

観光客：西陣織には、いろいろな種類があるのですか。

ガイド：はい、ございます。中でも有名なものは綴織で、祇園祭の山車《だし》を飾るタペストリーなど素晴らしい作品が多数作られています。綴織の着物は、言うまでもなく京都の雅《みやび》の象徴です。

観光客：そのような美しい織物は、どこで見られるのですか。

ガイド：京都駅からほど近い西陣織会館で見られます。展示会場では、西陣織の制作工程が見られます。また四季に合わせた色とりどりの豪華な着物ショーも楽しめます。

観光客：おもしろそうですね。

ガイド：京都三大祭りの 1 つである「**祇園祭**」(⇒ Q&A 31) も見逃せませんよ。日本一豪華なお祭りだと思います。

観光客：このお祭りには、どんな特徴があるのですか。

ガイド：長い歴史があるこの祭りは、7 月 1 日から 31 日まで行われます。そのハイライトは、目抜き通りで行われる豪華絢爛な**山鉾巡行**《やまぼこじゅんこう》の行列です。

観光客：山鉾とはどんな意味ですか。

ガイド：この祭りには由緒ある装飾が多数施された**山車**があり、大きい山車を「鉾《ほこ》」、小さい山車を「山《やま》」と呼ぶのです。鉾の頂上には、槍のような高い竿があります。

観光客：本当の京都を理解して、はじめて本当の日本が理解できるのですね。

ガイド：その通りです。京都は、日本人の**心の故郷**《ふるさと》として知られています。

アテンドの知識

おいでやす、京都！（Welcome to Kyoto!）

「フジヤマ、サクラ、ゲイシャ」は長年、日本観光の三大名物とされてきました。「フジヤマ、サクラ」は今も外せないと思います。では、「ゲイシャ」を外せるのかと言えば、そうは問屋がおろさないでしょう。

舞妓と芸妓

「ゲイシャ（芸者）」を辞書で引くと「歌や踊りで酒宴の席に興を添えることを職業とする女性」とあります。とすれば、舞妓《まいこ》さん（a young lady who dances at parties held in banquet）もその範ちゅうに入ると言えるでしょう。ところで、舞妓さんと芸妓《げいこ》さん（a traditional female entertainer who provides singing, dancing, conversations, and companionship to customers in a Japanese-style restaurant）を同じと考える人がいますが、舞妓さんは芸妓さんの卵です。芸妓になるには 5 ～ 6 年の修業（apprenticeship）が必要です。この間、三味線（a Japanese three-stringed musical instrument）や、囃子《はやし》（a musical accompaniment for a band of instrumental musicians）を学びます。ちなみに、舞妓さんや芸妓さんが舞を披露する春の「都をどり」（★キーワード参照）を、海外では “Cherry Blossom Dances” と呼んでいるそうです。

西陣織

「京の着倒れ、大阪の食い倒れ」（People living in Kyoto go bankrupt buying extravagant clothes, while Osaka people ruin themselves by extravagance in food.）と言われるように、京都には美しい織物・染物があります。中でも代表的な伝統工芸品は「西陣織」（high-quality silk fabrics produced in the Nishijin Weaving district of Kyoto）。西陣は京都の地名で、日本を代表する絹織物の産地です。西陣織は豪華絢爛な高級絹織物で、帯や着物などにされます。西陣織の大きな特色は「紋織《もんおり》」（多彩な色糸を用いて文様を織り上げること）と「綴織《つづれおり》」（櫛で梳くように爪で色糸を織り込んでいく技法で、織り手の指先が生む精緻な手仕事）です。その起源は、古墳時代にまでさかのぼりますが、5 ～ 6 世紀頃、中国大陸から渡来した秦氏《はたし》の一族が京都に住みつき、絹織物（silk fabrics）の技術を伝えたのが始まりと言われますから、歴史の重みが感じられます。最近ではコンピューター導入による技術革新がみられ、手織りで 1 週間かかる紋織も 2 日で完成するそうです。機械による近代的作品か、それとも温もりのある手作業のいずれを選ぶかは見る人、買う人次第なのです。

西陣織会館

西陣織会館（Nishijin Textile Center）では、和装の美しさがあますところなく展示されると同時に、美しく染められた無数の糸によって織り出されていく熟練の職人技を見ることができます。四季折々の華やかな着物のショー（kimono fashion show）も鑑賞でき、土産物を扱う 2 階では、「帯で締めるので着物はダイエットに最適だ」と言いながら、品物を物色する外国人観光客の姿も見かけます。この会館には西陣織以外にも京人形(the Kyoto doll costumed in beautiful clothing)、清水焼（the Kiyomizu pottery and ceramics produced in Kyoto)、京扇子（the Kyoto-style folding fans used in the Noh play and the tea ceremony）などが多数陳列されており、ついつい財布のひもが緩みがちです。

祇園祭

さて、千年以上の歴史をもつ京都最大の祭りと言えば祇園祭（the Gion Festival)。この祭りは、「京都三大祭り」（時代祭・葵祭）の 1 つであるだけではなく、「日本三大祭り」（天神祭・山王祭［神田祭]）の 1 つでもあります。その起源は 869 年、京都に疫病《えきびょう》(epidemic）が蔓延した折、日本の地方（the province of Japan）を表示する 66 本の鉾《ほこ》(spear）を立てて祈願し、最初の「祇園御《ご》霊《りょう》会《え》」（疫病退散を祈願する祭礼）が行われたことです。その後、「鉾」が、今に見る巨大な「山車《だし》」（wheeled festive float）に変遷しました。この祭りは応仁の乱で一時中断されましたが、江戸時代には現在の形態を見るに至りました。特に山鉾が四つ角で見せる「辻回し」は必見です。最近の山鉾の数は 33 基（鉾 9 基、前祭の山 14 基、後祭の山 10 基）です。その中の 29 基は国指定の重要有形民俗文化財です。八坂神社の祭りとして、毎年コンコンチキチン、コンチキチンでおなじみの「祇園囃子」（the Gion Festival Music）にのり、1 か月にわたって山鉾が巡行する間、京都の街は豪華絢爛たる動く博物館（moving art museum）に変貌します。「京都祇園祭の山鉾行事」は、国指定の重要無形民俗文化財であり、また、2009 年（平成 21 年）ユネスコ無形文化遺産（UNESCO Intangible Cultural Heritage）に登録されました。

祇園祭の山鉾

Q&A 29 舞妓

Q 舞妓とはどのような意味ですか。**What does *Maiko* mean?**

A *Maiko* means a young apprentice *geisha*, who is a female entertainer, professionally trained in traditional dance and music.

They wear an elaborate traditional Japanese-style hair-do, and colorful kimono with a long *obi* sash hanging from the back. During their apprenticeship, they are trained in dancing and singing, and manners for entertaining guests at Japanese-style banquets. They are traditionally apprenticed as *maiko* between the ages of 15 and 18.

【主旨】

若い芸者の見習いである「舞妓さん」は、日本古来の舞踊や音楽において専門的に訓練された女性の接客者のことです。

彼女らは、凝った伝統的な日本髪と、背中から長い帯を垂らした色鮮やかな着物を身に付けています。見習い期間中は、舞踊や歌謡、また日本式の宴会などで接客するための作法を修業します。舞妓としての見習いの年齢は、慣例上ほぼ 15 歳から 18 歳程度です。

Notes

□ **elaborate** 凝った［手の込んだ］
□ **hair-do** 髪形、結髪
□ **sash** 帯
□ **apprenticeship** 徒弟［見習］期間

Q&A 30 西陣織

Q 西陣織とは、どのようなものですか。**What are the *Nishijin-ori* silk fabrics?**

A The *Nishijin-ori* are generally high-quality silk fabrics produced in the Nishijin weaving district of Kyoto.

The *Nishijin* fabrics are used for *obi* (a sash for kimono), tablecloths, ties and many other products. Recently Nishijin weavers produce woolen and synthetic fabrics in making such articles as women's clothing and scarfs. In particular, the *tsuzure-ori* style has produced many masterpieces, such as the tapestries used on the wheeled festive floats in the Gion Festival.

The Nishijin Textile Center in Kyoto shows live demonstration of the process of manufacturing *Nishijin*(-ori) weaving.

【主旨】

西陣織は、通常京都の西陣織地域で生産される高級な絹織物のことです。

西陣織は、着物用の帯、テーブルクロス、ネクタイといった製品に用いられています。最近では、西陣織を作る人の中には、女性の衣類やスカーフなどを作るのに毛や合成繊維を使用する人もいます。特に「綴織」は、祇園祭の山車に使われるタペストリーのような素晴らしい傑作を作り出しています。

京都の西陣織会館では、西陣織の制作工程を実演しています。

Notes

☐ **weaver** 織物師
☐ **synthetic (fabrics)** 合成（繊維）
☐ **live** [láiv] 生の、実演の
▶live demonstration 生での実物説明

Q&A 31 祇園祭

Q 祇園祭の主な特徴は何ですか。**What is the main feature of the *Gion* Festival?**

A The *Gion* Festival, one of the Three Greatest Festivals in Kyoto, is held on July 1 through 31 in honor of Yasaka Shrine.

It originated in 869 when an epidemic raged in Kyoto and killed many people. People erected 66 tall spears (*hoko*) representing the provinces of Japan asking for god's protection. Today the original spears (*hoko*) have been replaced by big festive floats (called "*hoko*") of the same name. The smaller floats (called "*yama*") carry big figures of famous historical personages.

This festival is featured by the *Yama-boko junko* parade of the elaborate festive floats which are carried by many young men through the city to the accompaniment of musicians playing music known as *Gion-bayashi*.

【主旨】

祇園祭は、京都三大祭りの１つであり、八坂神社を祝って７月１日から 31 日まで行われます。

その起源は、京都に疫病《えきびょう》が流行し大勢の人が死亡した 869 年（貞観 11 年）にまでさかのぼります。神の御加護を求めた人々は、全国の地方を表す 66 基の大きな槍（鉾）を建てました。今日では、昔の槍（鉾）は同じ名前の「大きな山車」(「鉾」) に取り代えられたのです。「小さい山車」(「山」) には、有名な歴史上の人物の大きな人形があります。

祭りのハイライトは、豪華な山車の「山鉾巡行」で、「祇園囃子」で知られる楽士の音楽に合わせて若者たちが山車を運んで市内を練り歩きます。

Notes

□ **in honor of** ～を祝って
□ **epidemic** 疫病、伝染病
□ **rage** 流行する、猛威を振るう
□ **erect** 建てる、設置する
□ **protection** 加護、保護
□ **replace** 交換する
□ **personage**（有名）人 ▶prominent personage 著名人

キーワード

★都をどり　The Miyako-odori is often called the "Cherry Blossom Dances" in English. The dancers perform together in a group against a backdrop of cherry blossoms with cries of "Yoi-Yasaa!" The dances show a series of graceful movements accompanied by an orchestra of *shamisen*, flutes, drums and bells. The performance can be seen at Gion Kobu Kaburenjo Theater from 1st to 30th April. The dances performed by the *maiko* and *geiko* of Gion are well-known at home and abroad. The Miyako-odori is one of the "Five Major Dances" of Kyoto, along with *Kamogawa-odri*, *Kitano-odori*, *Kyo-odori* and *Gion-odori*.

都をどりは、英語ではよく「チェリー・ブロッサム・ダンス」（桜の舞踊）と呼ばれている。舞踊者は、桜の花の背景幕を背にして「よいやさ」の掛け声とともに一同そろって演技する。舞踊は、三味線、笛、太鼓と鐘などの合奏団で伴奏され、一連の優雅な体の動きを披露する。演技は、４月１日から 30 日まで祇園甲部歌舞練場で観覧できる。祇園の舞妓・芸妓による舞踊は、国内はもとより海外でもよく知られている。「都をどり」は、「鴨川をどり」、「北野をどり」、「京をどり」、そして「祇園をどり」と並び京都の「五大をどり」の１つである。

第11章
世界の観光文化都市・京都

サンプルダイアローグ

Tourist: There are so many sightseeing spots in Kyoto that I find it hard to focus on where to visit.

Guide: You could say that. However, you ought to obtain some information about Kyoto before you visit there.

Tourist: Could you tell me about Kyoto in brief?

Guide: I'd love to. As you know, Kyoto was founded as "**Heiankyo**" in 794 and served as the capital of Japan for over 1,000 years until Tokyo became the capital in 1869.

Tourist: I remember that you mentioned the "Imperial Palace" before.

Guide: The "**Jidai Matsuri** (**Festival of the Ages**)" is held every October at the Heian(-jingu) Shrine, which was erected in 1895 to commemorate the 1,100th anniversary of the founding of Kyoto as the capital of Japan. The shrine is dedicated to two emperors; Kammu, the founder of Kyoto, and Komei, the last one to reign there.

Tourist: I see.

Guide: Many sightseeing spots in Kyoto are within easy walking distance of each other or just a short taxi ride away.

Tourist: That's good.

Guide: You can start at "**Kinkaku-ji,**" **the Temple of the Golden Pavilion,** which is famous for its three-story building covered in **gold leaf** and topped with a bronze statue of a phoenix.

Tourist: I have seen its picture once before.

Guide: Then you can visit "**Ryoan-ji Temple,**" which is noted for its "rock garden" consisting of 15 rocks arranged within a sea of **white gravel**.

Tourist: Is this a typical garden in Japan?

Guide: Yes, it's a typical dry landscape garden — a type called "Karesansui." This garden is composed of rocks and sand, depicting mountains and rivers, or even the great ocean, symbolizing the **multiplicity and vastness of nature**.

Tourist: Is there anywhere I can catch a panoramic view of Kyoto?

Guide: I suggest you visit "**Kiyomizu(-dera) Temple,**" which has a wooden stage that juts out over a cliff and is suspended by **139 giant pillars**. The view of the city of Kyoto from there is stunning.

Tourist: Thank you so much.

観光客：京都には観光名所が多いので、どこを訪れるべきか迷いますね。

ガイド：そうですね。でも、京都を訪れる前に、少し情報を集めたほうがいいでしょう。

観光客：京都について簡単に教えていただけませんか。

ガイド：もちろんです。ご存じのように、京都は 794 年（延暦 13 年）に「**平安京**」として建設され、首都が東京に移る 1869 年（明治 2 年）まで、1,000 年以上も日本の首都としての役割を果たしてきました。

観光客：以前、「皇居」でお話していただきましたね。

ガイド：平安神宮では毎年 10 月に「**時代祭**」(★キーワード参照) を楽しむことができます。この神宮は、日本の首都、京都の創建 1,100 周年を記念して 1895 年（明治 28 年）に造営されました。京都の創建者である桓武天皇と最後の帝《みかど》である孝明天皇（1831-1867）の 2 天皇が祀られています。

観光客：なるほど。

ガイド：京都にある観光地の多くは、どれも簡単に歩いて行ける距離かタクシーですぐに着く範囲にあります。

観光客：それはいいですね。

ガイド：「**金閣寺**」からスタートするといいでしょう。三層の建物全体が**金箔**で覆われていて、頂上の青銅の鳳凰像も有名です。

観光客：以前写真で見たことがあります。

ガイド：次に、「**龍安寺**」に行きましょう。この寺院は、一面に**白砂**を配した 15 個の石から成る「石庭」で有名です。

観光客：これは典型的な日本庭園 (⇒ Q&A 34) ですか。

ガイド：はい。「枯山水」と呼ばれる、水を使わずに景色を表すタイプの典型的な庭園です。庭園を構成する石と砂は、山川や大海を表現しています。これらは**自然の多様性や広大さ**を象徴するものです。

観光客：どこか京都の全景が見られるところはありますか？

ガイド：「**清水寺**」がお勧めです。このお寺には、崖の斜面に張り出した巨大な木造舞台があります。これは **139 本の巨大な柱**で支えられていて、そこから眺める京都の街並みは絶景ですよ。

観光客：ありがとうございます。

アテンドの知識

京都と言えば、奈良と並び日本を代表する「歴史の博物館」であり、今や世界に知られる国際観光文化都市（City of International Tourism and Culture）です。一口に京都の観光といっても、その歴史と伝統の深さ故にどこから足を向けるべきか戸惑ってしまいます。約 1600 の仏閣と約 300 の神社の中から、代表的なものを厳選し、それらの特色を探ってみたいと思います。

現在、京都の世界遺産として「二条城を含む 17 社寺」（京都市 14 件、宇治市 2 件、滋賀県 1 件）が登録されています。（⇒第 2 部「日本の世界遺産」）

金閣寺

京都観光で必ず訪れる場所に金閣寺（Kinkaku-ji Temple）がありますが、外国人から質問を受けて困惑している日本人の姿を時々見かけます。金閣寺（正式には鹿苑寺《ろくおんじ》）は 1397 年（応永 4 年）、足利義満（1358-1408）が築いた山荘（villa）で、彼の死後、禅寺（a Zen Buddhist Temple）として使用されました。1950 年（昭和 25 年）に焼失しましたが、1955 年（昭和 30 年）には現在の姿に復元されました。豪華絢爛たる「金《きん》箔《ぱく》の楼閣《ろうかく》」（pavilion decorated in gold leaf）の上には「青銅の鳳凰像」（a bronze statue of a phoenix）が乗せられています。鳳凰は平和の象徴で、この鳥が留まっている間は世の中も平和、しかし争いが起きればどこかへ飛び去って行く鳥と言われています。池《ち》泉回遊式《せんかいゆうしき》庭園（the stroll-type landscape garden）も素晴らしく、鏡湖池（Kyoko-chi Pond）を中心に奇岩怪石を配し、自然を巧みに生かしています。池に映る金閣寺は美しく、一幅の絵を見るようです。

鏡湖池と
金閣寺

大文字五山送り火

夏には如意ケ嶽《にょいがたけ》など 5 つの山の中腹に「大文字五山送り火」(the *Daimonji-Gozan* Bonfire Event)(⇒ Q&A 32)を見ることができます。これは先祖の霊を送るお盆の行事です。日本の「お盆」(the Bon Festival)(★キーワード参照)には、先祖の霊が現世に戻り、人々は「迎え火」(the welcome fire) をたき、その霊を迎えて供養します。最後の日には、霊を来世に送り戻すために「送り火」(the farewell fire) をたきます。8 月 16 日には、京都の 5 つの山腹にかがり火の文字を点火するので、「五山送り火」と呼びます。東山如意ケ嶽の「大文字《だいもんじ》」をはじめ、松ヶ崎西山・東山の「妙・法」、西賀茂船山の「船形《ふながた》」、大北山《だいほくさん》の「左《ひだり》大文字」、そして曼陀羅山《まんだらやま》の「鳥居形」が次々と点火されます。

龍安寺

龍安寺 (Ryoan-ji Temple) は臨済宗の禅寺です。この寺の石庭 (the rock garden) は世界的にも有名な日本庭園で、15 個の石が東から西へ 7・5・3 に配置され、美しい白砂が敷き詰められています。これは有名な枯山水庭園 (the dry landscape garden) で、池や水の流れを用いず、主として石と砂で造られたものです。ところでこの石庭は、どの視点から数えても石は 14 個で、1 個の石が見えません。また見る者によっては「海の景色」または「親子のトラが大河を渡る景色」などに見えるらしいのです。古い話ですが、日本を訪問された英国のエリザベス女王が石庭を御覧になり、その意味を聞かれたのです。そのとき、寺の住職さんが「石庭の美しさは『無』です」と説明し、通訳者が「無」を "God" と訳しました。「日本人の『無』の境地 (a spiritual state of nothingness) は、西洋人の考える "God" に近い」という名訳が話題になりました。

この石庭にある石の配列から「虎の子渡しの庭」とも言われますが、こんな話があります。3 匹の子を連れて虎が川を渡ろうとしますが、一度に渡れるのは 1 匹だけです。そのうち 1 匹だけは問題児です。その問題児を見えないようにする、という伝説にちなんでこの石庭が造られたということです。なぜ見えないようにこの石庭を造ったのかが問題です。しかしそれこそが禅の境地 (a spiritual [mental] status of Zen Buddhism) を表現しているということらしいです。

龍安寺の石庭

清水寺

清水寺（Kiyomizu-dera Temple）の創建は 778 年（宝亀 9 年）、139 本の巨大な柱で支えられているこのお寺には、断崖の傾斜に張り出した、これまた巨大な木造舞台があります。この舞台（清水寺の本堂のこと）は釘を 1 本も使わず約 10 メートルの材木を縦横に組み合わせて足場を組んで建っています。現在の建物は、徳川家光（1604-1651）が 1633 年（寛永 10 年）に再建したものです。この舞台からの京都の市街地の展望は絶景。ところで、日本語では「非常な決意をして物事を行う」（to make an important and difficult decision）ことを「清水の舞台から飛び降りる気で」（jumping from the balcony of the Kiyomizu-dera Temple）と言います。英語では to make a leap in the dark のほうが適訳かもしれません。

清水寺

Q&A 32 大文字五山送り火

Q 大文字五山送り火が行われるのはなぜですか。**Why is the *Daimonji-Gozan* Bonfire Event observed?**

A The *Daimonji-Gozan* Bonfire Event is the spectacular Bonfire Event, which is held annually on five hills in Kyoto on the night of August 16 as part of the Bon Festival. It is observed to send the souls of the ancestors back to heaven after their brief return to earth.

The bonfire is laid out in the shape of the burning Chinese character "*dai*" which means "large" on Mt. Nyoigatake. It's called "*Daimonji*." Other fires are lit separately on four other hills surrounding the city, which are set on fire in the shape of "*hidari-daimonji*" (a smaller "*dai*"), "*funa-gata*" (a boat), "*myo-ho*" (Buddha's law), and a "*torii*" (Shinto shrine gateway).

【主旨】

「大文字五山送り火」というのは、壮大なかがり火をたく行事のことで、お盆行事の一環として毎年 8 月 16 日の夜、京都の 5 つの山で行われます。この行事は、現世での短い滞在を終えた祖先の霊を来世に送るために行われます。

かがり火は、如意ヶ嶽で「大きい」を意味する漢字の「大」の形に燃やされます。それは「大文字」と呼ばれます。その他の火は、町の周辺にある 4 か所の山で別々に輝き、「左大文字」、「舟形」、「妙・法」そして「鳥居形」の形で点火されます。

Notes

- □ **observe** 祝う、行う
- □ **ancestor** 祖先
- □ **set on fire** 点火する

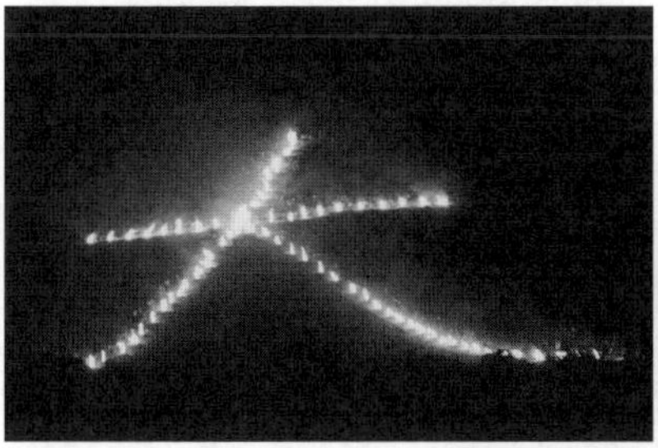

如意ヶ嶽の「大」

昼の如意ヶ嶽

Q&A 33 除夜の鐘

Q 除夜の鐘には、どのような意味があるのですか。**What is the meaning of *Joya-no-kane*?**

A *Joya-no-kane* is the temple bells ringing out the old year at midnight on New Year's Eve. The temple bells peal 108 times to announce the passing of the old year and to herald the New Year. According to the Buddhist beliefs, the 108 peals of the temple bell represent the 108 earthly desires of human beings. With each peal of the bell, one earthly desire is dispelled. When the last 108th peal sounds, all these desires are driven away.

At midnight, every temple bell in Japan, and in particular in Kyoto, peals 108 times to ring out the old year, and ring in the new.

【主旨】

除夜の鐘というのは、大晦日の深夜に鐘を鳴らして旧年を送り出す寺院の鐘のことです。寺院の鐘は108回鳴り響き、旧年の去りゆくことを告知し、新年の来ることを予告するのです。仏教の信仰によれば、寺院の鐘が鳴る108の響きは、人間の108の煩悩《ぼんのう》を表しています。一つ一つの鐘の音が鳴るたびに、煩悩が一つ一つ取り除かれるのです。最後の108番目の響きが聞こえるとき、すべての煩悩が消し去られます。

深夜になれば、日本中、特に京都ではどの寺院の鐘も、旧年を送り出し、新年を迎えるために108回鳴り渡ります。

Notes

- □ **ring out** 鐘を鳴らし送り出す⇔ ring in 迎える
- □ **peal** 〈v〉鳴り響く cf. peal〈n〉鐘の響き
- □ **herald** 到来を告げる
- □ **belief** 信仰、信念
- □ **represent** 表す、示す
- □ **earthly desires** 煩悩《ぼんのう》、世俗の欲望（=worldly desires）
- □ **dispel** 取り除く
- □ **drive away** 消し去る、追い払う

寺院の鐘楼

Q&A 34 日本庭園

Q 日本庭園の特徴は何ですか。**What is the main feature of Japanese gardens?**

A Japanese gardens are featured by the emphasis on natural scenic beauty, compared to Western gardens that emphasize geometrical beauty.

There are mainly two styles of Japanese gardens, *chisen*-style and *karesansui*-style. The *chisen*-style garden is a water garden containing artificial hills and ponds. It has a central pond symbolizing the sea, and hills of earth and stone representing mountains (e.g. Suizenji Garden in Kumamoto Prefecture). The *karesansui*-style garden is a dry garden containing rocks and sand, and has trees and stones artificially shaped to make the entire garden represent a natural landscape. The rock garden of Ryoan-ji Temple in Kyoto is a fine example, showing the influence of Zen Buddhism.

【主旨】

西洋の庭園が幾何学的な景観美を重視するのに比べ、日本庭園は自然の景観美を強調します。

日本庭園には、主として 2 種の庭園、池泉形式と枯山水形式があります。「池泉庭園」は人工の丘と池をもつ庭です。中心に海を象徴する池、そして山に見立てた土と石で作った丘があります（例：熊本県の水前寺公園）。「枯山水」は岩と砂の水気の無い庭で、庭園の全体で自然の景観を表すために、人工的に造形された樹木や岩石が配置されています。京都にある龍安寺の石庭は、見事な代表例で、禅宗の影響を漂わせています。

Notes

- □ **scenic beauty** 景観美
- □ **compare A to B** A を B と比較する
- □ **geometrical** 幾何学的な
- □ **natural landscape** 自然景観

池泉庭園

枯山水

キーワード

★盆　the Bon Festival; the Lantern Festival; the Buddhist All Souls' Day; the Buddhist observance honoring the spirits of departed ancestors.

死者の霊をまつる仏事。☆陰暦 7 月 15 日前後（または 8 月 15 日前後）の数日の間（13 日から 16 日まで）に執り行われる。13 日夜には祖先の霊を家庭に迎え、16 日夜には彼岸に送る。「盂蘭盆会」の略称で通称「お盆」。All Souls' Day はカトリック用語で「死者の日」と呼び、11 月 1 日と 2 日にすべての死者の魂のために祈る。

★時代祭　the Festival of the Ages [Eras]. This festival was begun in 1895 when Heian Shrine was built to commemorate the 1,100 anniversary of the transfer of the Imperial Capital to Kyoto in 794. The festival is highlighted by a procession of people dressed in historical costumes and ancient armor and weapons, each representing various events of Japanese history from the Heian period through to the Meiji era. The parade starts with the 19th century costumes and goes back to the 8th century. The gorgeous historical parade starts from the Kyoto Imperial Palace and ends at Heian Shrine.

この祭りは、794 年（延暦 13 年）の京都創建の時代から 1100 年を祝って平安神宮が建立されたのにともない 1895 年に始まった。ハイライトは歴史ゆかりの衣装や昔の武装姿をした人々の行列で、平安時代から明治時代までの歴史的な時代や出来事を再現している。行列は 19 世紀の装束に始まり 8 世紀へとさかのぼる。この豪華な歴史行列は、京都御所が起点となり、平安神宮が終着点となっている。

時代祭

第12章
日本人の心の故郷《ふるさと》・奈良

サンプルダイアローグ

Tourist: Was Nara the stage for much of early Japanese history?

Guide: Yes, it was. Nara **prospered** as the capital of Japan for more than 80 years from 710 to 794. Then the capital **was transferred** to Kyoto.

Tourist: Really? That's a long time ago.

Guide: Nara's long history has left a rich **heritage**.

Tourist: There are some sites on the World Heritage Lists in Nara, I think. How many historical monuments from ancient Nara remain in the city?

Guide: There are eight **cultural assets** in Nara; five temples — Todai-ji, Kofuku-ji, Gango-ji, Yakushi-ji, Toshodai-ji — and Kasuga Taisha Shrine, the Kasugayama Primeval Forest, and the Heijo-kyu Palace Site.

Tourist: Why were they chosen by the World Heritage Committee?

Guide: Japanese culture was developed through cultural exchanges with China and Korea. In particular, Nara offers clear evidence of this in many temples.

Tourist: I see. Could you give me some examples?

Guide: Sure. You may have heard of "**Todai-ji Temple**," which includes the largest wooden structure in the world, and of the Great Buddha Hall called "Daibutsu-den" in Japanese.

Tourist: I'd love to see that temple someday.

Guide: Yes, you should. Do you know that "**Toshodai-ji Temple**," a valuable treasure house of Japanese architecture, was built in the 8th century by the Chinese priest Ganjin?

Tourist: By a Chinese monk?

Guide: Yes, sir. Surprising enough, "Kondo" (the main hall) is preserved as the only hall of its kind **extant** from the Nara period.

Tourist: It offers a lot of valuable evidence of Nara's culture where the city flourished as the capital of Japan in the 8th century, doesn't it?

Guide: Yes, it does. Nara, as Japan's first capital city, preserves a breathtaking display of Japan's historical and cultural legacy.

観光客：奈良は、古代日本史の舞台だったのですか。

ガイド：はい、そのとおりでした。奈良は 710 年（和銅 3 年）から 794 年（延暦 13 年）まで、80 年以上も日本の首都として**栄えていた**のです。その後首都は京都に**移された**のです。

観光客：ほんとうですか。ずいぶん昔ですね。

ガイド：奈良の長い歴史は、多くの**遺産**を残してきました。

観光客：奈良には、世界遺産に登録された史跡がいくつかあったと思います。この街には、現在いくつ古代からの史跡があるのですか。

ガイド：奈良には 8 つの**文化遺産**があります。5 寺院（東大寺、興福寺、元興寺、薬師寺、唐招提寺）と春日大社、春日山原始林、平城宮跡です。

観光客：世界遺産委員会は、なぜこれらを選んだのですか。

ガイド：日本文化は中国・韓国との文化交流で発展してきました。特に奈良の多くの寺院には、これを強く裏付ける証拠があるのです。

観光客：なるほど。いくつか例を教えてください。

ガイド：はい。「**東大寺**」の名前を聞いたことがあると思います。ここには世界最大の木造建築で、日本語で「大仏殿」と呼ばれる巨大な仏殿があります。

観光客：いつか、この寺を見学してみたいです。

ガイド：ぜひ行くべきです。日本建築の貴重な宝物殿「**唐招提寺**」は、中国の鑑真和尚が 8 世紀に創建したものだと知っていますか。

観光客：中国の仏僧が造ったのですか。

ガイド：はい。「金堂」は、奈良時代に造られたこの種の建造物としては、なんと**現存する**唯一のものなのです。

観光客：8 世紀に日本の首都として繁栄した奈良文化の貴重な証拠ですね。

ガイド：はい、そうです。日本最初の首都である奈良は、日本の歴史と文化遺産の驚くべき姿を今に伝えているのです。

唐招提寺金堂

アテンドの知識

「奈良の大仏と鎌倉の大仏のどちらが先にたちましたか」、小学生の時に何気なく聞かれる質問です。答えは「どちらもまだ座ったままです」。

奈良の大仏

大仏（the Great Statue of Buddha）と言えば、奈良の大仏（東大寺盧《る》舎《しゃ》那《な》仏像《ぶつぞう》752年建立）があり、鎌倉の大仏（阿《あ》弥《み》陀《だ》如来《にょらい》坐《ざ》像《ぞう》1252年建立）、高岡の大仏（阿弥陀如来坐像1221年創建）と並ぶ日本三大仏の1つです。この大仏が鎮座する奈良の東大寺「大仏殿」（高さ47.3m、間口57m、奥行き50.3m）は世界最大の木造建築物（the world's largest wooden structure）で、もちろんその中にある本尊（the Principal Statue of Buddha）の金銅の大仏（高さ15m）も世界最大です。大仏殿にある柱の1つに、人間が入れるほどの穴がありますが、その穴は大仏の鼻《び》孔《こう》（nostril）と同じ大きさです。その穴をくぐり抜ければ御《ご》利《り》益《やく》（god's favor; divine grace）があると言われ、陽気な欧米人には人気があるようです。

法隆寺、「法隆寺地域の仏教建造物」

奈良と言えば日本の古代史の舞台であり、8世紀後半まで都が置かれた地。長い歴史に彩どられ、文化遺産に溢れる奈良を、世界遺産群を中心にもう一度かみしめたいものです。（⇒第2部「日本の世界遺産」）

まずは、1993年（平成5年）「法隆寺地域の仏教建造物」（Buddhist Monuments in the Horyu-ji Area）が文化遺産に登録されました。

法隆寺（Horyu-ji Temple）は日本仏教（⇒Q&A 35）の始祖と仰がれる聖徳太子（574-622）が607年（推古15年）に創建した寺です。境内には、日本人の心の故郷《ふるさと》である大和に今も現存する世界最古の木造建築（the world's oldest extant wooden structure）である金堂（the Main Hall）があります。堂内には由緒ある仏像（the Buddhist statue）や仏画（a Buddhist picture）などの国宝が多数現存し、日本の古代を知る手がかりとなる文化資産（cultural asset）としてその価値は計りしれません。また日本最古の五重塔（⇒Q&A 36）があり、その中心を通る心柱（長さ14.3mと約17.8mの八角形の材木が縦につながっている）には594年に伐採されたヒノキが使用されています。さらには八角円堂の優雅な「夢殿」（the Yumedono Hall）があります。

法起寺

法起寺（Hokki-ji Temple）には、創建当時の姿を今に伝える日本最古の三重塔（the three-story pagoda）が聳えています。（⇒Q&A 73）

東大寺、「古都奈良の文化財」

次に、1998年（平成10年）「古都奈良の文化財」（Historic Monuments of Ancient Nara）が世界遺産に登録されました。（⇒第2部「日本の世界遺産」Q&A 79）

東大寺（Todai-ji Temple）は聖武天皇により国家鎮護のため 8 世紀に創建されました。境内には多数の仏閣があり、その中でも春を告げる「お水取り行事」（the Sacred Water-drawing Ceremony）を行う二月堂（the Nigatsudo Hall）は、大仏殿と並んで特に有名です。「南大門」（高さ 25.5m）も東大寺の総門で、山門としては日本最大です。除夜の鐘で有名な「梵鐘《ぼんしょう》」（高さ 3.9m）は日本最大です。三角形の材を組み合わせた校倉造《あぜくらづく》り（a log storehouse on stilts）で知られ、シルクロード（Silk Road）を経て来た渡来品（the articles from abroad）が色あせることなく今に伝えられる「正倉院」（the Shoso-in Treasure Repository）はあまりにも有名です。

興福寺

興福寺（Kofuku-ji Temple）は 669 年（天智 8 年）に創建され、710 年（和銅 3 年）に京都から当地へ移されました。この寺には多数の国宝（national treasure）があります。近くには猿沢池（Sarusawa Pond）があり、その水面に映る「五重の塔」（the five-story pagoda）は特に美しく、奈良の都のシンボルです。京都の「東寺」（To-ji Temple）にある五重塔に次ぎ、日本第 2 位の高さを誇っています。

唐招提寺

唐招提寺（Toshodai-ji Temple）は 759 年（天平宝字 3 年）に唐僧の鑑真《がんじん》（688-763）が創建したもので、「天平《てんぴょう》の甍《いらか》」で知られる「金堂」は唯一現存する奈良時代の建造物です。その中には日本最大・最古の「千手観音」が安置されています。境内の奥まった所にある「御影堂《みえいどう》」には、日本最古・最大の肖像彫刻である鑑真和上の座像が安置されています。鑑真は、日本に来るにあたり暴風の苦難や出航の妨害、さらには失明を乗り越え 11 年目に到着し、70 歳を過ぎてからこの寺院を創建しました。

薬師寺

薬師寺（Yakushi-ji Temple）は 680 年（天武天皇 9 年）に天武天皇によって創建されました。境内には「東塔」（the East Tower）と呼ばれる三重塔（the three-story pagoda）があり、奈良のシンボルとして天高くそびえています。この塔は寺の中で唯一、原形のまま往時をしのぶことのできる建造物です。また「金堂《こんどう》」（the Main Hall）には日本の仏教美術の最高傑作と呼ばれる「薬師三尊像」（Yakushi Trinity）が見られます。

元興寺

元興寺（Gango-ji Temple）は 588 年（崇峻天皇元年）に蘇我馬子《そがのうまこ》（?-626）が建立した日本最古の飛鳥寺《あすかでら》を、平城京遷都《せんと》（capital relocation）に伴い移建した寺院です。創建当時の伽藍は、平安時代と江戸時代末期に焼失し、元は僧坊《そうぼう》（the living quarters for Buddhist priests）だった現在の本堂がわずかに面影を残しているだけです。

春日大社

春日大社（Kasuga-Taisha Grand Shrine）は 768 年（神護景雲 2 年）に創建され、そ

の参道には約 2000 基の石灯籠（stone lantern）が並んでいます。朱塗りの本殿（the main hall with bright vermilion-colored pillars）の回廊にある 1,000 基の吊り灯籠（hanging lantern）は実に鮮やかです。2 月と 8 月に行われる「万灯籠祭」（the Lantern-Lighting Festival）の日には大小 3,000 基の灯篭の光が灯り、境内は幻想的なムードに包まれます。

春日山原始林

春日山原始林（Virgin Forest of Kasugayama）は春日大社の背後にそびえる春日山で石仏遺跡が点在します。841 年（承和 8 年）に伐採を禁じられて以来、春日大社の神域として保護されてきた原始林で、国の特別天然記念物（Special Natural Monument）に指定されています。

平城宮跡

平城京は奈良時代に都として使われていた奈良盆地にあった都市（the city in the Nara Basin）で、平城宮跡（the Heijo-kyu Palace Site）は、中国唐の都「長安」にならった古都奈良の平城宮の大内裏《だいり》（imperial palace precincts）の跡です。2010 年（平成 22 年）には、平城宮への遷都から 1,300 周年を記念して「平城遷都 1,300 年祭」（the 1,300th anniversary of Nara Heijo-kyu Capital）が開催されました。平城宮跡には、大極殿《だいごくでん》（the Imperial Audience Hall）や朱雀門（the Suzakumon Gate）また、遣唐使船（Japanese Diplomatic Ship for Envoys to Tang Dynasty China）や東院庭園広場（Eastern Palace Garden Plaza）など多数が復元されています。

平城宮跡大極殿

Q&A 35 仏教

Q 仏教について簡単にお話し願えますか。**Could you tell me about Buddhism in brief?**

A Buddhism was founded in India by Sakyamuni Buddha in the 5th century B.C. It was introduced to Japan by way of China and Korea in the 6th century.

There are two main types of Buddhism; *Mahayana* Buddhism which emphasizes the universal salvation of all human beings and *Hinayana* Buddhism which emphasizes individual salvation. Buddhism teaches the ultimate goal to attain enlightenment that is a state of spiritual emancipation and freedom from worldly desires achieved by practicing the Buddhist teachings. Japanese Buddhism puts emphasis on ancestor worship.

【主旨】

仏教は、紀元前5世紀にインドの釈迦牟尼仏（★キーワード参照）によって創建され、6世紀には中国・韓国を経て日本に伝えられました。

主として2種の仏教があります。人類の普遍的な救済を強調する「大乗仏教」（★キーワード参照）と、個人の救済を強調する「小乗仏教」（★キーワード参照）です。仏教の教える最終目標は、仏の教えを実行することによって、精神的な自由と、煩悩からの解脱に達して「悟り」の境地に至ることです。日本の仏教では、祖先崇拝を力説します。

Notes

- □ **salvation** 救済
- □ **human beings** 人類
- □ **attain** 得る
- □ **enlightenment** 悟り
- □ **emancipation**（束縛からの）解放（=freedom）▶emancipation of slaves 奴隷解放
- □ **worldly desires** 煩悩（=earthly desires）
- □ **worship** 崇拝

Q&A 36 五重塔

Q 「五重塔」とは何ですか。**What is the five-story pagoda?**

A The five-story pagoda is a tower-like structure erected in the precincts of a Buddhist temple. It is made with five tiled roofs placed one over the other.

It was developed from the Indian stupa, which was originally founded to enshrine Buddha's ashes or relics as sacred objects in an altar. The Japanese pagoda is said to be a transformed grave marker.

The five-story pagoda of Horyu-ji Temple in Nara is the oldest wooden building in the world. That of Toji-Temple in Kyoto is the tallest pagoda in Japan.

【主旨】

五重塔は、寺院の境内に建立された塔のような建造物のことで、５層のかわら屋根を重ねて作られています。

本来「五重塔」は、聖遺物として釈迦の遺骨や遺品を安置するために建立されたインドの仏舎利塔から進展したものです。日本の塔は、変形された墓標だとされています。

奈良法隆寺の五重塔は、世界最古の木造建物です。京都の東寺にある五重塔は、日本で最も高い仏塔です。

【参考】「舎利塔」a stupa（ストゥーパ〈サンスクリット語〉）は、仏舎利を埋葬するために用いる供養塔。「仏舎利」とは釈迦の遺体、すなわち遺骨（Buddha's bones）や遺灰（Buddha's ashes）などのこと。ちなみに、日本の「卒塔婆（そとば）」(墓の後に立てる遺物を納める塔形の細長い板）は stupa の音写で、その頭部がこの塔の形を模している。

Notes

- ☐ **erect** 建立する
- ☐ **tiled roof** かわら葺き屋根
- ☐ **enshrine** 安置する
- ☐ **transform** 変形する
- ☐ **grave marker** 墓標

東寺の五重塔

Q&A 37 精進料理

Q 精進料理とは、どのようなものですか。**What is *shojin ryori* cooking?**

A "Shojin" is derived from a Buddhist term meaning asceticism in pursuing the way to enlightenment. "Ryori" means cooking. *Shojin ryori* is a vegetarian dish prepared for religious reason, which was introduced from China into Japan together with Buddhism in the 6th century.

Shojin ryori includes an all-vegetarian diet of vegetables, soybean products, seaweed and rice, abstaining from the use of meat or fish. This way of eating style was originated by Buddhist priests who once tabooed the eating of the meat. The custom of eating *shojin ryori* spread with the advent of the Zen sect of Buddhism in the 13th century.

【主旨】

「精進」と言うのは、悟りを追求して行う仏道修業という意味の仏教用語に由来しています。「料理」の意味は cooking です。精進料理は、宗教的な理由で用意される菜食料理のことで、6 世紀仏教とともに中国から日本へ伝来したものです。

精進料理は、肉類や魚介類を用いずに、野菜や大豆加工品、また海草類や米穀類などの植物性食品だけを使っています。この食事法は、昔僧侶が肉食を禁じられたことから生まれました。また、精進料理の食習慣は、13 世紀仏教の禅宗の到来とともに普及しました。

Notes

- □ **derive from** ～に由来する
- □ **asceticism**（仏道）修業
- □ **abstain from** ～を控える、自制する
- □ **Buddhist priest** 僧侶
- □ **advent** 到来

精進料理

キーワード

★釈迦牟尼　Sakyamuni Buddha

サンスクリット語では Siddhartha Gautama（シッダルタ〈名〉・ガウタマ［ゴータマ］〈姓〉）。Gautama は英語で Sakyamuni と言う。「釈迦」は「釈《しゃ》迦《か》牟《む》尼《に》」の略である。「釈迦」は「名」（部族名または国名）、「牟尼」は聖者・修行者の意味。つまり「釈迦牟尼」は「釈迦族の聖者」（sage of the Shaka clan）の意味の尊称である。「仏」の称号を加え、「釈迦牟尼仏」「釈迦牟尼仏陀」「釈迦牟尼如来」などともいう。略して「釈迦仏」「釈迦如来」。称号だけを残して「ブッダ」「仏陀」「如来」とも。通常は「お釈迦様」「仏様」（「死者」の意味もある）などと呼ぶ。

古代インドの宗教家、仏教の開祖（the founder of Buddhism）。29 歳で出家（He left his royal family at the age of 29.）し、35 歳で菩提樹の下に座して悟りを開いた（He experienced ultimate realization of the supreme truth under the sacred bo tree when he was 35 years old.）。その後各地で「すべての生きものに慈悲の心を向ける」という仏法を説く。80 歳で入滅する（He died at the age of 80.）。

★大乗仏教　Mahayana Buddhism

大乗は「大きな乗り物」（Great Vehicle）の意味。多数の人が乗れる車のように、「多数の人を慈悲の心をもって救う」という立場の仏教を意味する。在家仏教（出家しない在俗の人のための仏教）で、人はだれもが仏陀への信仰によって救われる（People can be saved by faith in Buddha.）と説く。日本や中国に普及する。552 年（一説には 538 年）に中国・韓国を経て日本に伝来した。

★小乗仏教　Hinayana Buddhism

小乗は「狭い乗り物」の意味。「多数の人を忘れて、自己だけを救う」という立場の仏教で、出家仏教（俗世間を捨てる）である。寺にこもり修業して自分の悟りを得る（attaining emancipation or self-enlightenment by becoming a Buddhist priest and undergoing ascetic practices in a temple）ことを主とする、仏門に入る人のための仏教。僧侶が大事にされる。東南アジア（タイやスリランカなど）に普及する。

第 13 章
日本人の信仰の原点・伊勢神宮と真珠の里・伊勢志摩

サンプルダイアローグ

Guide: Today I'd like to show you around the main area of **Ise-Shima National Park**.

Tourist: What forms the main area of this national park?

Guide: As the name indicates, this national park consists of the **Grand Shrine of Ise** and the **Shima Peninsula**, which is noted for its **pearl cultivation**.

Tourist: I see.

Guide: Ise Grand Shrine has been visited for about 2,000 years as the most venerated Shinto shrine in Japan.

Tourist: I have seen it in a picture before. I found it very impressive.

Guide: The main shrine building is made of unpainted **Japanese cypress wood** (*hinoki*) joined without nails.

Tourist: To whom is this shrine dedicated?

Guide: It is dedicated to **Amaterasu-Omikami, the Sun Goddess,** who is considered to be the ancestral divine spirit of the Imperial Family.

Tourist: That's why the Imperial Family has formal wedding ceremonies at this shrine. Is that right?

Guide: You're right. There you can find the famous Isuzu(-gawa) River, which is noted for its clear water. Worshippers wash their hands in this river to purify themselves before approaching the sanctuary.

Tourist: That sounds good. What is there to see in the Shima Peninsula?

Guide: The peninsula has some wonderful scenery in and around the bays of Toba and Ago, which are called the "Bays of Pearls."

Tourist: I'd love to visit this peninsula.

Guide: Why not? Toba City has many recreational facilities, including an **aquarium** and Mikimoto **Pearl Island**.

Tourist: What can I see on this Pearl Island?

Guide: There are live demonstrations of the process of pearl cultivation. On this island female divers called "ama" collect oyster shells containing pearls from the seafloor.

Tourist: Is that so?

Guide: Ago Bay has a very beautiful **ria-type coastline** with many small pine-clad islands and beds of cultivated pearls.

Tourist: I'm looking forward to visiting this Pearl Island.

ガイド：今日は、**伊勢志摩国立公園**の主な地域をご案内しましょう。

観光客：この国立公園にはどのような地域があるのですか。

ガイド：名前の通り、この国立公園には**伊勢神宮**と**真珠の養殖**で有名な**志摩半島**があります。

観光客：なるほど。

ガイド：伊勢神宮は約 2,000 年にわたり、日本で最も崇敬される神宮として参拝されてきました。

観光客：以前写真で見たことがあります。とても印象的でした。

ガイド：正殿は、**ヒノキ**の白《しら》木《き》で造られており、釘を用いずに組み立てられています。

観光客：この社殿は、誰を祀っているのですか。

ガイド：皇室の祖神とされる**天照大神**（⇒第 1 章キーワード参照）が祀られています。

観光客：だから、皇室の正統な結婚式はこの神宮で行われているのですね。

ガイド：そのとおりです。ここには清流で有名な五十鈴川があり、参詣者は参拝する前にこの川で両手を洗って身を清めます。

観光客：素敵ですね。志摩半島には何があるのですか。

ガイド：この半島には「真珠湾」と呼ばれる鳥羽湾と英虞湾があり、その周辺にはいくつかの景勝地があります。

観光客：ぜひこの半島を訪れたいものですね。

ガイド：もちろんですよ。鳥羽市には、**水族館**やミキモト**真珠島**のような娯楽施設があります。

観光客：真珠島では、何が見られるのですか。

ガイド：真珠養殖（⇒ Q&A 40）の実演があります。この島では、「海女」と呼ばれる女性ダイバーが海底から真珠貝を採集しています。

観光客：そうですか。

ガイド：英虞湾には、松に覆われた小島が散らばる美しい**リアス式海岸**と、真珠の養殖場があります。

観光客：真珠島に行くのが楽しみです。

アテンドの知識

伊勢志摩国立公園（Ise-Shima National Park）と言えば、日本人の心の故郷《ふるさと》として「お伊勢さん」の名で知られる「伊勢神宮」、そして洋の東西を問わず世界の女性をとりこにする真珠の産地で有名な「志摩半島」があります。

伊勢神宮

昔から「お伊勢参り」で名高い伊勢神宮（the Grand Shrine of Ise）は、古代から神道（⇒ Q&A 38）における日本人の信仰の原点として、一生に 1 度はお参りするものと考えられてきました。20 年に 1 度、神殿を新たに造営し御神体を移す式年遷宮（periodical transfer of deity to the new shrine from the old）は、7 世紀からすでに 60 回以上も続いています。そのため歴史のある古い神社でありながら、いつも新しく見えるのです。伊勢神宮には「三種の神器」（⇒ Q&A 39）の 1 つである「八咫《やた》の鏡」が安置されています。

伊勢神宮には内宮（the Inner Shrine）と外宮（the Outer Shrine）があります。

内宮には皇室の祖神とされる天照大神（the Sun Goddess of the Imperial Family Line）、外宮には天照大神の食べ物を調達する農業の神である豊受大神《とようけのおおかみ》（the goddess of agriculture）が祀られています。社殿は「唯一神明《しんめい》造り」（the architectural style of Ise Shrine which is made of unpainted cypress wood joined without nails）と言い、日本の最も古い建築様式を受け継いでいます。伊勢神宮にお参りする前には、澄み切った水で有名な五十鈴川で身を清める（purify oneself）習慣があります。正式には神宮に参拝する前に「手水舎《てみずや》」（a stone basin filled with water）での作法を守った清めを行います。

手水の作法はどのように行うのでしょうか。外国の人に次のような説明をするとよいでしょう。「まずは柄杓《ひしゃく》（a bamboo or wooden dipper）に水を汲んで、左右の手を洗います。次に左の掌《てのひら》（the palm of the left hand）に水を受けて、口をすすぎます（rinse one's mouth）」。この時、柄杓に直接口をつけるのは不作法です。（⇒第 2 章「明治神宮」の会話後半）

志摩半島

志摩半島（the Shima Peninsula）には鳥羽《とば》湾と英虞《あご》湾があり、「真珠の湾」（the bay of pearls）と呼ばれています。出入りの多い海岸線に沿って数々の入り江があり、静かな海面には真珠貝の筏（rafts of pearl oysters）が見えます。

真珠の養殖

ミキモト真珠島（Mikimoto Pearl Island）は、真珠王と言われた御木本幸吉《みきもとこうきち》（1858-1954）が世界で初めて養殖真珠（cultured pearl; artificial pearl）第 1 号を誕生させたロマンの島です。この島では真珠の養殖法の実演（the process of pearl cultivation in live demonstration）やネックレスとして完成するまでの一連の流れを紹介しています。

真珠を作るためには、真珠の中心となる核（the nucleus of the pearl）をアコヤ貝（pearl

oyster）に入れ、それを網のかご（wire cage）に入れて、静かな暖かい海で育てます。2～3年かけて育てられたアコヤ貝を開けると天然真珠（natural pearl）に似た真珠が誕生しています。最も珍重されるのはピンク色（pink）、次に銀色（silver）、そして青色（blue）と金色（gold）です。光沢（luster）がある真珠は良質の証です。

伊勢志摩の食

伊勢志摩は伊勢エビ（lobster）、アワビ（abalone）、カキ（oyster）などの海鮮料理のレパートリーでも有名です。また三重の松阪市は肉の王様、松阪肉（Matsusaka beef）があり、ジューシーな牛肉で全国的に知られています。肉質をよくするためにベートーベンの音楽などを聴かせながら「ビールを飲ませる」という話があり、これは肉を柔らかくし、霜降りをつくるために行われているらしいです。

キーワード

★夫婦岩　Meoto-iwa is well-known as the "Wedded Rocks," a pair of large and small rocks located in the east end of Futami-ga-ura Beach, which is noted as the sacred place for the Shinto ablution at the Grand Shrine of Ise. They jut out of the sea not far from shore and are joined by a thick braided sacred Shinto rope. According to mythology, they represent a pair of gods, Izanagi-no-mikoto and Izanami-no-mikoto (Japan's Adam and Eve), who are said to have created the Japanese islands. The best time to visit is at dawn. The beautiful sunrise can be seen between these two rocks.

「夫婦岩」は、伊勢神宮の禊《みそぎ》の場で知られる二見《ふたみ》が浦《うら》の東端にある夫婦のような大小1対の岩である。夫婦岩は、岸に近い海に突き出て、太い注連縄《しめなわ》で結ばれている。神話によれば、夫婦岩は、日本列島を創造したと言われる「イザナギノミコト」と「イザナミノミコト」（日本版アダムとイブ）の配偶神を表している。この場所を訪れる最良の時間は、夜明けごろ。この2つの岩の間から美しい日の出が見られる。

天婦岩

Q&A 38 神道

Q 神道とは、どのような宗教ですか。**What is Shintoism?**

A Shintoism is an indigenous religion of Japan. There are no special teachings, no moral code, and no historical founder. Its main feature is the worship of nature, ancestors and ancient national heros. It places an emphasis on the Shinto purification and ablution.

From the Meiji era (1868-1912) till the end of World War II (1945), Shintoism was supported as Japan's state religion by the Government to inspire patriotism, but today is maintained by offerings and donations.

【主旨】

神道は、日本固有の宗教です。特別な教義や倫理もなければ、また歴史に残る創始者もいないのです。その主な特徴は自然崇拝、祖先崇拝、そして歴史上の国家英雄崇拝です。強調するのは「清めと禊」です。

明治時代から終戦まで愛国心を鼓舞するために日本の国家宗教として政府から保護されていましたが、今日では献金と寄付で維持されています。

Notes

- □ **indigenous religion of Japan** 日本固有の宗教 ☆神道を指す。cf. indigenous species 固有種
- □ **teaching** （宗教などの）教義（=dogma; doctrine; creed）
- □ **moral code** 倫理（=ethics）、道徳律
- □ **founder** 創始者
- □ **purification** 清め
- □ **ablution** 禊《みそぎ》
- □ **state religion** 国家宗教
- □ **inspire** 鼓舞する
- □ **patriotism** 愛国心
- □ **donation** 寄付

伊勢神宮の鳥居

Q&A 39 三種の神器

Q 三種の神器とは、どのようなものですか。**What is the *Sanshu-no-jingi*?**

A The *Sanshu-no-jingi* is the Three Regalia of the Japanese Imperial Throne. They are the "Sacred Mirror" enshrined in the Grand Shrine of Ise, the "Grass-Cutting Sword" kept in Atsuta Shrine in Nagoya, and the "Comma-Shaped Gem" preserved in the Imperial Palace in Tokyo.

The sacred mirror enshrined at the Inner Shrine of Ise Grand Shrine is believed to represent the sacred body of Amaterasu-Omikami (the Sun Goddess), the original ancestress of the Imperial Family. According to the Japanese mythology, Amaterasu-Omikani bestowed the mirror to Ninigi-no-Mikoto, her grandson, to reign over the Japanese Islands on earth when he descended from heaven. On account of this episode, the mirror has been venerated as the most sacred object of worship in the Shinto religion.

【主旨】

三種の神器とは、皇位継承の象徴として天皇に受け継がれた 3 つの宝物です。それは伊勢神宮に安置されている「八咫《やた》の鏡」、名古屋の熱田神宮に安置されている「草薙《くさなぎ》の剣《つるぎ》」、そして東京の皇居に保存されてある「八尺瓊《やさかに》の勾玉《まがたま》」です。

伊勢神宮の内宮に祀られている鏡は、皇室における初代の祖先である天照大神の聖体を象徴するものと信じられています。日本の神話によれば、天照大神は、その孫であるニニギノミコトが天から降る時、地上で日本列島を統治するために鏡を授けました。このようなエピソードに基づいて、鏡は神道におけるご神体として崇められています。

Notes

- □ **regalia** 王位の象徴、即位の宝器
- □ **throne** 王位
- □ **enshrine** 安置する
- □ **mythology** 神話
- □ **bestow** 授与する
- □ **reign** 統治する
- □ **descend** 降りる
- □ **on account of** の理由で

Q&A 40 養殖真珠

Q 養殖真珠は、どのようにして作られるのですか。**How is the cultured pearl produced?**

A The cultured pearl is produced by men injecting the nucleus for the pearl into a live oyster. The pearl-culturing process begins with the insertion of a small round bead of mother-of-pearl into a pearl oyster. It takes about three to five years for pearls to develop fully. When the pearl is formed, it is sent to the factories to be made into beautiful accessories.

Mikimoto Peal Island shows the process of culturing pearls which are explained in live demonstrations. The cultured pearl is of the same substance and colors as natural pearl.

【主旨】

養殖真珠は、生きた貝に人工的に真珠の核を入れて作ります。真珠養殖の工程は、真珠のもとになる小さな丸いビーズをアコヤ貝に挿入することから始まります。真珠が完全に育つまでには、3年から5年を要します。真珠が形作られたら、工場に運ばれ、美しいアクセサリーに加工されます。

ミキモト真珠島では、真珠養殖の工程が説明つきの実演で見られます。養殖真珠には、天然真珠と全く同じ性質と色彩があります。

Notes

- □ **cultured pearl** 養殖真珠 ⇔ natural pearl（天然真珠）
- □ **inject** 注入する、投入する
- □ **nucleus**（生物細胞の）核 ☆複数形は nucleuses;（ラテン語式）nuclei [nyú:kliàɪ]
- □ **process** 工程、過程
- □ **insertion** 挿入
- □ **mother-of-pearl**（貝内面の）真珠層
- □ **pearl oyster** アコヤ貝、真珠貝
- □ **substance**（物の）実質

第14章
食い倒れの街・大阪

サンプルダイアローグ

Tourist: Osaka is one of the three largest cities in Japan, isn't it?

Guide: That's right.

Tourist: Come to think of it, we can come here easily by Shinkansen, bullet train.

Guide: You're right. Most foreign tourists make it a point to visit **Osaka Castle**, when they come to Osaka.

Tourist: Could you tell me about this castle in brief?

Guide: Certainly. This castle is a symbol of Osaka, and famous for its magnificent **donjon** and huge **stone walls**. Osaka Castle was originally built in 1583 by Toyotomi Hideyoshi who succeeded in **unifying Japan**. But it was destroyed by fire, and the present five-story donjon (eight stories inside) was reconstructed in 1931.

Tourist: I see. Can we go up to the top?

Guide: Sure, we can. Its top commands a panoramic view of the city. In April, you can surely enjoy the beautiful cherry blossoms.

Tourist: I love cherry blossoms very much.

Guide: After visiting the castle, I recommend you watch **the classical puppet theater** called ***Bunraku***, which is **representative of** the culture of Osaka.

Tourist: What's *Bunraku*?

Guide: *Bunraku* is a traditional puppet theater. The large-sized puppets are so marvelously manipulated that after a while you forget that they're puppets.

Tourist: How are they operated?

Guide: Three puppeteers handle a puppet. One puppeteer controls the head and right hand, another the left hand, and the third moves the legs.

Tourist: It sounds interesting. How about the **storyteller**?

Guide: Good question. The main dolls are manipulated while the narrator (*tayu*) **recites** the story to the musical accompaniment of the *shamisen*.

Tourist: I see. By the way, what's there to do at night?

Guide: At night, we'd better drop by "Osaka Minami," one of Japan's most pleasant night spots which is a **bustling amusement center** as well as **a mecca for gourmets**.

Tourist: I'd love to.

観光客：大阪は、日本三大都市の 1 つですよね。

ガイド：はい。

観光客：考えてみれば、新幹線で簡単に来られますね。

ガイド：そうですね。大阪を訪れた外国人観光客は、必ずといってよいほど**大阪城**（⇒ Q&A 41）を訪れますよ。

観光客：その城について簡単に紹介していただけますか。

ガイド：はい。この城は大阪のシンボルで、壮観な**天守閣**と巨大な**石垣**で有名です。**天下統一**を成し遂げた豊臣秀吉によって、1583 年（天正 11 年）に原形が築城されました。しかし後に焼け落ち、現在の 5 層 8 階の天守閣は 1931 年（昭和 6 年）に再建されたものです。

観光客：なるほど。頂上まで上ることはできますか。

ガイド：もちろん、上れますよ。頂上からの市内全景の眺めは最高です。4 月には、美しい桜の花を楽しむことができますよ。

観光客：私の大好きな花です。

ガイド：お城見学の後は、大阪文化を**代表する**「**文楽**」という**古典人形劇**の鑑賞をお勧めします。

観光客：「文楽」（⇒ Q&A 42）とは何のことですか。

ガイド：文楽は、伝統的な人形劇です。大型の人形が非常に巧みに操られ、しばらくすると人形であることを忘れさせるほどです。

観光客：どのように操るのですか。

ガイド：3 人の人形遣いが 1 体の人形を操作します。1 人の人形遣いは頭と右手、もう 1 人は左手、そして 3 人目は両足を担当するのです。

観光客：おもしろそうですね。「**語り手**」はどうするのですか。

ガイド：いい質問ですね。主役の人形が操作される間、ナレーター（太夫）が三味線の伴奏に合わせて物語を**朗唱する**のです。

観光客：なるほど。ところで、夜は何をしましょうか。

ガイド：夜は、日本有数の夜の街として知られる「大阪ミナミ」に立ち寄ってみましょう。非常に**賑やかな歓楽街**で、**食い倒れの街**としても有名な場所ですよ。

観光客：ぜひ行きたいです。

アテンドの知識

「よう来てくれはった大阪へ」（Welcome to Osaka）

「もうかりまっか」（How's business? / How's your business going [doing]?）

「ぼちぼちですわ」（Well, not too bad. / So far, so good.）

大阪といえば、「大阪城」と「文楽」、それに「大阪の食い倒れ」（to be extravagant about food）でしょう。

大阪城

大阪の歴史と観光のシンボルである「大阪城」（Osaka Castle）は、約400年前（1583年）に豊臣秀吉（1537-1598）によって創建されましたが、1615年（慶長20年）大阪夏の陣（the Summer Siege of Osaka）で豊臣家の滅亡とともに焼失しました。その後徳川幕府（第二代将軍徳川秀忠）が再建しました。現在の5層8階の天守閣（donjon）は1931年（昭和6年）に再建されたものですが、平成7～9年にかけて「平成の大改修」が行われ、大阪城天守閣がリフレッシュされたのです。化粧直しのためにはずされた金箔の「鯱《しゃち》」（a dolphin-like sea creature）もピカピカになり、当初の輝きを取り戻しよみがえったのです。外観のリニューアルだけでなく、館内の歴史資料展示も一新されました。

大阪の桜名所

大阪の桜と言えば、「造幣局の通り抜け」（the passage through the cherry blossoms in the Mint Bureau's grounds）が有名ですが、大阪城公園・西の丸庭園も約4,300本の「夜桜」（the cherry blossom viewing at night）の名所です。その昔、秀吉が好んで花見をした有名な場所ですが、今も4月になれば、秀吉が眺めた光景を楽しむことができるのです。

通天閣

ところで大阪の人は高い所が好きなのでしょうか。大阪のランドマークになっている「通天閣」（the Tsutenkaku Tower）は1912年（明治45年）に誕生しましたが、その後火災にあい、現在の二代目は1956年（昭和31年）にパリのエッフェル塔（the Eiffel Tower）をモデルにして建てられたものです。

タワー（塔）と言えば、地上170mから360度のパノラマが楽しめる空中庭園展望台のある「梅田スカイビル」が生まれ、大阪・キタの新しいランドマークとなりました。2つの高層ビルを最上階で連結させ、その連結部分に展望台が設置されており、ガラス越しではなく外の風を肌で感じ取れます。2014年（平成26年）には、とうとう日本で最も高い超高層ビル（skyscraper）である地上60階地下5階・高さ300mの「あべのハルカス」（Abeno Harukas）が建てられました。「ハルカス」の名は古語の「晴《は》るかす」に由来し、「人の心を晴れ晴れとさせる」という意味です。

文楽

文楽は大阪で産声を上げた伝統芸能で、3 つの要素から構成されます。(1) 人形 (the main doll) を操る「3 人の人形遣い」(three puppeteers)、(2) ナレーションやセリフを曲に乗せて、すべての登場人物を 1 人で語り分けるオペラ歌手のような「太夫《たゆう》」(the chanting narrator)、(3) 1 つの音で心を伝えるコンダクターのような「三味線弾き」(the performer of a three-stringed musical instrument) です。

文楽は、3 人の人形遣いが 1 体の人形の頭《かしら》と右手 (主遣い［面遣い］)、左手 (左遣い)、そして両足 (足遣い) を別々に動かすという、世界でも類を見ない妙技です。そして、「三味線と太夫」からなる浄瑠璃が絶妙に溶け合う舞台芸術でもあるのです。演目は義理と人情 (duty and sentiment) の葛藤に悩む人の心を描いたものが多く、その意味では、人形に演じさせることを除けば歌舞伎と非常に似ています。

食い倒れの街

「食い倒れの街」(street lined with many kinds of cheap restaurants) は大阪の代名詞。大阪南地区 (通称ミナミ) は、宗右衛門町、道頓堀、心斎橋そして千日前を含め、日本を代表する夜のネオン街です。多種多様な料理があり、値段も東京よりも安いようです。大阪はお好み焼きなども有名ですが、やはりたこ焼きは庶民にとっては横綱級です。ミナミに行けば、常に人波にあふれ繁盛している屋台 (a street stand) があり、そこでは特大のたこ焼きが食べられるのです。店員の声が聞こえます。「まいど、おおきに…またおいでや」(Many thanks. … Come again soon.)

キーワード

★たこ焼き　*Takoyaki* are spherical dumplings of wheat-flour batter cooked on a griddle with bits of octopuses, green onions and gingers. They are often eaten with a spicy sauce.
小麦粉の衣でつくる団子にタコの小片 (small pieces)、ネギまたショウガなどを入れて鉄板で丸く焼いたもの。スパイスのきいたソースをつけて食べる。

★お好み焼き　*okonomiyaki*; a Japanese-style pancake fried with various ingredients. *Okonomiyaki* is made from batter of flour, water and eggs with bits of meat or seafood and chopped vegetables. It is spread with a thick spicy sauce and sprinkled with green *nori* laver flakes (*ao-nori*) and dried bonito shavings.
いろいろな食材で焼いた和式のパンケーキ。卵と水溶きした小麦粉に肉または魚介類それから野菜を加えて作り、濃いからいソースをぬり青海苔 (green *nori* seaweed powder) とかつお節をふりかける。

Q&A 41 大阪城

Q 大阪城を紹介していただけますか。**Could you tell me about *Osaka Castle*?**

A *Osaka Castle* was originally built by Toyotomi Hideyoshi (1536-1598) in 1583, and completed in 1585 after three years of construction. The castle was destroyed in 1615 by the Tokugawa clan, which had fought against the Toyotomi clan for power. However, the Tokugawa shogunate rebuilt the castle in 1629 as a sign of its prestige. When the Tokugawa clan fell in 1868, the donjon was burned by retreating Tokugawa loyalists.

In 1931, the present five-story (eight stories inside) donjon was built in ferro-concrete as the exact replica of the original. Inside the castle is a museum with artifacts of Toyotomi Hideyoshi and historical objects relating to Osaka.

【主旨】

大阪城の原形は、1583 年（天正 11 年）豊臣秀吉（1537-1598）によって築城され、3 年がかりの建造工事を終えた 1585 年（天正 13 年）に完成しました。1615 年（慶長 20 年）、大阪城は、豊臣家と権力争いをした徳川家によって破壊されました。しかし 1629 年（寛永 6 年）、徳川幕府は威信の証として城を再建しました。1868 年（明治元年）に徳川家が陥落した時、天守閣は、退却する幕府の志士によって焼失しました。

1931 年（昭和 6 年）には、現在の 5 層 8 階の天守閣が、原型の正確な複製として鉄筋コンクリートで建造されました。城内は博物館になっており、豊臣秀吉の遺品や大阪に関する史料が収蔵されています。

Notes

☐ **clan** 派、一門、一族
☐ **prestige** 威信
☐ **retreat** 退却する、撤退する
☐ **loyalist** 志士、忠誠者
☐ **artifacts** 工芸品、文化遺産（=artificial products）

Q&A 42 文楽

Q 文楽とは、どういうものですか。**What is *Bunraku*?**

A *Bunraku* is a kind of classical puppet theater unique to Japan. Each puppet is manipulated by three puppeteers in accordance with narrative chanting to the *shamisen* accompaniment. The *Omo-zukai* (the head manipulator) manipulates the puppet's head and right hand while the *Hidari-zukai* (the left-arm manipulator) controls the puppet's left hand and the *Ashi-zukai* (the leg manipulator) moves the puppet's legs. The *Omo-zukai* appears with his face uncovered while the other two wear black hoods to cover their heads and faces.

Today *Bunraku* is one of the Japan's Important Intangible Cultural Assets. Some manipulators have been designated as living national treasures. *Bunraku*, technically known as *Ningyo-joruri Bunraku Puppet Theater*, was registered as a UNESCO Intangible Cultural Heritage in 2008.

【主旨】

文楽というのは、日本固有の古典的な一種の人形劇のことです。3 人の人形遣いが、三味線の伴奏に合わせて吟唱する語りと調和しながら、各人形を操ります。主遣い［面遣い］は人形の頭《かしら》と右手を操る一方、左遣いは左手、足遣いは足を動かします。「主遣い」は顔を見せながら登場しますが、他の 2 人は黒ずくめの衣装で頭と顔を隠します。

現在、文楽は日本の重要無形文化財の 1 つになっています。人形遣いの中には人間国宝に指定されている者も数名います。文楽は「人形浄瑠璃文楽」の登録名称で知られ、2008 年（平成 20 年）にはユネスコ無形文化遺産に登録されました。

Notes

- □ **head puppeteer** 面遣い
- □ **important intangible cultural asset** 重要無形文化財
- □ **intangible cultural heritage** 無形文化遺産

Q&A 43 天神祭

Q 天神祭とは、どのような祭りですか。**What is the *Tenjin* Festival?**

A The *Tenjin* Festival is held on July 24 and 25 at Tenman-gu Shrine, at which Sugawara no Michizane (845-903), the god of academics, is enshrined. This is one of the three biggest festivals in Japan, along with the festivals of "Gion" (Kyoto) and "Sanno" (Tokyo).

During the festival, many portable shrines and the festive floats are paraded through the city streets (*riku-togyo*). The climax of this festival is a flotilla of elaborately decorated ships and other boats carrying portable shrines, which sail along the Okawa River (*funa-togyo*). Classical dances and music are performed on the ships which are illuminated with bright lanterns. As night falls, the festival is marked with a colorful display of huge fireworks.

【主旨】

天神祭は、学問の神様である菅原道真（845-903）が祀られている天満宮で、7月24日と25日に行われます。この祭りは、祇園祭（京都）、山王祭（東京）と並ぶ日本三大祭りの1つです。

祭りが行われる間、御輿と山車は市内を行進します（陸渡御）。祭りのクライマックスでは、豪華に飾り立てた船や御輿を積んだボートの船団が、大川を巡航します（船渡御）。明るい提灯で照らし出された船上では、舞楽などが演じられます。夜になると、祭りを盛り上げるために大きな花火が打ち上げられます。

Notes

- □ **portable shrine** 神輿
- □ **festive float** 山車
- □ **flotilla**（小型船の）船団、船隊

第15章

日本初の世界遺産・姫路城

サンプルダイアローグ

Guide: Once you get off the Shinkansen, or the bullet train, you can catch your first glimpse of **Himeji Castle**.

Tourist: Really? I heard it is the most beautiful and best-preserved castle in Japan.

Guide: You're right. Fortunately, Himeji Castle has never been damaged by warfare — not even during the Second World War.

Tourist: That is one of the reasons why Himeji Castle has kept its original form for nearly 400 years, isn't it?

Guide: That's true. The whole structure of this castle, including its towers, stone **ramparts**, and earthen walls, is extremely well preserved. The wooden castle structure itself is of incomparable worth to the world.

Tourist: That's why this castle was registered on UNESCO's World Heritage list, isn't it?

Guide: That's right. It's nickname is "Shirasagi-jo," which means the White Egret Castle.

Tourist: Why do you call this castle by such a name?

Guide: Because it looks like an egret with its tall, white elegance, which can be seen in the rice fields on the surrounding **plain**.

Tourist: That sounds interesting.

Guide: I suggest you also go up **Mt. Rokko**(san) at night on the way back from the castle.

Tourist: How come?

Guide: This spot has a splendid night view of Kobe City and its port. People living in this area are very proud of this "Million-Dollar Night View."

Tourist: I see.

Guide: If you are interested in hot-spring baths, you can stop by at **Arima Onsen**, one of the oldest hot-spring resorts in Japan. It is located on the northern side of Mt. Rokko(san).

Tourist: I don't want to miss taking a hot-spring bath.

Guide: Sure. I hope you enjoy yourself.

ガイド：新幹線から一歩降りると、すぐに**姫路城**が目にとまります。

観光客：本当ですか。日本で最も美しく、保存状態の良い城だと聞いています。

ガイド：そのとおりです。幸いにも、第二次世界大戦の中でさえ戦火の被害を免れてきたのです。

観光客：そのおかげで姫路城は約 400 年も原型を留めることができたのですね。

ガイド：はい、そうです。天守閣や石造の**城壁**、土塀に至るまで城の全構造が驚くほどよく保存されています。世界でも類を見ない価値ある木造の城でもあるのです。

観光客：だからユネスコの世界遺産リストに登録されているのですね。

ガイド：そのとおりです。この城は、White Egret Castle という意味の「白鷺城」とも呼ばれています。

観光客：なぜそう呼ばれるのですか。

ガイド：周囲の**平野**の水田で見られる、すらりとした優雅な白い鷺に似ているからです。

観光客：おもしろそうですね。

ガイド：この城を見学した帰り道に、夜には**六甲山**へ上るのをお勧めします。

観光客：なぜですか。

ガイド：そこからは、神戸市や港のすばらしい夜景を満喫できます。地域の住民は「百万ドルの夜景」だと誇りにしています。

観光客：なるほど。

ガイド：温泉に興味があるなら、日本一歴史の長い温泉の 1 つ、**有馬温泉**に足を止めるのもお勧めですよ。六甲山の北部にあります。

観光客：温泉の入浴は外せませんね。

ガイド：もちろんです。ぜひ楽しんできてください。

有馬温泉

アテンドの知識

姫路城

1993 年（平成 5 年）12 月、「優雅で機能面にすぐれた近世城郭の最高傑作」と讃えられる姫路城（Himeji Castle）は、法隆寺とともに日本で初めて世界文化遺産に登録されました。国宝（national treasure）の天守閣（donjon; castle tower）は、白壁の美しさが白鷺《しらさぎ》（white heron [egret]）の飛び立つ優雅な姿に似ていることから「白鷺城」（the Castle of White Heron）と呼ばれています。（⇒第 2 部「日本の世界遺産」）

姫路城はその 400 年の歴史の中で、一度も戦いに巻き込まれたことがなく、近代の戦災や火災からも免れ、現存する城の中でも最大規模を誇る木造建造物（wooden structure）です。姫路城と言えば建築様式の美しさで有名ですが、本来の目的は戦争時の砦《とりで》（stronghold at war）なのです。城の内部は敵の侵入を防ぎ、また攪乱するための様々な工夫がなされた迷路（complicated defensive design which is just like a maze）のようになっています。

このような美しい城が「いつごろ着工されたのか」と外国の人々からよく聞かれます。姫路城は 14 世紀初頭（1333 年）、赤松則村《のりむら》（1277-1350）が播磨《はりま》（現在の姫路）の姫《ひめ》山《やま》に砦を築いたのが始まりです。その後、羽柴（後の豊臣）秀吉（1537-1598）が「3 層の天守閣」（a three-story donjon）を築き、関ヶ原の合戦（1600 年）後、姫路城主になった池田輝政《てるまさ》（1565-1613：徳川家康の娘婿）が城の大改築を行い、9 年の歳月をかけて「5 層 6 階の天守閣」（a five-story, six-floor donjon）を築き、今にみる城郭となりました。2015 年（平成 27 年）3 月には 5 年の歳月をかけた平成の大修理が完了しました。

六甲山

姫路城を観光した後は、四季色とりどりに美しい自然の情景を見せる六甲山（Mount Rokko-san）までドライブすれば、神戸市とその港が見晴らせます。六甲山は、日本最初のゴルフ場や牧場、遊園地などを山上に備えた一大レジャーランドです。特に夕方から夜にかけては素晴らしい「百万ドルの夜景」（the Million-Dollar Night View）が楽しめます。

有馬温泉

六甲山の北部には、日本最古の 3 大名泉に数えられている「有馬温泉」（Arima Spa）があります（他の 2 つは下呂、草津）。豊臣秀吉もことのほか愛したと伝えられ、古湯の温もりを今に伝えます。有馬の温泉は噴出時には無色透明ですが、空気に触れると酸化し、赤茶色になります。温暖な天候に恵まれたこの温泉地は、春は桜、秋は紅葉の名所でもあります。

エキゾチックな洋風建築

神戸といえば、1995 年（平成 7 年）に大被害を受けた「阪神・淡路大震災」（Hanshin-Awaji Earthquake Disaster）が思い出されますが、今ではすっかり再建されています。神戸には、19 世紀末から建てられた多様な洋風の建物や家屋があり、エキゾチックな雰囲気を漂わせています。煙突や張り出し窓のある古いレンガ造りや木造の家屋（the brick and wooden houses featuring chimneys and bay windows）が並び、迷路のように入り組んだ坂道に足を踏み入れると、そこは時が停止したような、東洋と西洋が混ざり合った不思議な世界です。特に北野には、明治・大正の時代から多くの西洋人が住んでいて、「異人館」（the old-fashioned western-style residence）と呼ばれるハイカラで明るい古風な洋式邸宅が数多く見られます。

神戸元町

神戸元町は右に左に立ち並ぶ店に老舗の優しさがあると同時に、モダンなショッピングセンター街でもあります。水害・空襲・震災などに見舞われながら、その度に力強く復興し、今のバイタリティーあふれる元町一番街の姿を見ることができるのです。

元町と言えば、「瓦煎餅《かわらせんべい》」の考案、「神戸ビーフ」のすき焼きなど明治の頃から日本初のものが数多くあります。中でも、「誓文払《せいもんばら》い」（bargain sale）は、日頃商売上で嘘をついた罪をわびるため、顧客に対して年に一度大安売りをする行事のことです。元町では、11 月になれば、特価品が店頭に積み上げられ、店員がハッピに赤いハチマキ姿になり、100 年前の威勢のいい掛け声が今も変わらずに響きます。「買いなはれ、買いなはれ！　今年買いそこのうたら、もう来年までこんな安いものはおまへんで…」

キーワード

★切腹　*seppuku*; *hara-kiri*; ritual suicide by self-disembowelment; ceremonial suicide by cutting the belly.

Seppuku is a ceremonial [ritual] suicide committed by Japanese samurai in feudal times. It was considered as an honorable way of dying when a high-ranking samurai was condemned to death. He cuts open the belly by inserting a dagger [a short sword] into the left side and drawing it across the right side.

自分で腹（abdomen）を切って死ぬ儀式。封建時代、武士に科せられた刑罰の一種で、死刑が宣告されたときには栄誉あるもの（an honorable manner of suicide）とされていた。腹を開け、小刀を左に差し込み（plunge into）、右へ横切って引きながら切る（rip open）。死刑としての切腹は明治時代に廃止された。

Q&A 44 忠臣蔵

Q 忠臣蔵とは、どういうものですか。**What is *Chushingura*?**

A *Chushingura* is the general title for Kabuki and Bunraku plays associated with the historical story of the 47 Loyal Samurai (retainers). The 47 loyal samurai (retainers) decided that they would avenge the death of their lord of Ako Province, Asano Naganori (1667-1701), by killing Kira Yoshihisa (1641-1702) who brought dishonor upon their lord.

These 47 loyal samurai (retainers) attacked Kira's mansion on December 14, 1702, and accomplished their mission. After avenging the death of their master, the public applauded their loyalty and bravery, but they were ordered to commit ritual suicide (*seppuku*) for conspiracy by the shogunate government.

In 1748 the historical incident was first adapted for a Bunraku puppet play, and soon after for a Kabuki play titled "Kanadehon Chushingura."

【主旨】

忠臣蔵というのは、47義士の史実と関連する歌舞伎、また文楽の総称的な演目のことです。47義士は、主君を侮辱した吉良義央（1641-1702）を殺害することによって、播州赤穂の城主・淺野長矩（1667-1701）の死去に対する仇討ちを決意しました。

47義士は、1702年（元禄15年）12月14日吉良邸に討ち入り、その使命を成就したのです。主君の死去に対する仇討ちを終えたとき、大衆は、義士たちの忠誠と勇気を称賛したのですが、幕府は、彼らの陰謀に対して切腹（★キーワード参照）を命じました。

1748年（寛延元年）、この歴史上の事件は、「仮名手本忠臣蔵」という題名で初めて文楽で、次いで歌舞伎で上演されました。

Notes

- ☐ **associate** 関連する
- ☐ **avenge** 復讐する
- ☐ **dishonor** 不名誉、恥辱
- ☐ **applaud** 称賛する
- ☐ **loyalty and bravery** 忠誠と勇気
- ☐ **commit ritual suicide** 切腹する
- ☐ **conspiracy** 陰謀、謀略
- ☐ **incident** 事件、出来事
- ☐ **adapt** 適応させる、脚色する

Q&A 45 武士道

Q 武士道とは、どのようなものですか。**What is *Bushido*?**

A *Bushido* is the moral code of the samurai class, which was developed from feudal warrior society. It attaches great importance to loyalty and honor. They do not hesitate to die for the purpose of protecting loyalty and honor.

As chivalry developed under the influence of Christianity, *Bushido* was influenced by Confucian ideas. Chivalry had much in common with *Bushido*, both of which put too much stress on such virtues as loyalty and honor. However, Chivalry made contractual relation between a knight and his lords, while *Bushido* emphasizes absolute loyalty for their lords.

【主旨】

武士道は、武家社会から発展した武士階級の道徳律です。忠誠と名誉が非常に大切にされ、それを守るためには命を投げうつことも厭いません。

ヨーロッパの騎士道が、キリスト教の影響を受けているように、武士道は、儒教の思想に裏付けされています。騎士道と武士道には共通点があり、いずれも忠誠心と名誉といった美徳を重視しています。しかし、騎士道では、騎士と主君の間にある主従関係に契約的な性質がありますが、武士道では、主君に対する絶対的な忠誠を重視します。

Notes

- □ **moral code** 道徳律
- □ **loyalty and honor** 忠誠と名誉
- □ **Confucian ideas** 儒教の思想(Confucianism) ☆孔子（Confucius: 551-479 B.C.）の教えを中心とする中国の伝統的道徳思想。
- □ **contractual relation** 契約（上の）関係 cf. contract 契約（書）

Q&A 46 剣道

Q 剣道とは、どのようなものですか。**What is *Kendo*?**

A *Kendo* is Japanese-style fencing with a bamboo sword. It originated from *Kenjutsu* (swordsmanship) as one of the Japanese martial arts, which can discipline mind and body.

In a *kendo* match, the contestants wear protective outfits including arm guards (*kote*), a face mask (*men*), a chest plate (*do*), and a waist-groin protector (*tare*). They score points by hitting their opponent's head, trunk, forearms or charging at their throats with the bamboo sword. A *kendo* match lasts for five minutes and the winner is the first to score two out of three full points.

【主旨】

「剣道」は、竹刀による日本式のフェンシングです。心身を鍛える日本の武道の１つである「剣術」に由来しています。

剣道の試合では、２人の対戦者は小手、面、胴そして垂といった防具を着けます。竹刀で相手の頭、胴、小手のいずれかを打ったり、または喉を突いたりすることで得点が決まります。剣道試合の制限時間は５分間で、３本勝負で２本を先取りした者が勝ちです。

Notes

□ **bamboo sword** 竹刀

□ **martial art** 武道

第16章
原爆被害者の眠る町・広島と日本三景の1つ・宮島

サンプルダイアローグ

Tourist: When it comes to Hiroshima, I'm reminded of how the **Atomic Bomb Dome** testifies to its tragic history.

Guide: So am I. This is a powerful symbol of Hiroshima's plea that nuclear weapons should never again be used.

Tourist: What is in the Peace Memorial Park?

Guide: This park features a "Peace Flame" burning near **the Memorial Cenotaph** for the atomic bomb victims and the Peace Memorial Museum.

Tourist: I heard the Atomic Bomb Dome is one of the World Heritage Sites in Japan.

Guide: Yes, it is. Moreover, Hiroshima has another World Heritage Site.

Tourist: What is it?

Guide: It's **Itsukushima Shrine**, which has been a sacred place of Shinto worship since ancient times. The main shrine is dedicated to the gods of **maritime safety**.

Tourist: Does this shrine have any special features?

Guide: It's noted for being built on wooden supports, which extend into the sea.

Tourist: Really?

Guide: Yes, sir. Many of the shrine's buildings are connected by corridors that stretch out above the water.

Tourist: Come to think of it, I have seen a picture of the big **vermilion** *Torii* Shinto shrine gate standing in the bay.

Guide: The wooden shrine, painted in bright vermilion, is built out over the sea, so that **at high tide** it appears to be floating on the water.

Tourist: I see. Why it is called "Itsukushima"?

Guide: Because it's located on Itsukushima Island, although it is popularly called Miyajima Island.

Tourist: Is that so?

Guide: Miyajima Island is considered one of the three most scenic spots in Japan, along with Matsushima in Miyagi Prefecture and

Amanohashidate in Kyoto Prefecture.

Tourist: I see. I'd like to pray at Itsukushima Shrine that peace will come to the world as well as to each individual family.

観光客：広島と言えば、悲惨な歴史を証言する**原爆ドーム**を思い出します。

ガイド：同感です。原爆ドーム（⇒ Q&A 77）は、核兵器廃止という広島の悲願を力強く象徴しています。

観光客：平和記念公園には何がありますか。

ガイド：原爆死没者**慰霊碑**の近くに燃える「平和の灯」と、平和記念館があります。

観光客：聞くところによると、原爆ドームは日本の世界遺産の 1 つになっているのですね。

ガイド：はい、そうです。さらに、広島には世界遺産がもう 1 つあります。

観光客：それは何ですか。

ガイド：**厳島神社**（⇒ Q&A 78）です。古来よりずっと神道（⇒ Q&A 38）崇拝の聖地でした。本殿は**海運の安全**の神に捧げられています。

観光客：この神社には何か特徴があるのですか。

ガイド：木製の支柱が海中まで伸びていることでよく知られています。

観光客：本当ですか。

ガイド：はい。社殿の大部分が、海上に伸びている回廊と結ばれています。

観光客：そういえば、大きな**朱塗りの**鳥居（⇒ Q&A 48）が湾の中に立っている写真を見たことがあります。

ガイド：明るい朱塗りの木造社殿は海域に建てられているため、**満潮時には**海面に浮かんでいるように見えるのです。

観光客：なるほど。なぜ「厳島神社」というのですか。

ガイド：この神社が厳島にあるためですが、この島は一般的には宮島と呼ばれています。

観光客：そうですか。

ガイド：宮島は、宮城県の松島、京都府の天の橋立と並び日本三景の 1 つです。

観光客：なるほど。厳島神社で、各家庭と世界に平和がもたらされるようにお祈りしたいと思います。

アテンドの知識

日本にある世界遺産の中で、同一都道府県内で2か所が登録されているのは広島県だけです。その対象は「原爆ドーム」と「厳島神社」です。(⇒第2部「日本の世界遺産」)

原爆ドーム

原爆ドーム（the Atomic Bomb Dome）が世界遺産に登録されるとき、アメリカは賛成しなかったと言われています。それなりの国情があるでしょうが、それでは客観的な歴史認識ができません。日本も同じです。南京《なんきん》大虐殺（Nanking Massacre）や従軍慰安婦（wartime comfort women;〈米〉sex slaves during the war）問題などが討議されていますが、歴史認識を歪めるわけにはいかないでしょう。いずれにせよ、原爆ドームは被爆当時の建物として唯一保存され、核戦争の恐ろしさ（nuclear threat）を後世に伝える「生き証人」として、平和を世界に訴え続けているのです。

原爆死没者慰霊碑《いれいひ》

平和記念公園にあるアーチ形のモニュメントは世界平和のシンボルです。その原爆死没者慰霊碑の碑文（the inscription on the Memorial Cenotaph for the atomic bomb victims）には「安らかに眠って下さい 過ちは繰返しませぬから」（“Let All the Souls Here Rest in Peace; For We Shall Not Repeat the Evil”）と刻まれ、その石の中には、原爆死没者33万3,907名（令和4年8月6日現在）の名簿が納められています。この碑文にある「過ちを繰返しませぬ」の「主語」は誰なのでしょうか。東京裁判（Tokyo Trials）で知られる「極東国際軍事裁判」（International Military Tribunal for the Far East [IMTFE]）の判事であったインドのパール博士は「アメリカ人」だと発言しました。その後、この発言が波紋を呼び、長い間碑文論争がありました。その結果、主語は「世界人類」であり、碑文は「人類全体に対する警告」ということになりました。毎年、慰霊祭（the annual memorial service for the atomic bomb victims）が8月6日に行われ、広島市長が、国境を越えて、この碑の前に立つ人々に向けて「世界の平和」をアピールしています。

終戦から80年が過ぎ、人は変わり、物は新しくなりましたが、「原爆の記憶」は被爆者の中に染み込んでおり、被害者にとって戦争の過去はいまだに現在であるとも言えましょう。

広島が鎮魂と平和への祈りに包まれる8月6日の夕暮れには、広島平和記念式典（Hiroshima Peace Memorial Ceremony）が催された後の平和公園で「灯籠流し」(⇒ Q&A 47) が行われます。世界への平和メッセージを発信し、恒久平和への願いを込めて約10,000個の灯籠が元安川をはじめとする市内の川に浮かべられます。

宮島

日本三景の1つである「あきのみやじま」を「秋の宮島」と書く人がいます。確かに「秋」の紅葉でも有名な所ですが、正しくは「安芸の宮島」です。なぜ「宮島」なのでしょうか。宮のある島だからだと昔から呼ばれておりますが、正式には「厳島《いつくしま》」と言います。「約800年前に平清盛が現在のような形式の神社を建てた」と教科書で学んだはずです。しかし実は「海の神」の名義で建てた、清盛の豪華な「別荘」（villa）でもあったのです。

宮島の桟橋を出ると、厳島神社への参道には「鹿」（deer）がいます。奈良公園にも鹿がいるように、鹿は「神の使者」（the messengers from the gods）とされているのです。

厳島神社

厳島神社（Itsukushima Shrine）は、青海原に浮かぶ朱色の大鳥居（the vermilion *torii* gate）と優雅な社殿からなり、観光日本のシンボルとして海外でも広く知られています。厳島神社の創建は推古天皇（6～7世紀）の時代にさかのぼり、現在のような社殿の形に造ったのは1168年（仁安3年）頃、当時の平清盛（1118-1181）です。本社本殿は1571年、毛利元就《もとなり》（1497-1571）によって建て替えられました。

社殿の前面約160m先の海中には大鳥居があります。鳥居は「建っている」（build）というよりは「置いてある」（place）、または「立っている」（stand）のです。鳥居の足は海底1メートルも入っていないのですが、台風や地震がきてもビクともしないのです。なぜでしょうか。この鳥居は腐りにくく頑丈な「クスノキの自然木」1本そのままからできていて、高さは16メートル、主柱の周囲は約10メートルもあります。また足は倒れないように6本になっています。鳥居の屋根の直下に総重量約7トンの、人間のこぶしぐらいの「石」が詰めてあって、上から重しの役を果たしています。この鳥居の重量のおかげで潮（tide）が満ちても浮かばずに鳥居自体の重さで海中に「立っている」のです。ちなみに、現在の鳥居は1875年（明治8年）に再建された8代目です。

世界遺産としての区域は、「朱塗りの大鳥居を含む厳島神社」と「前面の海および背後の原始林（天然記念物）」です。この島の最高峰である弥山（Mount Misen）の山頂からの眺めは素晴らしく、宮島が日本三景の1つに入る理由でもあるのです。その弥山の「消えずの霊火堂」にある「誓いの霊火」（Sacred Fire of Oath）は、広島平和記念公園の「平和の灯」の元火《もとび》の1つです。

厳島神社

Q&A 47 灯籠流し

Q 灯籠流しとは、どのようなものですか。**What is the *Toro-nagashi*, or lantern-floating on the water?**

A The *Toro-nagashi* is the rite of floating the small paper lanterns containing lighted candles on the water by small boats for the ancestral spirits to sail in. On the last evening of the Bon Festival the lanterns floating on the water are used to illuminate the way for the ancestral spirits as they depart.

This custom was originally intended as a rite for sending off ancestral souls back to their world, which was believed to lie beyond the river or the sea. At this festival people make the lighted lanterns for welcoming home the ancestral spirits (*mukae-bi*). On the last evening of this festival, the lanterns lighted with candles are set afloat on the water to guide the ancestral spirits safely back to their world (*okuri-bi*).

On every August 6, there is a solemn commemoration in which the citizens of Hiroshima float tens of thousands of the lighted lanterns on the city's rivers for the repose of the souls of the atomic-bomb victims.

【主旨】

灯籠流しというのは、小さな紙灯籠にローソクの火を灯し、小船で水上に流す行事のことです。お盆の最終夜には、水上に浮かぶ灯籠は、先祖の霊が地上を離れる時に帰路を照らすために用いられます。

この風習は元来、川または海のかなたにあると信じられていた霊界へ先祖の霊を送る儀式として始まりました。お盆では、先祖の霊を家に迎えるために灯明をつくります（迎え火）。お盆の最終夜には、祖先の霊をその世界に無事帰すために、ローソクの灯された灯籠を水上に浮かべます（送り火）。

毎年８月６日になれば荘厳な記念式が行われ、その時、広島市民は、原爆被害者の霊を慰めるために、数万ともいわれる火の灯された灯籠を市内の川に流します。

Notes

- □ **rite**（宗教上の）儀式、典礼
- □ **ancestral spirits** 先祖の霊（=ancestral souls）
- □ **send off** 見送る
- □ **set afloat**（水上に）浮かべる
- □ **solemn commemoration** 荘厳な記念式
- □ **repose** 休息、安らぎ

Q&A 48 鳥居

Q 鳥居には、何か特別な意味があるのですか。**Is there any special meaning in the *torii* Shinto shrine gate?**

A The *torii* is a gate-like structure placed at key points on a path leading to the Shinto shrine.

It is very unique for the vermilion *torii* gate of Itsukushima Shrine to stand in the sea. It consists of two standing pillars, with two horizontal beams, one a little above the other. It symbolically separates the holy world inside from the secular world outside.

The *torii* is derived from its homophone "tori" which means bird flying in the sky. It is said to have originated as a perch for sacred birds within the shrine precincts.

【主旨】

鳥居というのは、神社に通ずる参道の重要地点に配置された門のような形態をした建造物のことです。珍しいことに、厳島神社の鳥居は海に立っています。鳥居は、大小 2 つの水平な梁を取り付けた 2 つの立ち柱から組み立てられています。外部の俗界と内部の聖地を分離する象徴となっています。

鳥居は、空を飛ぶ鳥と異形同音異義語であることに由来します。また、神社の境内に来る聖なる鳥のために作られた止まり木だとも言われています。

Notes

- □ **path leading to the Shinto shrine** 参道
- □ **consist of** から成る
- □ **pillar** 柱、支柱
- □ **horizontal beam** 水平な［横並びの］梁《はり》
- □ **holy world** 聖地
- □ **secular world** 俗界
- □ **derive from** から由来する
- □ **homophone** 異形同音異議語 ▶例えば aisle（通路）と isle（小島）などのように [ail] の発音は同じでも意味の異なる語
- □ **perch** 止まり木 ☆鳥が止まる木や枝のこと

厳島神社の大鳥居

広島市元安川での灯籠流し

第17章
日本の伝統が息づく小京都・金沢

サンプルダイアローグ

Tourist: Are there any spots of interest in Kanazawa?

Guide: Sure. Kanazawa is called "Little Kyoto," to promote it as a town having traditional beauty like Kyoto.

Tourist: How come?

Guide: Because Kanazawa is famous for such traditional arts and crafts as ***Kaga-yuzen***, hand-painted silk fabrics and ***Kutani-yaki***, **porcelain wares** with bright colors and elaborate designs.

Tourist: I see.

Guide: When we mention Kanazawa, **Kenroku-en Garden** always comes to mind. It's one of the most famous landscape gardens in Japan.

Tourist: Why is it so famous?

Guide: There are three artificial hills and two beautiful ponds. Nearby is a well-known bipedal stone lantern, a symbol of the garden, that stands with one foot in the water and the other on an islet.

Tourist: Is that so?

Guide: If you are interested in feudal lords, we can take you to the **Samurai Residence Area**, located in the Nagamachi District.

Tourist: By all means.

Guide: There are many houses with earthen walls that belonged to **feudal lords** and still retain an atmosphere of those times.

Tourist: That sounds interesting.

Guide: Near this site, you will find **Nagamachi Yuzen Kan**, also known as Kaga-Yuzen Studio, which demonstrates the art of painting intricate designs on the Yuzen silk used for kimonos.

Tourist: Would it be possible for us to stop by this studio?

Guide: Sure. Afterwards, you can drop in at the **Ninja Temple**, if you wish.

Tourist: What does it feature?

Guide: This temple is noted for its complicated structure, with 29 hidden stairs and 23 rooms. It has a mysterious design, including **hidden rooms and doors** as well as **pitfalls** and tunnels.

Tourist: That's interesting. I'm looking forward to seeing this temple.

観光客：金沢には、どこか見所がありますか。
ガイド：もちろんです。金沢は「小京都」と呼ばれ、京都のように伝統的な美しさを持つ街として振興を図っています。
観光客：なぜ「小京都」なのですか。
ガイド：伝統工芸品で有名だからです。例えば、手描き染色絹織物の**加賀友禅**（⇒ Q&A 49）や、明るい色彩と精巧なデザインの**磁器**、**九谷焼**（⇒ Q&A 51）があります。
観光客：なるほど。
ガイド：金沢と言えば、日本三名園（⇒ Q&A 50）の 1 つ**兼六園**が思い浮かびます。
観光客：なぜそんなに有名なのですか。
ガイド：庭園には 3 つの人工の丘と 2 つの美しい池があるのです。近くには庭園のシンボルである 2 足の石灯籠があり、1 本の足は水中に、もう 1 本は小島に立っています。
観光客：そうですか。
ガイド：武士について興味があれば、長町地区にある**武家屋敷**を案内しますよ。
観光客：ぜひお願いします。
ガイド：かつて**藩主**が住んでいた土塀のある古い屋敷が多数残っていて、封建時代の名残を留めています。
観光客：おもしろそうですね。
ガイド：この敷地の近くには、加賀友禅の工房、**長町友禅館**（旧彩筆庵）があり、着物用の友禅絹に複雑な模様を描く実演をしています。
観光客：この工房に立ち寄ることはできますか。
ガイド：もちろんです。ご希望であれば、この工房を訪れた後に**忍者寺**を見学することができます。
観光客：どんな特徴がありますか。
ガイド：この寺は 29 の隠し階段と 23 の部屋がある複雑な建築で有名です。この寺には**落とし穴**やトンネルだけでなく**隠し部屋や隠し戸**もあり、不思議な構造をしています。
観光客：おもしろいですね。お寺の見学を楽しみにしています。

武家屋敷

アテンドの知識

兼六園

日本を代表する庭園として知られている兼六園（Kenroku-en Garden）には、一年を通じて国内外から多くの人々が訪れます。自然のもつ美しさと人の手による芸術を見事に調和させたこの庭園は、春の桜から秋の紅葉、そして冬の雪の風景まで四季折々の美しさを見せてくれます。兼六園は水戸の偕楽園、岡山の後楽園と並ぶ日本三名園の１つです。

しかし、どうして兼六園という園名になったのかご存じですか。ちょっとカタイ話ですが、中国の詩人・李格非《りかくひ》の著した「洛陽《らくよう》名園記」の中の１節から６つの単語を採用して命名されました。「宏大《こうだい》を務むは幽邃《ゆうすい》少なし。人力勝るは蒼古《そうこ》乏し。水泉《すいせん》多きは眺望《ちょうぼう》無し」。名園は「六勝兼備」（a refined garden incorporating six qualities）、つまり「宏大」（広々としている＝spaciousness）、「幽邃」（物静かで奥深い＝seclusion）、「人力」（人間の技量がある＝careful arrangement）、「蒼古」（古色を帯びて寂れた趣がある＝antiquity）、「水泉」（水を生かした作庭＝coolness）、「眺望」（眺めが雄大である＝scenic charm）の６つの勝れた景観を兼ね備えた庭。これが「兼六園」の由来です。

兼六園は、1676年（延宝４年）加賀の第５代藩主前田綱紀《つなのり》（1643-1724）が最初に整備築造した庭園で、もとは金沢城外園でした。庭園には見所が多く、塩釜桜と霞《かすみ》ケ池に映る雪吊りの唐崎《からさき》松はすばらしく、秋は華やかに紅葉する樹木が季節の美しさを見せてくれます。特に徽軫灯籠《ことじとうろう》（stone lantern with two legs: 高さ 2.6 メートル）は兼六園のシンボルとしてよく知られ、ハガキやポスターなどによく見かけます。足が二股になっていて、ちょうど琴（a Japanese zither）の糸を支える琴柱に似ています。この灯籠の一脚が水中にあり、他方は陸上にあります。脚の不均衡さがかえって破調の美学を醸し出しています。また灯籠の前方には池にかかる「虹橋」（rainbow bridge）があり、灯籠の背後にある紅葉の樹木（maple tree）と絶妙な一景をなしています。

庭園

英語では庭のことを garden と言いますが、日本の庭と欧米の庭とでは少々違います。日本の庭園は「風景式」（landscape style / natural style）ですが、欧米の庭園は「幾何学式」（geometrical style / architectural style）です。特に日本式庭園は、浄土を表す「浄土庭園」（Pure-Land-Style garden）や、禅の思想を表す「石庭」（rock [stone] garden）など宗教的な意味合いを持っています。また、兼六園のような「池泉回遊《ちせんかいゆう》式庭園」（丘や池などに小径があり、その回りを散歩することができる庭）、平等院の庭園のような「舟遊《しゅうゆう》式庭園」（船遊びができるような池のある庭）、竜安寺の石庭のような「観賞式庭園」（縁側や座敷から眺められるように設計された庭）などいろいろです。

武家屋敷

さて、長町地区にある武家屋敷（samurai residence area）ですが、この地域は、その昔、百万石の金沢城下の旧武家に属し、今も封建時代（feudal times）の名残をとどめる土塀の古い武家屋敷が続く町並みです。石畳の道路沿いには水路がめぐらされ、涼しい水音を響かせています。武家屋敷の敷地近くには加賀友禅の工房である長町友禅館があります。中に入ると、最初は作業工程の説明があり、続いて下絵・糊置き・彩色・中埋めの作業をガラス越しに見学することができます。彩筆に使う道具なども展示されています。

忍者寺

忍者寺（Ninja Temple having it many deceptive defenses）は正式には妙立寺（Myoryuji Temple）と言います。堂内にある廊下や奇怪な部屋は迷路（a mysterious maze of hallways and odd-angled rooms）のようになっており、隠し階段（hidden stairs）、落とし穴（pitfall）、横穴のある井戸（well having a tunnel）など多種多様な仕掛け（device; gadget）があります。外観は 2 階建てですが、内部は 4 階建て 7 層という複雑な建築構造をしており、一見の価値があります。

キーワード

★日本庭園　a traditional Japanese landscape garden

【参考】枯山水庭園 a dry landscape garden

水を用いず、石組みや砂によって山水を表現する庭園。石組みは砂利の海に配置され、瞑想するための小宇宙を造り出している。禅寺に多くみられ、その例は京都の「龍安寺」の石庭である。

回遊式庭園 a stroll-type landscape garden; a going-around-type landscape garden; a landscape garden in a circular style

庭園の小道を散策しながら見晴らしのきく場所から観賞できるように設計された庭園。京都の「平安神宮苑」や「銀閣寺」、東京の「六義園《りくぎえん》」、岡山の「後楽園」などが有名で、庭園内には丘、池、橋、小島また茶室などがある。盛り土の山のある庭園は築山《つきやま》式庭園（artificial hill-style garden）とも言う。

Q&A 49 加賀友禅

Q 加賀友禅とはどのようなものですか。**What is *Kaga-yuzen*?**

A *Kaga-yuzen* is silk fabric dyeing of the Yuzen fashion, which was developed at Kanazawa in Kaga Province (now Ishikawa Prefecture). It has rich colors with gorgeous, picturesque designs. The dyeing process of *Kaga-yuzen* was introduced to Kaga Province by Miyazaki Yuzen in 1712. It features five bright colors with shadings, including indigo, crimson, chrome yellow, dark green and royal purple (*Kaga-Gosai*).

Nagamachi Yuzen Kan, or Kaga-Yuzen Studio, demonstrates the art of painting intricate designs on *Yuzen* silk used for kimono and has a video explaining the process of *Yuzen* dyeing.

【主旨】

加賀友禅は、友禅式に染め上げた絹織物で、加賀藩（現在の石川県）の金沢で発展したものです。友禅は、豪華な絵柄のある色彩豊かなものです。1712年（正徳2年）宮崎友禅（1654-1736）が、加賀友禅を染め上げる工程を加賀に紹介しました。加賀友禅の特長は、ぼかしのある5種の鮮やかな色彩、藍《あい》、臙脂《えんじ》、黄土《おうど》、草、古代紫（加賀五彩）があることです。

加賀友禅の工房である長町友禅館では、着物に用いる友禅絹に繊細な模様を施す秘術を実演したり、友禅染めの工程の説明をビデオで紹介しています。

Notes

□ **dyeing** 染色、染物 ☆dye「染める」。dying（die「死ぬ」の現在分詞形）と区別すること。

□ **shading**（色の）濃淡《のうたん》、陰影《いんえい》 ▶color shading 色のぼかし。

加賀友禅

Q&A 50 日本三名園

Q 日本三名園の共通する特色はどのようなものですか。**What is the common characteristic of *Nihon-san-meien*?**

A *Nihon-san-meien*, the three most famous gardens in Japan, are Kenroku-en in Kanazawa, Koraku-en in Okayama and Kairaku-en in Mito.

They have much in common for each other. They are big landscape gardens in the going-around style, which used to be the estates of influential feudal lords during the Edo period (1603-1868). *Kenroku-en* was first laid out in 1676 as the garden of the feudal lord Maeda Tsunanori. *Koraku-en* was completed in 1700 by the feudal lord Ikeda Tsunamasa. *Kairaku-en* was built in 1842 by the feudal lord Tokugawa Nariaki as a retreat.

【主旨】

日本三名園は、金沢の兼六園、岡山の後楽園、そして水戸の偕楽園です。

それぞれ共通点があります。いずれも、昔、江戸時代における有力な大名の所有地であった回遊式庭園です。兼六園は、1676年（延宝4年）（加賀）藩主前田綱紀（1643-1724）の庭園として最初に築造されました。後楽園は、1700年（元禄13年）（岡山）藩主池田綱政（1638-1714）によって造園されました。偕楽園は、1842年（天保13年）（水戸）藩主徳川斉昭（1800-1860）の隠居所として築造されました。

Notes

- □ **going-around style** 回遊式
- □ **estate** 所有地、地所
- □ **retreat** 隠居所

兼六園

Q&A 51 九谷焼

Q 九谷焼とはどのような焼き物ですか。**What is *Kutani-yaki*?**

A *Kutani-yaki* is a porcelain ware which is produced at Kutani in Ishikawa Prefecture. A vessel is made of clay, coated with a glaze and baked. It is characterized by a white translucent body and a fine texture made with several layers of glazing enamels of the five colors of Kutani porcelain (*Kutani-gosai*): red, yellow, green, purple and dark blue.

Kutani porcelain ware is very well-known for its brightness and decorativeness in color scheme and design, along with *Imari-yaki* (Saga) and *Kiyomizu-yaki* (Kyoto).

【主旨】

九谷焼は、石川県の九谷で製造される磁器のことです。器は土で作られ、釉薬《ゆうやく》を塗って焼かれます。九谷焼の特長は、下地が白い半透明になっていて、5種の色彩、すなわち赤、黄、緑、紫、紺青（九谷五彩）の釉薬を何層か重ね塗って作られた上品な手触りです。

九谷焼は、伊万里焼（佐賀県）や清水焼（京都）と並び、その色合いとデザインにおいて明るい飾り付けのあることで有名です。

Notes

☐ **glaze** 釉薬

☐ **translucent** 半透明な

第18章
日本海に面する
歴史と観光の地・山陰地方

サンプルダイアローグ

Tourist: Do you have any tourist attractions in the western part of Honshu facing the Sea of Japan?

Guide: Yes, we do. We call this region the "San-in District." First of all, there is **Tottori** Prefecture, which boasts fine beaches. Its **sand dunes** are popular spots among honeymoon couples.

Tourist: Really?

Guide: Tottori has the largest sand dunes in Japan, which stretch along the Japan Sea coast for almost 16 kilometers from east to west and two kilometers from north to south. It is best to visit them at sunrise and sunset.

Tourist: That sounds nice.

Guide: This area is famous for its many **pear orchards** as well.

Tourist: How about the other attraction in the area?

Guide: **Shimane** Prefecture has **Izumo(taisha) Grand Shrine**, one of the largest shrines in Japan. It's been a special place for weddings for a long time.

Tourist: To whom is this shrine dedicated?

Guide: This shrine is dedicated to Okuninushi-no-Mikoto, a Shinto deity, who is believed to have ruled this district in olden times.

Tourist: Really?

Guide: Moreover, the oratory of this shrine features a *shimenawa*, an immense twisted straw rope hanging above the entrance. It is the largest *shimenawa* in Japan.

Tourist: I have seen a photo of the big twisted rope once before.

Guide: In **Yamaguchi** Prefecture, the **Akiyoshidai Plateau** is famous as Japan's largest region of **karst topography**.

Tourist: This must be beautiful.

Guide: Underneath lies the incredible **Akiyoshido**, which is the largest limestone cave in Japan and the third-biggest in the world.

Tourist: There seem to be many places of great interest in this San-in District.

Guide: You are right. If we have time, I'd like to show you **Kintai-kyo**

Bridge, a wooden structure with five arches originally built in 1673 without using any nails.

Tourist: I'd love to see it.

観光客：日本海に面する本州の西部には、どこか観光地がありますか。

ガイド：はい、あります。この地域は「山陰地方」と呼ばれています。まず、美しい海岸を誇る**鳥取**県です。ここには新婚カップルに人気の高い**砂丘**があります。

観光客：そうですか。

ガイド：鳥取県には日本最大の砂丘があり、日本海に沿って東西約16キロ、南北約2キロにも伸びています。日の出と日没の景色は最高です。

観光客：素晴らしいですね。

ガイド：この地域は、**ナシの果樹園**でも有名です。

観光客：他にも観光地がありますか。

ガイド：**島根**県には日本最大級の神社の1つ、**出雲大社**があり、縁結びの聖地として歴史があります。

観光客：この神社は、誰を祀っているのですか。

ガイド：かつてこの地方を治めたと信じられている神道の神、大国主命が祀られています。

観光客：そうですか。

ガイド：この神社の拝殿の入り口には、日本最大の注連縄がかかっています。

観光客：以前、この大きな注連縄の写真を見たことがあります。

ガイド：**山口**県には、日本最大の**カルスト地形**で有名な**秋吉台**があります。

観光客：きっと美しいでしょうね。

ガイド：地下には、日本最大、世界第3位の鍾乳洞であるすばらしい**秋芳洞**(⇒Q&A 53)があります。

観光客：山陰地方には、たくさんの見所があっていいですね。

ガイド：そうですね。時間が許せば、**錦帯橋**(⇒Q&A 54)を案内しましょう。1673年に釘を1本も用いずに造られた木造建築で、5つのアーチがあります。

観光客：ぜひ見たいです。

錦帯橋

アテンドの知識

鳥取・島根・山口の3県にまたがる山陰地方は、ダイナミックな日本海（the Sea of Japan）に面し、日本でも人気のある重要な観光スポット（sightseeing [tourist] spots）が散在しています。

鳥取砂丘

鳥取県には、日本海に面した東西16キロ、南北2キロに及ぶ日本最大級の鳥取砂丘（Tottori Sand Dune）があります。その特徴は、砂丘の起伏の大きさ（a big expansion of ups and downs）で、高低差は最大約90メートルもあります。砂丘の砂は日本海からの風に吹かれて絶えず移動を繰り返し、とどまることがありません。砂が浮き上がっては少し進んで落下し、また躍動しては落下するのです。その時、細かい動きがくり返され、風によってできたさざ波模様の風紋《ふうもん》（wind patterns [ripples] on the sands: rippling patterns on the sands formed by the wind）が形作られます。この海岸砂丘から眺める朝日（sunrise）も素晴らしいのですが、ゆっくりと日本海に沈む夕日（sunset）を眺めるのも最高です。渚《なぎさ》（beach）を歩く人々の姿は、遠くシルクロード（Silk Road）を連想させ、心は古代へと誘われます。

鳥取の特産品

鳥取県を代表する特産品と言えば「二十世紀ナシ」（twenty century pear; Asian pear）です。新鮮でつやのある緑の肌、甘くてさわやかな果汁、まさにjuicy fruitです。また山陰の冬の味覚の王様である「松葉ガニ」（snow [queen] crab）も忘れてはなりません。自然に恵まれた鳥取の世界に誇る食べ物はいろいろあります。ちなみに、鳥取県から兵庫県・京都府にかけての山陰地方で水揚げされる「ズワイガニ」のことを「松葉ガニ」と呼びます。

出雲大社

島根県には、日本最大の神社の1つである出雲大社（Izumo-Taisha Grand Shrine）があります。この神社には、昔この地方を治めていたと信じられている神道の神、「ダイコクさま」の愛称で親しまれている大国主命《おおくにぬしのみこと》が祀られています。出雲大社は、日本最古の神社建築様式の典型で「大社造り」です。1952年（昭和27年）には本殿が国宝（national treasure）に指定され、縁結びの神（a god of marriage; a god who ties up relationships such as marriage）として親しまれています。拝殿の入り口にある日本最大の注連縄《しめなわ》（twisted straw rope hanging above the entrance of the shrine）は、神域の内と俗界の外を隔てた境界線（the boundary line between a sacred place and the secular world）のようです。人が神域に不用意に立ち入らないように、また不浄を持ち込まないように張られています。

神社にお参りする時、柏手《かしわで》（hand-clapping）を打ちますが、ほとんどの神社では「二拝二柏手一拝」(First, you bow twice. Then, you clap your hands twice. Finally you bow once again.) の拝礼法 (⇒第 2 章「明治神宮」) です。しかし、出雲大社では「四柏手」(You clap your hands four times.) です。何故でしょうか。いろいろな説があるようです。たとえば、春夏秋冬の四季を通じてのご加護 (the God's protection) をお願いするため、または、自分自身と自分が心に思う人の 2 人分の柏手を打つから、とも言われています。ところで、参拝の時、手を叩く (柏手) のは何故でしょうか。手を打つことは、拝む時の礼をさらに重ねる姿であり、それは神様への「崇敬の念」(a feeling of reverence for a deity) を表しているのです。

2014 年 (平成 26 年) の秋、高円宮《たかまどのみや》家の次女の典子《のりこ》さま (大正天皇のひ孫) と出雲大社禰宜《ねぎ》(宮司の補佐役) である千家国麿《せんげくにまろ》さんの結婚式が晴れて出雲大社で行われました。2007 年 (平成 19 年) 4 月典子さまが 18 歳の時、出雲大社参拝の折に国麿さんと初対面し、その後、交際を深められたということのようです。ちなみに、婚約会見で国麿さんは「私どもの家の初代は、皇祖・天照大神《あまてらすおおみかみ》の次男 (天穂日命《あめのほひのみこと》) と伝えられています」と話されました。天照大神といえば、天皇家を初めとする皇室 (the Imperial family) の先祖 (an ancestor) として知られています。と言うことは、典子さまと千家さんとは、はるか 2000 年の時空を超えたひと昔の先祖を同じくするカップルだと言えます。どうやら、「縁結びの神さま」の悪戯《いたずら》なのでしょうか。

秋吉台と秋芳洞

山口県には、日本最大の石灰岩《せっかいがん》台地 (limestone tableland) である秋吉台 (Akiyoshidai Plateau) があります。カルスト地形 (karst topography) の美観で有名で、その真下には、規模においては日本屈指の鍾乳洞《しょうにゅうどう》(limestone cave complex) である秋芳洞《あきよしどう》があります。鍾乳洞とはカルスト地形 (石灰岩の地形) の一種で、石灰岩の割れ目から浸みこんだ雨水などが、縦横に岩を溶かしてできる迷路のような石灰岩洞窟のことです。雨水に含まれる炭酸ガスの酸が、石灰岩を溶かすために造られるのです。洞窟の天井からしたたり落ちる水滴の中に含まれた多量の石灰分が沈殿して、鍾乳石《しょうにゅうせき》(stalactite: 鍾乳洞の天井からぶら下がる石灰質の氷柱《つらら》)、石筍《せきじゅん》(stalagmite: 鍾乳洞の床に出来た石灰質の石)、石《せき》柱《ちゅう》(limestone pillar)、さらには百枚皿 (⇒ Q&A 53)、黄金柱などの奇観が造りあげられ、自然の芸術品が続きます。何億年という歳月をかけて形成された自然の壮大な造形美で、大自然の摂理が織りなす一大ドラマでもあります。全長は約 10 キロですが、観光用に公開されているのは約 1 キロです。

山陰地方の観光スポットはすべて必見で、他の地方ではその類を見ないスケールと美しさでいっぱいです。

秋吉台

Q&A 52 歌舞伎の起源

Q 歌舞伎には、どのような起源があるのですか。**What is the origin of the *kabuki* drama?**

A The *kabuki* drama is recorded to have originated in the 17th century, when a shrine maiden (called Izumo-no-Okuni) in the service of Izumo Grand Shrine performed a primitive Buddhist invocation dance (*Nembutsu Odori*) in Kyoto. It has gradually been developed into the Kabuki drama as we have now.

However, the Tokugawa shogunate prohibited the performance of the Kabuki dances by women, because the all-female kabuki dances came to corrupt public morals. Consequently the kabuki drama has been performed exclusively by males, including female roles. Eventually, the kabuki drama was perfected as composite art that brought together theater, classical Japanese dance and music.

【主旨】

歌舞伎は 17 世紀ごろ、出雲大社に奉仕していた巫女（出雲の阿国）が、京都で素朴な念仏踊りを踊ったのが、その起源と記録されています。徐々に発展して、現在の歌舞伎の形態になったのです。

ところが、女性だけの歌舞伎は風紀を乱すとして、徳川幕府は、女性による歌舞伎の演技を禁止しました。その後、歌舞伎は、女性の役を含め男性のみによって演技されるに至ったのです。さらに、歌舞伎は、演劇、古典舞踊、音楽の集大成ともいうべき総合芸術として完成されたのです。

【注】2009 年（平成 21 年）歌舞伎は「ユネスコ無形文化遺産」に登録されました。

Notes

- □ **shrine maiden** 巫女《みこ》
- □ **invocation**（神の加護を求める）祈願、嘆願
- □ **prohibit** 禁止する
- □ **corrupt** 堕落させる
- □ **public morals** 公衆道徳、風俗
- □ **exclusively** 排他的に、～だけ（=only）
- □ **female role** 女性の役 ☆「女形《おやま》」a Kabuki female impersonator
- □ **composite art** 総合芸術

Q&A 53 秋芳洞

Q 日本三大鍾乳洞はどのようなものですか。**What are the three largest limestone caves in Japan?**

A First, "Akiyoshido" in the Akiyoshidai Plateau, western Yamaguchi Prefecture is famous for the beautiful scenery of "*Hyakumai-zara*" (100 saucers) which were created through the action of limestone-rich water on a gentle slope. There are actually more than 500 saucer-like pools.

Second, "Ryugado" in Kochi Prefecture extends underground for 4 kilometers. Inside the cave are several tiny streamlets formed by water dripping from the ceiling, and many fine limestone pillars.

Third, "Ryusendo" in Iwate Prefecture is noted for its huge 120-meter-deep underground lake, the clearest in Japan.

【主旨】

まずは、山口県西部の秋吉台にある「秋芳洞」です。特に有名なのは「百枚皿」の美観で、ゆるやかな斜面地にできた石灰《せっかい》華《か》段丘です。実際には 500 以上の皿状の小池が連なっています。

次に、高知県にある地下総延長 4 キロにも及ぶ「龍河洞」です。洞窟内には、天井からしたたり落ちる水で作られた小川や多くの素晴らしい鍾乳石柱があります。

最後に、岩手県にある「龍泉洞」は、日本で最も澄み切った深さ 120 メートルの地底湖で知られています。

Notes

- ☐ **streamlet** 小川
- ☐ **drip** 滴る
- ☐ **limestone pillar** 鍾乳石柱
- ☐ **underground lake** 地底湖

Q&A 54 錦帯橋

Q 錦帯橋とは、どのような橋ですか。**What is the *Kintai-kyo* Bridge?**

A The *Kintai-kyo* Bridge was a wooden structure that was first built in 1673 without using any nails at all, but only with cramps and wires.

A series of five timber arches on stone piers extend across the Nishiki(-gawa) River at Iwakuni, Yamaguchi Prefecture. The 210-meter-long and 5-meter-wide bridge was destroyed by a typhoon in 1950 and reconstructed in 1953 as an exact replica of the original. This bridge is also called "Soroban-bashi," meaning "Abacus Bridge," because it looks like the shape of an abacus.

The *Kintai-kyo* Bridge is one of the three wonderful bridges, along with bridges of *Shin-kyo* (in Nikko, Tochigi) and *Saru-hashi* (in Otsuki, Yamanashi).

【主旨】

錦帯橋は、1673年（延宝元年）に1本の釘をも用いず、かすがいと巻金だけで作られた木造建築です。

石の橋げたの上で連結された5連の木造アーチが、山口県岩国市の錦川に架橋されています。全長210メートル・幅5メートルの橋は、1950年（昭和25年）に台風で破壊されましたが、1953年（昭和28年）には原形の正確な複製として復旧しました。この橋はそろばんの形に似ていることから「そろばん橋」とも呼ばれています。

錦帯橋は、神橋（栃木県日光市）、猿橋（山梨県大月市）と並び日本三大奇橋の1つです。

Notes

- □ **cramp**（建築）かすがい
- □ **timber** 木材、材木 ▶timber bridge 木橋
- □ **pier** 橋桁《はしげた》、橋脚
- □ **abacus** そろばん ☆複数形は abcuses; abaci

第19章
熱狂的な
阿波踊りの町・徳島

リンプルダイアローグ

Guide: Are you interested in folk dance?

Tourist: Yes, I am. Why do you ask?

Guide: Well, if you visit Tokushima Prefecture, you can enjoy the world-famous "**Awa-Odori Dance**", a popular tourist attraction.

Tourist: What is this dance like?

Guide: You could say it's like the Carnival in Rio. This dance, with a history of over 400 years, is held from August 12 to 15.

Tourist: Do tourists from all over Japan come to experience the **frenzied atmosphere**?

Guide: Yes, they do. Participants, young and old alike, sing and dance to the accompaniment of music played on the *shamisen*, drums, flutes and other Japanese instruments.

Tourist: That sounds fun.

Guide: This prefecture is also famous for the **whirlpools of the Naruto Strait** and the "**O-Naruto-kyo**" or the Great Naruto Bridge, which is one of the longest suspension bridges in Asia.

Tourist: Could you tell me what causes the whirlpools to form?

Guide: They are created by the rapid **tidal currents** and the resulting differences in water level in **the Seto Inland Sea**.

Tourist: I see.

Guide: If you would like to visit Tokushima Prefecture by car, you have to cross a number of bridges. First is the "**Akashikaikyo O-hashi**", which connects the city of Kobe in Hyogo Prefecture with the island of Awajishima in the Seto Inland Sea. It's the world's biggest suspension bridge. After driving through Awajishima, you'll then cross the Great Naruto Bridge to the city of Naruto in Tokushima.

Tourist: Japan has many huge bridges, doesn't it?

Guide: Yes, it does. That's because Japan is surrounded by the sea.

Tourist: So, that's why you know about many bridges, right?

Guide: Yes, sir. You could say that.

ガイド：民俗舞踊に興味がありますか。
観光客：はい、あります。お尋ねになるのは、どうしてですか。
ガイド：そうですね。徳島県を訪れると、観光の大きな目玉としてとても有名な**阿波踊り**（⇒ Q&A 55）が楽しめるのです。
観光客：どのような踊りですか。
ガイド：リオのカーニバルに似ていると言えるかもしれません。この踊りは 400 年以上もの歴史があり、8 月 12 日から 15 日に行われます。
観光客：**熱狂的な雰囲気**を味わうために、日本全国から観光客がやってくるのですか。
ガイド：そうです。老若男女を問わず、どの参加者も三味線、太鼓、笛などの和楽器の伴奏に合わせて歌ったり踊ったりするのです。
観光客：わくわくしますね。
ガイド：この県は、**鳴門海峡の渦潮**（⇒ Q&A 56）とアジア最長の大吊り橋の 1 つである**大鳴門橋**でも有名です。
観光客：なぜ渦潮ができるのですか。
ガイド：**瀬戸内海**に速い**潮流**が生じるため、水位が変化して渦潮が起こります。
観光客：なるほど。
ガイド：車で徳島県へ行く場合は、いくつかの橋を渡ります。まずは、兵庫県神戸市と瀬戸内海の淡路島を結ぶ「**明石海峡大橋**」です。この橋は世界最大の吊り橋です。淡路島を通過した後、大鳴門橋を渡り、徳島県鳴門市へ向かいます。
観光客：日本には巨大な橋が多いですね。
ガイド：はい、そうですよ。日本は海に囲まれていますからね。
観光客：だから多くの橋についてご存じなのですね。
ガイド：そうですね、そうかもしれません。

明石海峡大橋

アテンドの知識

徳島と言えば、いまや世界的に知れ渡った熱狂的な「阿波踊り」、そして壮観な「鳴門の渦潮」でしょう。

阿波踊り

阿波踊り（the Awa Dance）は 8 月 12 日から 8 月 15 日のお盆（the Bon Festival）の期間に行われ、徳島市をはじめ県内各地では乱舞が繰り広げられ「踊り天国」と化します。穏やかな南国徳島の 4 日間熱気と情熱に包まれた日本のカーニバルがエネルギッシュに展開されるのです。

この阿波踊りはいつ頃、どのようにして起こったのでしょうか。今を遡ること約 400 年前、蜂《はち》須《す》賀《か》家政《いえまさ》（1558-1639）が徳島城を完成させた時、祝賀行事として城下の町民が無《ぶ》礼講《れいこう》（a social drinking party as equals; a social gathering on intimate terms regardless of rank or seniority）で酒を飲み、城内で「めでたし、めでたし」と踊りだした、という話が記録されています。明治・大正の各時代には財政援助があり、昭和初期に観光目的で「阿波踊り」と命名されました。今では毎年のように海外に遠征して、日本を代表する踊りとなり、“the Awa Folk Dance” として世界の踊りへと発展しつつあります。

「踊る阿呆に見る阿呆、同じ阿呆なら踊らなにゃ損、損」（Some are crazy dancers, and some are crazy onlookers who are watching the crazy dancers. Since both are equally crazy, you may as well dance — may as well dance.）踊りには、身振りも手振りも鮮やかな「女踊り」（the female dance）と勇壮な「男踊り」（the male dance）があります。特に編み笠《がさ》（the braided hat made of sedge or rush）をかぶって女性が手を高く差し上げて踊る姿はチャーミングです。「手を上げて足を運べば阿波踊り」と言われるように、阿波踊りは、手を肩よりさげてはいけない決まりがあります。下へ沈む感じの多い日本の踊りの中では「手を上に向けて踊る」（the dance with arms raised）のは珍しいのです。また、リオのカーニバルのようにチームがあり、踊りでは「連《れん》」（teams which vie with each other）と言います。連を構成するグループの人数は平均 40 ～ 50 人ですが、会社単位での参加などでは 100 人を越すこともあります。太鼓、笛、三味線、鉦（ショウ・かね）のにぎやかで陽気なリズムに合わせて、数十人が連を組み街中を練り歩くのです。優雅な女踊りと、自由奔放な男踊りのコントラストが見事です。何と言っても、阿波踊りの最大の魅力は、踊り子と見物人が一体となって浮かれ出すところでしょう。せっかく「踊り天国」に来たのだから「踊らにゃ損、損」だそうです。

鳴門海峡の渦潮

四国の鳴門市と対岸の淡路島を隔てる約 1.3 キロの鳴門海峡の見所は、何と言っても「鳴門海峡の渦潮」と「大鳴門橋」です。

鳴門海峡の渦潮（the whirlpools in the Naruto Straits）はどうして起こるのでしょうか。それは約 6 時間おきに起こる潮の干満《かんまん》（the ebb and flow of the tide）によって、瀬戸内海（the Seto Inland Sea）と紀伊水道（the Kii Channel）の水位に最大 1.5 メートルほどの落差ができ、そのため、潮が激しい速度で流れるのです。このスピードは日本一、世界 3 位です。その激しい流れと緩やかな流れの境目に「渦」(the whirlpools) が起こり、自然のページェントを生み出します。渦は最大で直径 20 ～ 30 メートルに達するときもあります。激しい潮流（tidal current）が轟音をあげて逆巻き、千変万化する壮観さは自然の驚異です。観潮船で見学できますが、鳴門公園や大鳴門橋からも美しい渦潮を楽しむことができます。

大鳴門橋

大鳴門橋（the long suspension bridge across the Naruto Straits）は鳴門と淡路島の間を結び、渦潮ができる海峡（strait）をまたぐ全長 1,629 メートルの大吊橋（the suspension bridge）です。1985 年（昭和 60 年）に開通し、本州と四国を橋で結ぶ、本州・四国の連絡橋（the connection [connecting] bridge）構想の 1 つとして造られ、鳴門の名所になっています。

明石海峡大橋

1998 年（平成 10 年）に本州―淡路―四国を結ぶ本州・四国の連絡道（the expressway; the connecting road）の 1 つである明石海峡大橋（the Akashi-Kaikyo Road Bridge）が完成し、鳴門の渦潮を見学する観光客も大幅に増加しました。この橋の長さ（3,911m）、そしてケーブルを支える 2 つの主塔間の長さ（1,991m）は世界一です。ギネス世界記録にも「世界最大の吊り橋」として認定されました。

ちなみに、1999 年（平成 11 年）に完成した「尾道（広島）・今治（愛媛）ルート」は、10 の橋（ten individual bridges）を通る全長約 60km にも及ぶ「瀬戸内しまなみ海道」(Setouchi Shimanami Kaido Expressway）は、日本で初めて海峡を横断する自転車道また歩行者専用の道路も併設され、新観光ルートとして今なお根強い人気があります。

キーワード

★遍路　〈巡礼者〉 a pilgrim; a Buddhist pilgrim dressed in white 〈巡礼〉 a pilgrimage.

遍路の関連用語

遍路衣装　a pilgrimage dress (all white) ☆白衣 white robe [kimono]

菅笠	wide-brimmed sedge hat	（金剛）杖	(diamond) staff [stick]
脚絆《きゃはん》	leggings	輪袈裟《わげさ》	neck surplice
白地下足袋	white rubber-soled socks (with the big toe separated)		
草鞋《わらじ》	straw sandals	手甲《てっこう》	wrist glove
念珠《ねんじゅ》	Buddhist rosary	納札《おさめふだ》	pilgrimage sticker
鈴	small bell	御詠歌《ごえいか》	chanting hymn（仏を称えて歌う）

Q&A 55 阿波踊り

Q 阿波踊りとはどのような踊りですか。**What is *Awa Odori*, or the Awa Folk Dance?**

A *Awa Odori* dates back to 1587 when the people of the castle danced in the streets in celebration of the completion of Tokushima Castle built by Hachisuka Iemasa, the feudal lord. They got so drunk and began to dance crazily setting formalities aside, when Hachisuka provided Japanese rice wine (*sake*) for them.

A variety of *Awa Odori* is held in Tokushima, formerly known as Awa Province, during the observance of the Bon Festival Season from August 12th to 15th. Many large groups of men and women attired in decorative kimono-costumes parade through the city, singing and dancing enthusiastically in lines to the accompaniment of music played on *shamisen*, flutes and drums.

【主旨】

阿波踊りは、1587年（天正15年）にまでさかのぼりますが、蜂《はち》須《す》賀《か》家政《いえまさ》（1558-1639）領主が徳島城を完成した時に城下町の人たちはこれを祝って市内で踊ったということです。蜂須賀が、町人たちに酒をふるまった時、町人たちが無礼講で熱狂的に踊りだしたのです。

8月12日から15日までのお盆期間中、昔「阿波」で知られる今の徳島で、多種多様な阿波踊りが演じられます。きれいな衣装着物をまとった男女の大集団が、三味線、笛、また太鼓などの音楽に合わせながら、列をなして熱狂的に歌い踊りながら市内を練り歩きます。

Notes

- □ **in celebration of** を祝って
- □ **formality** 型式的なこと
- □ **set aside** 除外する、かなぐり捨てる
- □ **observance** 順守
- □ **attire**（衣服を）着用する
- □ **enthusiastically** 熱狂的に、熱列に

Q&A 56 鳴門の渦潮

Q 鳴門の渦潮とは、どのような意味ですか。**Could you tell me about the meaning of the *Naruto-no-Uzushio*?**

A "Naruto" literally means the "roaring gateway." Naruto Strait, linking the Seto Inland Sea with the Pacific, gives rise to roaring whirlpools (*uzushio*).

The phenomenon of whirlpools is formed by the changing tide rushing through the narrow channel between Shikoku and Awaji-shima Island. As there is an almost 1.5-meter difference in water levels, the onrushing water forms many foaming whirlpools of all sizes, some as large as 20-meter in diameter, creating a tremendous roar. The inward and outward currents rushing through the channel sometimes reach speeds of 20 km per hour and more. An excellent view of the whirlpools can be observed from Naruto Park.

【主旨】

「鳴門」の文字通りの意味は「轟音《ごうおん》の門」です。太平洋と瀬戸内海を結ぶ鳴門海峡は、轟音の渦潮を起こします。

この渦潮の現象は、変化する潮の流れが四国と淡路島の間にある狭い海峡を通過するとき、急速に押し寄せることから起こるのです。海の水位には約 1.5m の差異が生じるので、奔流する水で大小さまざまな渦潮が生じ、ときには最大直径 20m にも及び、豪快な轟音を起こすのです。海峡を通過する流れが、ときとして時速 20km またはそれ以上に達することもあります。渦潮の景観は、鳴門公園から満喫できます。

Notes

- □ **strait** 海峡
- □ **roar** 〈v〉 轟《ごう》音《おん》をたてる、〈n〉(波や風の) 轟音
- □ **phenomenon** 現象 ☆複数形は phenomena; phenomenons
- □ **channel**（運行可能な）水道、海峡 ▶the Bungo Channel 豊後水道（大分県と愛媛県に挟まれた水道）
- □ **diameter** 直径
- □ **current**（水の）流れ

Q&A 57 四国霊場八十八ヶ所巡り

Q 「四国霊場八十八ヶ所巡り」について紹介してください。**Could you tell me about "Shikoku-Reijo-88-ka-sho Meguri"?**

A There is a pilgrimage to the 88 Sacred Places in Shikoku, which is also called "O-Henro-san 88-ka-sho Meguri."

"Henro" means a pilgrimage to the 88 Buddhist temples closely related to Kobo-Daishi (the Buddhist priest Kukai), which are scattered throughout Shikoku. The Sacred Places include 23 in Awa (now, Tokushima), 16 in Tosa (now, Kochi), 26 in Iyo (now, Ehime) and 23 in Sanuki (now, Kagawa). Pilgrims (*O-Henro-san*) dressed in white kimono robe wear huge umbrella-like segde-hats on their heads and carry wicker-trunk on their backs. They hold staffs in their hands, ring brass bells and chant pilgrim's hymns.

They believe that they can attain enlightenment by reducing the 88 worldly desires one by one whenever they make pilgrimage to the sacred temples one after another.

【主旨】

四国には霊場八十八ヶ所巡りがあり、「お遍路さん八十八ヶ所巡り」とも言います。

「遍路」というのは、四国に散在する弘法大師（空海：774-835）ゆかりの 88 か所の寺院を巡礼することです。霊場（または札所）は、阿波（徳島県）に 23 札所、土佐（高知県）に 16 札所、伊予（愛媛県）に 26 札所、讃岐（香川県）には 23 札所があります。白い着物をまとった巡礼者（お遍路さん）は、頭にはすげ笠をかぶり、背には行李《こうり》を担っています。真ちゅう製の鈴を鳴らし、御詠歌を歌いながら、手には金剛杖《こんごうつえ》を携えています。

霊場を次々と巡礼するごとに、88 の煩悩が 1 つずつ消滅し、悟りの境地に近づくという信仰があります。

Notes

- ☐ **sacred place** 聖地、霊場（=holy place [spot]）
- ☐ **pilgrimage** 巡礼
- ☐ **scatter** 散在する、点在する
- ☐ **pilgrim** 巡礼者
- ☐ **segde-hat** すげ笠
- ☐ **wicker-trunk** 行李 ☆柳の枝（wicker）細工のトランク（trunk）。
- ☐ **chant** 唱える
- ☐ **hymn** 讃美歌、聖歌
- ☐ **enlightenment** 悟り
- ☐ **worldly desire** 煩悩《ぼんのう》

第20章
太陽と緑の国・宮崎

サンプルダイアローグ

Guide: If you are interested in ancient historic spots, I suggest you visit Miyazaki Prefecture.

Tourist: How come?

Guide: You can visit **Miyazaki(-jingu) Shrine**, which is dedicated to **Japan's legendary first Emperor,** Jimmu.

Tourist: I see.

Guide: Nearby is a museum that features displays related to local history and some **archeological finds**, including *Haniwa*, ancient clay figurines.

Tourist: Is that so?

Guide: You can also visit the **Tomb Cluster in the Saitobaru Plateau,** one of the largest of its kind in Japan. It is a very famous archeological site with more than 300 **burial mounds** of various types dating from the 3rd to 7th centuries.

Tourist: That sounds interesting.

Guide: You ought to visit the northern area of Miyazaki called "**Takachiho,**" a mountain village associated with the mythical beginnings of Japan.

Tourist: Can you tell me a little more about this area?

Guide: The scenic **Takachiho Gorge** has beautiful **cascades** and sheer walls with many strange rock formations shaped like large columns.

Tourist: I see.

Guide: There is also **Amano-Iwato Shrine** and a cave where Amaterasu-Omikami, the Sun Goddess, is said to have hidden herself.

Tourist: What happened to her?

Guide: It is believed that she was lured out by the first performance of the Iwato Kagura Dance, which is said to be the original form of "**Kagura**."

Tourist: Is that so? I didn't know that.

Guide: You can also see **Mt. Takachiho(no-mine),** which appears in myths describing the birth of the nation. It is said that Ninigi-no-Mikoto, grandson of Amaterasu-Omikami, descended from heaven to the summit of this mountain to rule Japan.

Guide: That's interesting.

ガイド：古代の史跡に興味があれば、宮崎県を観光するのをお勧めします。
観光客：なぜですか。
ガイド：**宮崎神宮**には、**伝説上日本の初代天皇**とされる神武天皇が祀られているのです。
観光客：なるほど。
ガイド：近くには博物館があり、地域の歴史に関する展示物や、埴輪など**考古学上の発見品**が収蔵されています。
観光客：そうですか。
ガイド：また、日本最大級の**西都原古墳群**も見学できます。この考古学的遺跡は、3〜7 世紀の 300 以上の多種多様な**埋葬塚（古墳群）**があることで有名です。
観光客：おもしろそうですね。
ガイド：「**高千穂**」と呼ばれる宮崎県北部地方の観光もお勧めです。そこは日本発祥の神話と関係の深い山村です。
観光客：この地域について、もう少し詳しく話していただけませんか。
ガイド：風光明媚な**高千穂峡**があり、柱状になった奇岩の多い断崖や、美しい**滝**が見られます。
観光客：なるほど。
ガイド：また、**天岩戸神社**と天照大神が身を隠したと言われる洞窟があります。
観光客：天照大神に何が起こったのですか。
ガイド：岩戸神楽の舞によって洞窟から誘い出されたと伝えられています。この舞は「**神楽**」(⇒ Q&A 58) の原型とされています。
観光客：そうですか。知りませんでした。
ガイド：また、日本の誕生を記した神話の舞台である**高千穂峰**を観光することもできます。言い伝えによると、天照大神の孫であるニニギノミコトが、日本を統治するために天からこの山頂に降り立ったと言われています。
観光客：興味深いですね。

アテンドの知識

かつて「新婚旅行のメッカ」(the mecca for a honeymoon trip) と言えば宮崎。今ではプロ野球の読売ジャイアンツやサッカーＪリーグなどの「キャンプのメッカ」(the mecca for camping) として知られています。しかし宮崎本来の姿は「太陽と緑と花の国」で知られる観光地です。

太陽と緑と花の国

島全体に熱帯植物と亜熱帯植物が茂り、「鬼の洗濯板」(demon's washboard: the fantastic eroded rock formations which look like a huge washboard) の奇岩で有名な「青島」(Aoshima islet. 周囲 1.5km)、眼下にぱっと広がる太平洋と鬼の洗濯板の波状岩が見渡せる「堀切峠」(the Horikiri-toge Pass)、96km に及ぶ美しいフェニックスとソテツの樹が並ぶ海岸線 (the beautiful coastline extending for 96 kilometers) の「日南海岸」(the Nichinan Coast)、自由に放牧された馬の群れやソテツの自生が見られる「都井岬」(Cape Toi) など、限りがありません。

建国の神話と宮崎神宮

ところで、宮崎県は「古墳と神話の地」(the land of tumulus and mythology) としても有名です。宮崎県は２月 11 日の「建国記念の日」(National Foundation Day; National Founding Day) (★キーワード参照) と深い関係にあることをご存じですか。

宮崎神宮 (Miyazaki Shrine) はうっそうとした深い緑の中に荘厳にたたずむ社殿をもちます。ここは初代天皇とされる神武天皇とその父君・母君を祭神とする伝統ある神社で、「神武さま」という愛称で市民に親しまれています。「建国記念の日」は、日本の初代天皇「神武天皇」が大和 (奈良) の橿原《かしはら》で即位した日 (紀元前 660 年２月 11 日) を伝える神話 (the legend that the first Emperor Jimmu ascended to the throne on February 11) に基づいて定められたのです。これは「アメリカの独立記念日」(Independence Day) のように史実に基づいた日ではありません。現在も議論を呼んではいますが、大部分の人は日本の建国を祝い、その発展を祈願しています。

神楽

宮崎と言えば、もう１つ「お神楽」(the Shinto dance and music performed at Shinto shrine by young shrine maidens) があります。宮崎の北部に天岩戸神社 (Amano-Iwato-jinja Shrine) があり、ここでは天照大神 (the Sun Goddess) を祀っています。その社殿の背後には、天照大神が隠れたとされる「天岩戸の洞窟」(Amano-Iwato Grotto [Cave]) があります。そして天照大神を呼び出すために岩戸の前で乙女 (アメノウズメノミコト) が面白く舞ったのです。これが神楽の原型だと言われています。

高千穂峰

また宮崎県と鹿児島県の県境に高千穂峰 (Mount Takachiho-no-mine) がそびえてい

ます。この高千穂峰には、天照大神の孫であるニニギノミコトが日本を統治するために天からこの山頂に降りたという「天孫降臨」(⇒ Q&A 59) の神話があります。神話の舞台として訪ねてみるのも、いにしえの薫りがして興味深いものです。

モダンな「現在」とミステリアスな「過去」を秘めた地、それが「宮崎」なのです。

Q&A 58 神楽

Q 神楽のルーツは何ですか。**What is the origin of *Kagura*?**

A Takachiho Town in Miyazaki Prefecture is well known for the "*Yo-kagura*," sacred Shinto dance and song performed at Ama-no-iwato (jinja) Shrine at night. This shrine has the cave where Amaterasu-Omikami, the Sun Goddess, once hid herself.

According to the Takachiho legends, Amaterasu-Omikami got angry with her brother (called Susano-o-no-Mikoto), and hid herself in the cave of heaven (*Ama-no-iwato*). To relieve her from anger, another goddess (called Amenouzume-no-Mikoto) performed a dance so comically in front of the cave that Amaterasu-Omikami came out of the cave to see what was happening. The first performance of the Iwato dance is said to be the prototype of *Kagura*, performed today at shrine festivals.

Kagura is the sacred dance and song which is performed by shrine maidens at Shinto shrines to hold Shinto rituals after recalling the Shinto god to the sacred place. It is accompanied by the music of drums and flutes.

【主旨】

宮崎県の高千穂町は、天岩戸神社で演じられる「夜神楽」で知られています。この神社には、天照大神が身を隠した岩戸があります。

高千穂の伝説によれば、天照大神は兄弟（スサノオノミコト）に対して激怒し、洞窟（天岩戸）に身を隠しました。彼女の怒りを和らげるために、他の神（アメノウズメノミコト）が、洞窟の面前で滑稽な踊りを演じたので、天照大神は、何事が起こったのかと思い岩戸から出てきました。初めて演じられた岩戸の舞は、現在も神社の祭典で演じられる神楽の原形だと言われています。

神楽は、神聖な場所に神を呼び降ろし、神道儀式を行うために、巫女が神社で演じる舞踊・音楽のことです。神楽は太鼓や笛の合奏を伴います。

Notes

- ☐ **hide oneself** 身を隠す
- ☐ **relieve** 和らげる、軽減する
- ☐ **prototype** 原型
- ☐ **shrine maiden** 巫女
- ☐ **ritual** （宗教上の）儀式、典礼
- ☐ **recall** 呼び降ろす、呼び戻す

高千穂神社

天岩戸神社

Q&A 59 天孫降臨

Q 天孫降臨についてお話しください。**Could you tell me about *Tenson-korin?***

A *Tenson-korin* is the legend that Ninigi-no-Mikoto, the grandson of Amaterasu-Omikami, the Sun Goddess, descended from heaven to earth (the summit of Mt. Takachiho-no-mine) to rule Japan.

Ninigi-no-Mikoto was sent to pacify the islands of Japan and rule over them. After he received symbols of his power that became the three imperial regalia (the sword, the mirror and the comma-shaped jewels), he started to reign over the land.

His great-grandson conquered the Yamato Region after a fierce battle. He then became the person that Japanese mythology considers Japan's first Emperor Jimmu, who established the Imperial Court in the

Yamato Region. Historically, Yamato rule was set up firmly as one unified polity in the 7th century. During the rule of this court, the hereditary emperor system was established, which continues to this day. Naruhito, the present Emperor, would be the 126th reigning monarch.

【主旨】

天孫降臨というのは、天照大神の孫であるニニギノミコトが、日本を統治するために天上から地上（高千穂の峰）に降ったという伝説のことです。

ニニギノミコトは、日本の国を平定し、統治するために送られたのです。彼は、三種の神器（剣・鏡・曲玉）となった権力の象徴を賜り、その後、国の統治を開始したのです。

彼のひ孫は激戦の末、大和地方を征服しました。その後、彼は日本の神話では初代天皇神武とされる人物となりました。神武天皇は、大和地方に朝廷を設けました。歴史上、7 世紀頃、大和政権が 1 つのまとまった政治形態として制定されました。この朝廷が統治している時に、世襲的な天皇制が確立し、今日に至っています。今上の徳仁天皇は、126 代目に在位する天皇ということになります。

Notes

- ☐ **pacify** 平定する、平和な状態にする
- ☐ **three imperial regalia** 三種の神器
- ☐ **reign** 統治する
- ☐ **mythology**（集合的な）神話
- ☐ **Yamato rule** 大和政権
- ☐ **polity** 政治形態、国家組織
- ☐ **hereditary emperor system** 世襲の天皇制
- ☐ **reigning monarch** 現在在位する君主

高千穂渓谷

キーワード

★建国記念の日　Kenkoku-kinen-no-hi is National Foundation Day, on which the Japanese celebrate on February 11th in commemoration of the founding of Japan and for fostering people's love for their country.

建国記念の日は、日本の創建を記念した日で、人民は国を愛する心を養うために2月11日に祝う。☆日本書紀によれば、紀元前660年のこの日に、日本の初代天皇である神武天皇が即位し、皇室の系列を創設した。1873年（明治6年）、明治政府は、この祝日を「紀元節」の名で祝うことを決定した。戦後は、歴史的な根拠がないと言われ、祝日とはみなされなかった。しかし、1966年（昭和41年）になると、「建国記念の日」の祝日として復活し、日本の建国を記念し祝い、また愛国心を培うために1967年に初めて施行された。

【参考】日本における「国民の祝日」（National Holidays）

・元日	New Year's Day (1 January)
・成人の日	Coming-of-Age Day (the 2nd Monday in January)*
・建国記念の日	National Foundation Day (11 February)
・春分の日	Vernal Equinox Day (around 21 March)
・昭和の日	Showa Day (29 April)
・憲法記念日	Constitution Memorial Day (3 May)
・みどりの日	Green Day / Greenery Day (4 May)
・こどもの日	Children's Day (5 May)
・海の日	Marine Day (the 3rd Monday in July)
・山の日	Mountain Day (11 August)
・敬老の日	Respect-for-the-Aged Day (the 3rd Monday in September)**
・秋分の日	Autumnal Equinox Day (around 23 September)
・体育の日	(Health and) Sports Day (the 2nd Monday in October)
・文化の日	Culture Day (3 November)
・勤労感謝の日	Labor Thanksgiving Day (23 November)
・天皇誕生日	Emperor's Birthday (23 December)

【注】外国人には、*Day celebrating the legal age for adulthood または Adult's Day、**Seniors' Day または Senior Citizens' Day が理解しやすいでしょう。

第21章
東洋文化と西洋文化の息づく町・長崎

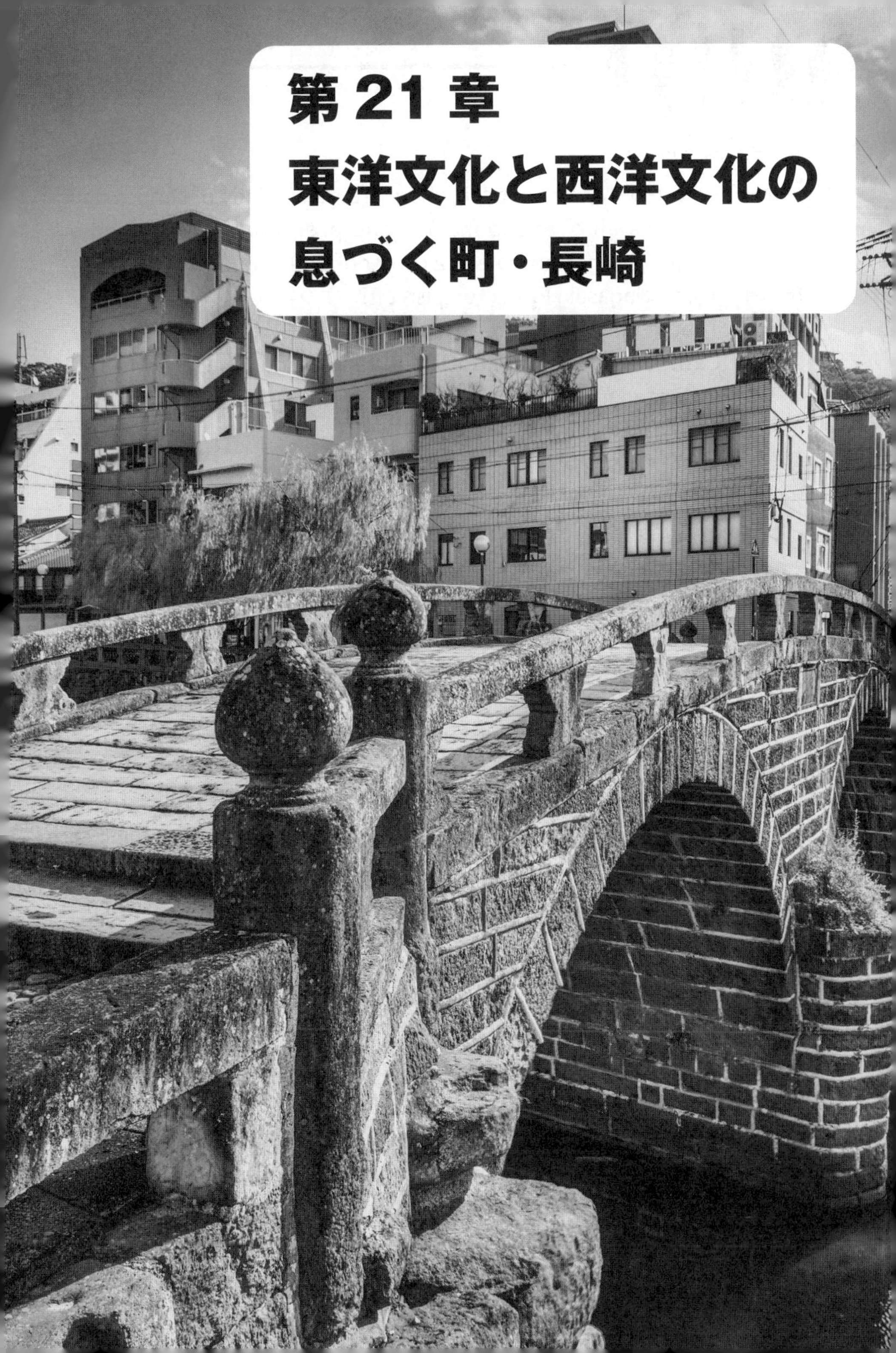

サンプルダイアローグ

Guide: As you may have noticed, there are many kinds of shrines and temples all over Japan. But one prefecture has played a uniquely important role as a center of Christianity here.

Tourist: That's Nagasaki Prefecture, isn't it?

Guide: That's right. There are many Catholic churches, such as **Oura Cathedral**, the oldest **Gothic-style building** in Japan, which is dedicated to the memory of the 26 Christians who were **crucified** in Nagasaki in 1597.

Tourist: I see.

Guide: Another is **Urakami Cathedral**. It was rebuilt after the original building was destroyed by the atomic bomb during the Second World War.

Tourist: Is that so?

Guide: Yes. The **site of Martyrdom of the 26 saints of Japan** is the place where 26 Christians were executed in 1597, as a result of Toyotomi Hideyoshi's prohibition of Christianity. It's kind of far from Urakami Cathedral but worth a visit.

Tourist: Sounds like there are many historical spots in the city.

Guide: That's right. And there are lots of historical sites in **the Shimabara Peninsula** associated with the hidden Christians of the Edo period.

Tourist: Come to think of it, I learned a little about this history when I was young.

Guide: Oh, did you? There is a small zone called "**Unzen-jigoku** (hell)" on this peninsula, famous for its rising dense clouds of super-hot steam. It's the spot where Christians who refused to give up their religion were scalded to death.

Tourist: That's awful.

Guide: **Hara Castle** is associated with **the Shimabara Rebellion,** an uprising by Christians and peasants that took place in 1637. You can find many Christian **relics** there now, including the famous *Maria-Kannon Images*.

Tourist: I see.

Guide: Hirado(-shima) Island is well known as Japan's first port to be opened for foreign trade in the 16th century. Also, on this island is **Hirado St. Xavier Memorial Church,** which was built in memory of the priest's arrival in Japan.

Tourist: It seems Nagasaki has many museums related to the Christian era.

ガイド：ご存じのように、日本全国には多くの神社仏閣があります。しかし、日本におけるキリスト教の中心地として、非常に重要な役割を果たしてきた県が 1 つあります。

観光客：長崎県のことですね。

ガイド：その通りです。長崎県にはカトリック教会が多数あります。例えば、日本最古の**ゴシック建築**である**大浦天主堂**は、1597 年（慶長 2 年）に長崎で**十字架に架けられた** 26 人のキリスト教信者を記念したものです。

観光客：なるほど。

ガイド：もう 1 つは**浦上教会**（旧称、浦上天主堂）です。現在の建物は、第二次世界大戦時に原爆によって破壊された後に再建されたものです。

観光客：そうですか。

ガイド：ええ。**日本 26 聖人殉教地**（⇒ Q&A 61）は、豊臣秀吉のキリスト教禁止令によって、1597 年に 26 人のキリスト教信者が十字架に架けられた跡地です。浦上教会からは少し離れていますが、一見の価値があります。

観光客：この市には、歴史的名所がたくさんあるようですね。

ガイド：はい、そうです。**島原半島**にも江戸時代の潜伏キリシタンに関連する史跡が多数あります。

観光客：そういえば、若い頃にこの歴史について少し学んだことがあります。

ガイド：そうでしたか。この半島には「**雲仙地獄**」と呼ばれる小さな地帯があり、蒸気の煙を吹き上げることで有名です。信仰を捨てることを拒否したキリスト教信者が、火炙りにされた場所でもあります。

観光客：恐ろしいですね。

ガイド：**原城**は、1637 年（寛永 14 年）のキリスト教信者と農民による**一揆**、**島原の乱**と深い関係があります。そこでは有名なマリア観音像（★キーワード参照）を含め、キリスト教の**遺物**を多数見ることができます。

観光客：なるほど。

ガイド：平戸島は、16 世紀に外国貿易のために開かれた日本最初の港として知られています。この島には、聖フランシスコ・ザビエル（1506-1552）の日本来訪を記念して建てられた、**平戸ザビエル記念教会**もあります。

観光客：長崎には、キリシタン時代と関連する博物館がたくさんあるようですね。

アテンドの知識

異国情緒あふれる町、長崎。鎖国時代（national seclusion period）にも外国との貿易を行い、東洋文化と西洋文化を取り入れたエキゾチックな町です。今では、オランダ坂やグラバー邸などの名所旧跡をはじめ、ハウステンボス（Huis Ten Bosch）、長崎オランダ村（Nagasaki Holland Village）、長崎バイオパーク（Nagasaki Biopark）などのテーマパーク（theme park）がつくられ、日本全国から多くの観光客を誘致しています。

京都や奈良に数多くの「神社仏閣」があるように、長崎にはキリスト教に関する「教会」や「聖堂」が数多く散在しています。日本におけるキリスト教（Christianity）の中心地として重要な役割を果たしている長崎は、キリスト教を生活基盤とする欧米の人々にとっては関心の的です。

平和祈念像

長崎といえば、広島と同様に原爆被災地です。長崎市の平和公園の北端には平和祈念像（Peace Memorial Statue）（⇒ Q&A 60）が建てられています。神の愛と仏の慈悲を象徴しています。

浦上教会（旧称、浦上天主堂）

浦上教会（Urakami Cathedral）は、東洋一と言われる赤レンガ造りのロマネスク式教会（Romanesque church）です。1873 年（明治 6 年）キリシタン禁制が解かれたキリスト教信者は村に帰り、1925 年（大正 14 年）にこの天主堂を建立し、信仰の深さを示しました。その後、1945 年（昭和 20 年）の長崎原爆で焼失しましたが 1959 年（昭和 34 年）に再建されました。被爆を免れた「長崎の鐘（アンゼラスの鐘）」（the Bells of Nagasaki）は昔のままの姿で塔上で今も鳴り響いています。1962 年（昭和 37 年）には司教座聖堂（cathedral ☆ church ではない）になり、信者数は日本最大規模のカトリック教会です。「被爆聖アグネス像」（the Atomic-bombed Statue of St. Agnes）は国連本部（the United Nations Headquarters）に安置されています。

日本 26 聖人殉教地

日本 26 聖人殉教地（the Site of Martyrdom of the 26 Saints of Japan）は、豊臣秀吉（1537-1598）によって発令されたキリスト教禁止令（the prohibition of Christianity）の結果、26 人のキリスト教信者が 1597 年（慶長 2 年）に十字架に磔にされ、処刑された殉教の地です。

原城跡

原城は、島原半島の南部を統治する有馬藩の居城でした。1637 年（寛永 14 年）に勃発した「島原の乱」（the Shimabara Rebellion）の大規模な戦場となりました。「島原の乱」は、天草地域と島原半島の領主が飢饉の中で領民に過酷な年貢を課したこと、また幕府がキリスト教徒を弾圧したこと、それらに土豪や農民が抵抗して起こした「天草・

島原一揆」です。一揆軍の総勢 3 万 7 千人の地元農民とキリスト教徒は、救世主と仰ぐ 16 歳の少年天草四郎（本名・益田時貞：1621?-1638）を総大将として原城に結束し、籠城しました。幕府軍は約 12 万 6 千人の兵力を動員して一揆勢を攻撃しました。籠城した一揆勢は幕府軍との壮絶な大激戦の末、年齢や性別を問わず、戦闘に関わらなかった子供や女性を含め全滅したと伝えられています。

完全に廃墟となった原城では、十字架、メダイ（メダル）、ロザリオの珠といったキリシタン関連の信心具が遺品として大量に出土しました。小説家・遠藤周作の名著『沈黙』に記載されているように、この戦闘はキリスト教に対する迫害の幕開けでありかつ最も過酷なものでした。島原の乱を契機に、長崎は本格的な「潜伏キリシタンの時代」に入ったのです。

大浦天主堂と信徒発見

大浦天主堂は長崎市の南部、長崎港に面した高台にあり、日本に現存する最古の木造教会です。建築設計はフランスのプティジャン神父（1829-1884）、施工は天草出身の棟梁・小《こ》山《やま》秀《ひで》之《の》進《しん》です。1865 年（慶応元年）献堂式の直後、長崎の浦上村から十数人の潜伏キリシタンが教会を訪れ、そのうちの 1 人がプティジャン神父に近づき、「私たちはあなたと心をひとつにしています」と言い、彼らの秘密の信仰を明らかにしました。国内では依然としてキリスト教の取り締まりが厳しい最中にも関わらず、潜伏キリシタンはカトリック宣教師と面と向かい合いました。この出会いは潜伏キリシタンにとっても約 250 年間もの間待ちわびた神父を発見した瞬間でした。大浦天主堂下の中庭には、東洋の奇跡と言われる「信徒発見」（the Discovery of Hidden Christians）を記念する銅製レリーフがあります。大浦天主堂の当時の宣教師らは、キリスト教徒に対する残忍な迫害を知り、欧米諸国の在日領事にこのような迫害を停止するように働きかけました。フランス、ポルトガル、アメリカの領事は日本政府の行う非人間的な政策に強く抗議しました。1873 年（明治 6 年）には明治新政府はキリスト教禁制の高札を撤去して解禁とし、全信徒を釈放しました。江戸時代初期から明治初期に至る約 250 年間に及んだ日本における「キリスト教への弾圧政策」は終焉を告げました。1889 年（明治 22 年）の明治憲法では「信教の自由」が公認されました。

平戸島

平戸島（the Hirado Island）は外国貿易のために門戸を開いた日本最初の港です。早くから西欧や中国の文化を取り入れ、キリシタン文化の影響を受けた島です。この島には聖フランシスコ・ザビエルの平戸来訪を記念して 1931 年（昭和 6 年）に建てられた平戸ザビエル記念教会（Hirado St. Xavier Memorial Church）があります。また殉教と関連のある潜伏キリシタンの遺構がこの島に散在しています。

五島列島

五島列島（the Goto Islands）には、多くの入江（inlet）、海峡（strait）、絶壁（cliff）、

それに温泉をもつ5つの主要な島と、約150の小島（islets）があります。この諸島にも、江戸時代以降は多くの潜伏キリシタンが住んでいた村落があります。

Q&A 60 平和祈念像

Q ブロンズの平和祈念像は、何を訴えているのですか。**What does the bronze *Peace Statue* represent?**

A The bronze *Peace (Memorial) Statue* has one left arm extending horizontally and the other right arm pointing to the sky. The left arm stretching to the horizon symbolizes world peace, and the other right pointing skyward indicates the threat of atomic destruction [the harm of nuclear power]. The closed eyes show the prayer for the peaceful repose of the victims of the A-bomb blast. The 9.7-m-high statue sitting on a 4-m-tall pedestal, made by Kitamura Seibo in 1955, is a memorial to the victims of the atomic bomb.

This statue stands in Nagasaki Peace Park, which was built at the exact site of the epicenter of the atomic bomb blast of August 9, 1945. This Peace Park including the bronze Peace Statue serves as reminder of that fateful day and a warning about the destructiveness of the atomic bomb.

【主旨】

ブロンズの「平和祈念像」の左腕は水平に伸び、右腕は天を指しています。水平に伸びる左腕は「世界平和」を象徴し、天を指す右腕は「原爆の脅威」を示しています。閉じた目は、「原爆犠牲者の冥福を祈る姿」です。4メートル高さの台座に座る9.7メートルの像は、1955年（昭和30年）に完成した北村西望氏（1884-1987）の作品であり、原爆被害者に捧げる記念碑です。

この像は、1945年（昭和20年）8月9日に投下された原爆の爆心直下地に造られた長崎平和公園にあります。ブロンズの平和祈念像を含め、この平和公園は、あの運命の日を追想するもの、また原爆の破壊力に対する警告として今に至っています。

Notes

- □ **horizontally** 水平に
- □ **threat** 脅威
- □ **peaceful repose** 冥福、安らかな休息［眠り］
- □ **victim** 犠牲者、被爆者
- □ **pedestal** 台座
- □ **epicenter** 直下地、爆心地
- □ **fateful day** 運命の日
- □ **warning** 警告

Q&A 61　日本 26 聖人殉教地

Q 日本 26 聖人殉教地とは、どのようなものですか。**What is the *Site of Martyrdom of the 26 Saints of Japan*?**

A This is a monument dedicated to the saints with statues of the 26 martyrs carved in stone relief, which was erected in Nishizaka Park in 1962. The memorial wall depicts the 6 foreign Catholic priests and friars and 20 Japanese Christians who were crucified here in 1597. Among them were two young boys of just 12 and 13 years of age. If they had renounced their faith, they might have been spared. However they chose to die on the cross. The 26 martyrs were named saints by the Pope in 1862.

【主旨】

石の浮き彫り細工で彫刻された 26 殉教者の聖人に捧げられた記念碑で、1962 年（昭和 37 年）に西坂公園に建てられました。記念壁には、1597 年（慶長 2 年）に当地で十字架に架けられ処刑された外国人のカトリック神父と修道士 6 人、そして日本人のキリスト教信者 20 名が描かれています。中には、弱冠 12 歳と 13 歳の少年も加わっていました。信仰を捨てれば生命は救われたにもかかわらず、十字架上での死を選びました。26 人の殉教者は、1862 年（文久 2 年）教皇から聖人の列に加えられました。

Notes

- □ **martyr** 殉教者
- □ **stone relief** 石造の浮彫細工
- □ **erect** 建立する
- □ **priest**（カトリックの）司祭、神父 ☆会話の中では father の単語を用いる。
- □ **friar**（カトリックの）修道士。☆会話の中では brother を用いる。
- □ **renounce one's faith** 信仰を捨てる
- □ **spare**（人の命を）助ける、助命する
- □ **the Pope** 教皇（=the Holy Father）

コラム❷

潜伏キリシタンと隠れキリシタン

「キリシタン」（切支丹）という言葉は、ポルトガル語の “Christao” に由来します。戦国時代の1549年（天文18年）にフランシスコ・ザビエル（Francisco de Xavier: 1506-1552）が来日し、キリスト教が伝来してから明治初期の1873年（明治6年）にキリスト教が解禁（remove [lift] the ban on Christianity）されるまでの期間における「キリスト教信者」または「キリスト教」を指す歴史的呼称です。英語で Christian, Christianity と言います。

■潜伏キリシタン a hidden Christian

「潜伏キリシタン」とは、1614年（慶長18年）江戸幕府によるキリスト教の「禁教令」（the edict of a ban on Christianity）から1873年（明治6年）明治新政府によるキリスト教の「解禁令」（the removal of a ban on Christianity）までの約250年間において、密かにキリスト教の信仰（Christian faith）を保持し続けた人々のことです。フランシスコ・ザビエルによるキリスト教（カトリック）の伝来に伴い、キリスト教信仰が日本各地に広まりました。豊臣秀吉による「宣教師の国外追放令」（the order banishing missionaries from the country）と徳川幕府による「キリスト教禁教令」において多数のキリスト教徒が迫害（persecution）され、殉教（martyrdom）に追い込まれました。特に長崎と天草地方における「絵踏」（the stamping [trampling] on a picture [tablet] bearing an image of Christ or the Virgin Mary to prove that they are not Christians. キリシタンでないことを証すためイエス像あるいはマリア像のある絵（踏絵）を踏ませること）の渦中においてもキリスト教の信仰を捨てることはありませんでした。表向きは仏教の檀家（Buddhist parishioners）または神道の氏子（supporters of a Shinto shrine）を装いながら、密かに「オラショ」（祈り）を唱え、クルス（十字架）、聖画像、ロザリオなどの信心具を秘蔵し、人知れずキリスト教の信仰を保持し続けました。

■隠れキリシタン a secret Christian; an underground Christian

1873年（明治6年）にキリスト教が解禁されたとき、長崎近郊と天草地方では多数の潜伏キリシタンが宣教師の指導の下に入り、カトリック教会に復帰（return to Catholicism）しました。しかし宣教師の指導に入らず、引き続き禁教時代の独特な信仰形態を保持し続けた人々がいました。彼らは長年、司祭不在のまま自分たちだけの信仰形態を守り、カトリック教会に戻ることなく、先祖代々受け継いできた土着の信仰生活に溶け込んだ民族宗教を守りました。先祖が大事にしてきたものを自分の代で絶やすことなく守り続けるのは子孫の大切な務めだと考えたのです。このような人々は「隠れキリシタン」（別称「カクレキシタン」）と呼ばれています。現在では、長崎市外海地域・生月島《いきつき》・五島列島の一部に少し残留するのみです。

「隠れキリシタン」は、ユネスコ世界遺産「長崎と天草地方の潜伏キリシタン関連遺産」の構成資産には含まれていません。

第22章
美しいサンゴ礁に囲まれた島・沖縄

サンプルダイアローグ

Guide: As you know, this island has many sites from the **bloodiest battlefield** of the Second World War, and many soldiers and civilians lost their lives there.

Tourist: I've read a magazine article describing the "**Himeyuri-no-to**" (Star Lily-of-the-Valley Tower), which is dedicated to the senior high school girls and their teachers who died on the island as Japan's defeat became inevitable.

Guide: I'll show you some places now located in the Okinawa Scene of Old Battle Quasi-National Park, the site of the last Japanese defense in the Second World War. Many people come to pay their respects to the deceased in this memorial park full of war monuments.

Tourist: We ought to include the motto of "No more Okinawas" in our prayers for peace.

Guide: Right. While in Okinawa, you should not miss visiting **Shuri(-jo) Castle**, which was originally built around the 14th century and established in the 15th century. You can discover the beauty of **the ancient Ryukyu Dynasty** in its appearance. This castle was designated as a World Heritage Site in 2000. Unfortunately, the main building of Shuri(-jo) Castle, a symbol of Okinawa Prefecture, was destroyed in a fire in 2019. The government aims to restore the Seiden Main Hall by 2026 after embarking on full-fledged reconstruction in 2022.

Tourist: Can I see the "**Gate of Courtesy**," which is known as the ceremonial approach to this castle?

Guide: Sure. It is known as a symbol of Okinawa and a fine example of traditional Ryukyu architecture.

Tourist: That's nice. Okinawa also has many splendid seascapes and beautiful **subtropical plants**, doesn't it?

Guide: Yes. And, as you know, Okinawa is blessed with a beautiful natural environment with coral reefs as well as many varieties of subtropical fish and plants.

Tourist: I guess there are many kinds of Ryukyuan cultural heritage unique to Okinawa.

Guide: Yes, a lot. For example, you can see ***Bingata*, an Okinawan fabric** dyed in bright colors with characteristic designs of flowers, birds, mountains and water. You can also enjoy a rich variety of traditional arts, such as Ryukyuan dance accompanied by *sanshin* music, local folk songs and instrumental music.

Tourist: That sounds fun!

ガイド：ご存じのように、この島には第二次世界大戦の**激戦地**が数多くあり、多くの兵士と市民が尊い命を失った場所でもあります。

観光客：敗戦は免れないとして現地で亡くなった女子高生とその教師に捧げられた「**ひめゆりの塔**」(⇒ Q&A 63) に関する雑誌記事を読んだことがあります。

ガイド：沖縄戦跡国定公園にある場所をいくつか紹介しましょう。ここは、第二次世界大戦中に日本の最後の砦となった場所です。戦争記念碑が多数並ぶ公園には、死者に対して敬意を表すために大勢の人が訪れます。

観光客：平和への祈りには、“No more Okinawas”（★キーワード参照）の標語を入れる必要がありますね。

ガイド：その通りです。沖縄滞在中には、14 世紀頃に創建され、15 世紀に開設された**首里城**を是非訪れてみてください。**古代琉球王朝**の美しさを見ることができますよ。この城は 2000 年（平成 12 年）には日本の世界遺産として登録されました。残念なことに沖縄県のシンボルである首里城の本館は、2019 年（令和元年）火災で破壊されました。政府は 2022 年（令和 4 年）に本格的な再建に着手し、2026 年までの正殿の修復を目指しています。

観光客：この城への公式楼門である「**守礼門**」(⇒ Q&A 62) も見られますか。

ガイド：もちろんです。この門は沖縄のシンボル的な存在であり、また伝統的な琉球建築の粋を極めたものとして知られています。

観光客：素晴らしいですね。沖縄には、海辺の絶景と美しい**亜熱帯植物**もありますよね。

ガイド：そうです。ご存じのように、沖縄は多種多様な亜熱帯の魚類や植物、珊瑚礁のある美しい自然環境に恵まれています。

観光客：沖縄には、独特の琉球文化遺産もたくさんあると思うのですが。

ガイド：はい、多数ございます。例えば、**沖縄の染物「紅型」**があります。花、鳥、山河などの独特のデザインを施し、明るい色合いで染め上げたものです。他にも、三線音楽や、民謡や楽器で伴奏された琉球舞踊といった様々な伝統芸術が楽しめますよ。

観光客：おもしろそうですね。

アテンドの知識

「メンソーレ、沖縄」(Welcome to Okinawa.)

沖縄といえば、世界でも類をみない亜熱帯魚(subtropical fish)や亜熱帯植物(subtropical plants)、さらにはサンゴ礁(coral reef)の海と大小100余の島々に囲まれた、美しい自然環境に恵まれた地上の楽園。その沖縄の歴史を少し振り返ってみましょう。

琉球王国の城跡、首里城

15世紀頃の沖縄には琉球王国(the Ryukyuan Kingdom)があり、中国・朝鮮・東南アジア諸国との貿易で栄えていました。その後、明治時代には「沖縄県」が生まれました。第二次世界大戦の激戦地(the bloodiest battlefield)であった沖縄は、戦後米国の占領下に置かれましたが、1972年(昭和47年)に沖縄の日本復帰(the return of Okinawa to Japan)が実現しました。3年後の1975年(昭和50年)に沖縄国際海洋博覧会(Okinawa International Oceanic Exposition)が開幕し、世界の注目を浴びました。沖縄戦で焼失した首里城(Shuri Castle)の正殿も1992年(平成4年)には沖縄本土復帰20周年を記念して復元されて色鮮やかによみがえり、一般公開されるようになりました。しかし、2019年(令和元年)10月31日に首里城の正殿を含む8棟が火災により被害を受けました。現在、2026年の首里城正殿復元に向け、復興が進められています。首里城の空間的配置は北京の紫禁城(the Forbidden City)に代表される中国の宮殿様式と非常に似ており、中国との親密な関係がしのばれます。(⇒第2部「日本の世界遺産」Q&A 84)

平和記念の地としての沖縄

沖縄海洋博の跡地に造られた海洋博公園と復元された首里城を中心とする首里城公園(Shuri Castle Park)がある国営沖縄記念公園(Okinawa Commemorative National Government Park)は、世界の観光客を集めています。また多くの人が沖縄戦跡国定公園(Okinawa Old Battlefield Quasi-National Park)には必ず足を向けますが、中でも沖縄平和祈念公園(Okinawa Memorial Peace Park)には慰霊碑(a cenotaph)や慰霊塔(a memorial tower (dedicated to the unknown war dead))が数多く建てられ、屏風状の石碑に戦没者の名(約24万)が刻まれた「平和の礎《いしじ》」(the Cornerstone of Peace; the Peace Memorial Stone)には今も身内の名前を探す遺族の姿が見られます。世界中に知られている「ひめゆりの塔」(⇒Q&A 63)は、日本の敗北が近づいたとき当地で尊い生命をささげた、女学生とその教師で結成された従軍看護婦の慰霊碑(a cenotaph dedicated to the dead students and teachers)です。戦後約80年を経た現在でも線香や献花が絶えることがありません。ひめゆり平和祈念資料館(the Himeyuri Peace Museum)では、ひめゆり学徒の展示とともに、その体験が語られ、聞く人の心を揺さぶります。

2000年の初夏、世界の首脳が一同に会する「九州・沖縄サミット」が沖縄名護市で開催されました。東京ではなく、沖縄での開催に意義がありました。沖縄で経験した戦争の悲劇(the war tragedy)を繰り返してはいけないことを、世界の人々にもう一度訴える必要があり、その重要性は今日益々高まっていると言えます。

サンゴ礁の海と玉泉洞

沖縄本来の観光の特色は、なんと言っても美しいエメラルドグリーンの海とサンゴ礁（coral reef）に囲まれた日本のトロピカルゾーンでしょう。ここの海は、深さによって青からエメラルド色、濃い紺色と多様に変化します（It changes in color from blue to emerald and deep indigo depending on its depth.）。また清流の流れる美しく壮観な鍾《しょう》乳《にゅう》洞《どう》（stalactite cave）である玉泉洞（Gyokusendo Cave with spectacular limestone formations）も見逃すことができません。全長 5 キロメートルにも及ぶ洞窟内にある無数の石筍《せきじゅん》（stalagmites）は東洋一であり、100 万以上の鍾乳石《しょうにゅうせき》（stalactites）も必見です。

伝統工芸の紅型、天然記念物イリオモテヤマネコ

沖縄の伝統工芸の代表格は「紅型《びんがた》」（cloth dyed in colorful patterns）です。これは 400 年の歴史をもつと言われ、一枚の型紙から多彩な模様を染め分けて作る織物です。

九州の南端と台湾との間の約 1,200 キロに及び連なる諸島からなる沖縄県は、世界でも珍しい国の特別天然記念物「イリオモテヤマネコ」（the Iriomote wild cat）の生息地である西表《いりおもて》島、島の多くがサトウキビ畑（sugarcane field）で覆われる石垣島など変化に富んだ観光地です。沖縄リピーター（★キーワード参照）が多いのもうなずける気がします。

組踊

「組踊」（*Kumiodori*, Traditional Okinawan Musical Theatre）は沖縄の伝統的な音楽とせりふや所作で展開される歌舞劇です。2010 年（平成 22 年）にユネスコ無形文化遺産として登録されました。三線を弾きながら、抑揚をもって登場人物の心情を切々と歌いあげます。

守礼門

Q&A 62 守礼門

Q 守礼門とは、どのような門ですか。**What is *Shurei-mon*?**

A *Shurei-mon*, the Gate of Courtesy, is the ceremonial entrance gate on the main approach to the Imperial Shuri(-jo) Castle. It was originally built early in the 16th century to display a tablet inscribed "Shurei-no-kuni," which means "The Nation that Keeps Peace," sent by the Chinese emperor. The structure was destroyed during the Second World War, but it was restored in 1958, following its original plans. Although it looks like Chinese architecture, it is truly representative of Ryukyuan style and can be seen nowhere else in the world.

As the graceful gate is now considered the tourist symbol of Okinawa, tourist groups never fail to line up to take an souvenir picture in front of it. The picture of this gate can be seen on the Japanese 2000-yen note as well.

【主旨】

守礼門は、首里城へ通ずる公式楼門です。この門は、中国皇帝から賜った「平和を守る国」という意味の「守礼之邦」が刻まれた額を掲げるため 16 世紀初頭に創建されたものです。建造物は、第二次世界大戦時に破壊されましたが、1958 年（昭和 33 年）、原形に似せて復元されました。中国建築のように見えますが、実際は、琉球様式の代表的なもので、世界に類するものはありません。

今ではこの優雅な門は沖縄の観光シンボルとなり、観光客の団体は必ずといってよいほど、この門の前に並んで記念写真を撮ります。この守礼門の絵は、2 千円札の中にも見られます。

Notes

- □ **approach** 参道、進路 ▶approach leading to the shrine 神社への参道
- □ **restore** 復元する
- □ **be representative of** ～を代表する
- □ **never fail to** 必ず～する

Q&A 63 ひめゆりの塔

Q ひめゆりの塔をご紹介ください。**Could you tell me about *Himeyuri-no-to*?**

A *Himeyuri-no-to* (literally Star Lily-of-the-Valley Tower) is a cenotaph established to commemorate the death in battle of senior high school girls and their teachers. It was built by their alumni after the end of World War II.

The Japanese army organized a corps of 240 field hospital nurses on 23 March 1945 when the American army invaded Okinawa. Most of nurses were local senior high school girls and their teachers. When they were trapped by the American advance, they could not escape from the underground shelter at all. They committed suicide here with hand bombs [grenades] in a group after they put on senior high school uniforms and sang their school songs. Most of them died a glorious death here and only a few nurses survived the war.

The memorial story describing the tragedy of the war became well known in novels and movies at home and abroad.

【主旨】

ひめゆりの塔は、女子高校生とその教師たちの戦死を記念して建てられた慰霊碑です。第二次世界大戦後、同窓生の手で慰霊碑がつくられました。

米軍が沖縄に侵入した 1945 年（昭和 20 年）3 月 23 日に、日本軍は、240 名の野戦病院の看護婦団を結成しました。その看護婦の大部分は、女子高校生とその教師たちでした。米軍の進入で行き詰まった彼女たちは、地下壕から逃れることはまったく不可能でした。そこで彼女たちは白衣を制服に着替え、校歌を歌いながら手榴弾《しゅりゅうだん》で一緒に自決したのです。彼女たちのほとんどは戦死し、戦争で生き残った看護婦はわずかでした。

戦争の悲惨さを伝えるこの話は、小説や映画を通して国内外で知られるようになりました。

Notes

- ☐ **cenotaph**（戦死者の）慰霊碑
- ☐ **commemorate** 記念する
- ☐ **alumni**（alumnus の複数形）同窓生
- ☐ **corps** 部隊、軍団（=army corps）
- ☐ **invade** 侵攻する、侵入する
- ☐ **trap** 捕捉される、捕えられる
- ☐ **advance**〈軍事〉先遣部隊
- ☐ **commit suicide** 自決する、自殺する
- ☐ **survive** 生き残る

キーワード

★ノーモア・オキナワ　No more Okinawas

「沖縄の悲劇を二度と繰り返すな」

「ノーモア・ヒロシマ」の英語、No more Hiroshimas.（複数形に注意）のフレーズは「もう二度と広島の惨劇は繰り返すな」という意味である。ここでは広島（固有名詞）という「都市」ではなく「広島が受けたような悲劇」という普通名詞的意味になる。No more Hiroshma.（単数形）とすると「もはや広島は存在しない」また「広島なんかなくなってしまえ」という意味になってしまうので注意が必要。

☆ No more ~「〜はもうたくさんだ」。

★リピーター

日本では、「何回も繰り返して」経験する「旅行者」(frequent traveler)、「飛行機利用者」(frequent flyer) または「ホテル宿泊者」(frequent hotel stayer) の人を指すときに「リピーター」を用いるが、英語の repeater には「常習犯、留年生」等の意味がある。そのため repeater の用語を避けて、次のように表現する方がよい。

He goes [flies] abroad frequently.

He often stays at the hotel.

沖縄リピーターについては、Many tourists often visit Okinawa. / Many people make frequent trips to Okinawa. などとも言える。

シーサー

第23章
日本三景のチャンピオン・松島

サンプルダイアローグ

Tourist: The other day I saw a picture of beautiful "Matsushima."

Guide: As you may know, **Matsushima** is one of the Three Most Scenic Spots in Japan, along with Miyajima in Hiroshima and Amanohashidate in Kyoto.

Tourist: Is that so?

Guide: Yes, sir. Matsushima boasts a scenic bay dotted with numerous small, pine-clad islands and quiet beaches.

Tourist: That sounds nice.

Guide: Many of the islands in Matsushima Bay feature unique shapes caused by **erosion**. Some have caves, tunnels and archways that have been hollowed out by the sea.

Tourist: The sea and the pine-clad islets present a beautiful blue and green contrast, don't they?

Guide: Yes. You can see a small wooden **worship hall** called "**Godaido**" on a tiny islet connected to the shore by a short arched bridge.

Tourist: That *Godaido* Hall perched on the islet in the picture is the best-known symbol of Matsushima, isn't it?

Guide: Yes, that's right. Despite its exposed location, the *Godaido* Hall did not suffer any major damage in the Great East Japan Earthquake and Tsunami on March 11, 2011.

Tourist: That was lucky. By the way, can you visit the small villa located on the rocky cliff?

Guide: Yes, you can. That villa called "**Kanrantei**" serves as a **genteel venue** for moon-viewing and includes a tea ceremony house.

Tourist: Really? I'd like to stop by there to drink Japanese tea.

Guide: Sure, why not? You have another famous place to visit before leaving Matsushima Bay.

Tourist: What is that?

Guide: "**Zuigan-ji Temple,**" a representative Buddhist temple, which was founded in 828. The present building was reconstructed in 1604 by warlord Date Masamune as the Date clan's **family temple**.

Tourist: How long does it take to get there?

Guide: Not so long. Just a few minutes from “Godaido” Hall.

Tourist: I see.

Guide: There you can appreciate several gorgeous carvings and paintings that reflect the brilliant artistry of the early 17th century.

観光客：先日、美しい「松島」の写真を見ました。

ガイド：ご存じのように、**松島**（⇒ Q&A 64）は、広島の宮島・京都の天橋立と並ぶ日本三景の 1 つになっています。

観光客：そうなのですか。

ガイド：はい。松に覆われた小島の点在する美しい湾と、静かな海岸を誇りにしているのです。

観光客：素敵ですね。

ガイド：松島湾にある島の多くが、**海食**によってユニークな形をしています。その中には、海水によって穴をあけられた洞窟やトンネル、アーチ門などもあります。

観光客：松に覆われた島と海は、緑と青の美しいコントラストを見せていますね。

ガイド：はい。アーチ型の短い橋で海岸とつながる小島には「**五大堂**」と呼ばれる小さな木造の**礼拝堂**が見えます。

観光客：写真に映っていた小島にある五大堂は、有名な松島のシンボルですね。

ガイド：その通りです。危険にさらされた地にありながら、2011 年（平成 23 年）3 月 11 日の東日本大地震と津波の大きな被害から免れました。

観光客：よかったですね。ところで、岩の崖にある、あの小さな別荘に行くことができますか。

ガイド：はい、大丈夫です。あの別荘は「**観瀾亭**」と呼ばれ、月見を行う**高貴な場所**です。中には茶室もありますよ。

観光客：本当ですか。是非そこで日本茶を頂きたいですね。

ガイド：もちろん、行きましょう。松島海岸を離れる前に、訪れるべき有名な観光スポットがもう 1 つあります。

観光客：どんなところですか。

ガイド：828 年（天長 5 年）に建立された、代表的な仏教寺院「**瑞巌寺**」（⇒ Q&A 65）です。現存する建物は、1604 年（慶長 9 年）に武将伊達政宗によって、伊達家の**菩提寺**として再建されたものです。

観光客：そこまではどれくらいかかりますか。

ガイド：それほど遠くありません。五大堂から数分ほどです。

観光客：そうですか。

ガイド：17 世紀初頭の素晴らしい芸術性がしのばれる、豪華な彫刻や絵画をいくつか鑑賞することができます。

アテンドの知識

「松島や、ああ松島や、松島や」(Matsushima, Ah! Matsushima! Matsushima!) 俳人松尾芭蕉 (1644-1694) が松島の景勝地 (scenic spots; picturesque sites) について詠んだという逸話がありますが、実際は後世の狂歌師の作と言われます。日本人なら無言のうちに鑑賞できる一句ですが、英語でどのように通訳すればよいのか戸惑います。

松島

松島の湾に浮かぶ大小 260 余の島々 (the pine-covered islands of Matsushima Bay) には枝ぶりの良いクロ松・アカ松が盆景 (a miniature potted tree or plant) のような風光をみせ、芭蕉に「松島は扶《ふ》桑《そう》(=日本の異名) 第一の好風 (=良い景色の意味) にして…」と言わしめた自然美の極致《きょくち》(the acme [ideal perfection] of natural beauty) です。

五大堂

五大堂は松島湾を背景に立つ松島のシンボルです。慈《じ》覚《かく》大師 (794-864) が瑞巌寺守護のために木造の「五大明王」(five Buddhist deities represented with a fierce glaring countenance) を安置したことから五大堂と呼ばれています。現在の建物は伊達政宗 (1567-1636) が改築したもので、約 400 年の歳月を刻む優雅な桃山建築の様相を残し、国の重要文化財 (Important Cultural Asset [Property]) となっています。

松島灯籠流し花火大会 (lantern-floating and fireworks) は、毎年 8 月 15・16 日の夜に行われ、約 700 年の歴史をもつと言われています。この夜は色とりどりの灯籠が松島湾に浮かび (small paper lanterns containing lighted candles that are floated on water)、1 万発以上もの花火が夜空を照らします。1 万個近くの灯籠が島々の間を浮かぶさまは幻想的で、観光客を魅了します。

瑞巌寺

瑞巌寺 (Zuigan-ji Temple) は 828 年 (天長 5 年) に禅師・慈覚大師 (円仁) が開いた古《こ》刹《さつ》(an old temple) で、伊達家の菩提寺 (the family temple where memorial tablets of one's ancestors are kept) でもあります。瑞巌寺は鎌倉建長寺派の禅宗 (★キーワード参照) 寺院でしたが、現在は臨済宗妙心寺派へと変遷しました。桃山時代の代表的な建築であるこの寺には絢爛豪華な襖《ふすま》絵《え》(pictures painted on sliding doors) や国宝級の遺構 (remains) が数多く残され、伊達家の文化と美が結集された東北随一の禅寺 (Zen Temple) として今に至っています。「動」(dynamic; motion) の松島と「静」(static; stillness) の瑞巌寺のコントラストが実に見事です。

仙台と伊達政宗

伊達政宗は安土桃山から江戸初期にかけての武将 (feudal warlord; military commander) というだけではなく、和歌、絵画、茶道への造詣が深い人物でした。外国との交流も盛んにし、支倉常長《はせくらつねなが》(1571-1622) をローマに派遣したことは有名で、ヨーロッパではよく知られています。現在のグローバルな時代でこそ海外交流は日常的ですが、当時としては非常に珍しいことでした。

松島から仙台市に入ると、仙台藩主であった伊達政宗を祀る霊廟《れいびょう》である瑞鳳殿（Zuihoden, the mausoleum of Lord Date Masamune）を拝観することができます。瑞鳳殿は、典型的な桃山様式の威風を伝える荘厳華麗な建築物です。ホトトギスの初音を聞きに訪れた政宗公がここを墓所とするように自ら指定しました。今は、老杉に包まれた静寂の中に伊達政宗が眠っています。

仙台城跡（the Sendai Castle ruins）は通称「青葉城」と呼ばれ、1603年（慶長8年）にここ青葉山に伊達氏の居城として政宗が築城しました。建物は火災で焼失しましたが、本丸城壁の苔むした石垣と復元された大手門の「隅櫓《すみやぐら》」（a corner turret）は往時を偲ばせてくれます。伊達政宗のブロンズの騎馬像（a bronze Statue of Date Masamune mounted on his horse）は、この山に建っています。山頂に立てば、天下取りの野望に燃えた政宗公と同じ視線で、仙台市街と遠くに見られる太平洋の景色が一望できます。

震災を乗り越えて

2011年（平成23年）3月11日に発生した観測史上最大の東日本大震災（Great Eastern Japan Earthquake）では、仙台は最大震度6強を記録し、沿岸部を襲った巨大津波（Huge Tsunami [tidal wave]）によって未曾有の大災害を受け、10万人以上を超える避難者が発生しました。しかしながら、厳しい試練を乗り越えて復興へと歩み続ける仙台は、2014年（平成26年）ソチオリンピック男子メダリスト（羽生結弦）の世界1位、また2013年（平成25年）日本野球界で低迷を続けていた球団（楽天イーグルス）の日本1位を生み出し、東北の底力を垣間見せることができました。仙台人の「底力《そこぢから》」（potential power; latent energy; real ability）という合言葉は、被災した人々を大きく勇気づけました。

仙台城跡の
伊達政宗像

Q&A 64 松島海岸

Q 松島を紹介してください。**Could you tell me about *Matsushima*?**

A *Matsushima* is one of the three most scenic spots in Japan, along with *Miyajima* in Hiroshima and *Amanohashidate* in Kyoto. More than 260 pine-covered islands and islets are scattered in the scenic bay, which gives it the appearance of a giant pond in a Japanese landscape garden, when seen from a distance. Each of the islets is a distinctive unique shape that is the result of erosion by the sea. Some of them have caves, tunnels and archways that have been hollowed out by the sea. The sea and the pine-clad islets present a beautiful contrast blue and green.

The famous haiku poem "Matsushima, Ah! Matsushima! Matsushima!" is said to have been composed by Tawarabo, a writer of the Japanese comic and satirical *tanka* poem (*Kyokashi*) in the late Edo period. It is almost as if he were at a loss for words in expressing Matsushima's beauty.

【主旨】

「松島」は、広島の「宮島」、京都の「天橋立」と並び、日本三景の１つとされる名勝です。260 余に及ぶ松の木に覆われた大小の島々は、風光明媚な湾に浮かび、遠方から見れば、日本庭園の風景の中に巨大な池があるかのような趣を呈しています。どの小島も、海食の結果個性的でユニークな形をしています。島によっては、海水によって穴のあいた洞窟、トンネルそしてアーチ道があります。海と松に覆われた島には、青と緑の美しいコントラストが見られます。

有名な俳句「松島や、ああ松島や、松島や」は江戸時代後期の狂歌師、田原坊の作と言われています。松島の美しい景観を表現する言葉に当惑する姿が浮かびます。

Notes

☐ **scatter** 散在する

☐ **distinctive** 個性的な、独特の

☐ **be at a loss** 迷う、当惑する (=be perplexed)

Q&A 65 瑞巌寺

Q 瑞巌寺とは、どのようなお寺ですか。**What is *Zuigan-ji* Temple?**

A *Zuigan-ji* Temple is located just a few minutes' walk away from Matsushima beach. It is the most representative Zen Buddhist temple in the Tohoku region. It was founded by Jikaku-daishi in 828, but the present building was reconstructed in 1604 and completed in 1609 by Date Masamune as the family temple of the Date clan.

Inside the pathway leading to the temple are natural caves and grottos filled with Buddhist images which were dug out by Buddhist priests long ago. These caves and grottos are used for practicing *zazen* (sitting in silent religious meditation to awaken the truth and acquire serenity of mind). The main hall of this temple now houses several carvings and paintings on the sliding panels that reflect the brilliant artistry of the early 17th century. Of special interest is a famous pair of cut-glass candlesticks given by Pope Paul V to Hasekura Tsunenaga, Masamune's envoy to Rome.

【主旨】

松島海岸から歩いて数分の所にある「瑞巌寺」は、東北地方随一の禅寺です。瑞巌寺は、828 年（天長 5 年）慈覚大師が開創しましたが、現在の建物は伊達政宗によって伊達家の菩提寺として 1604 年（慶長 9 年）に再建され、1609 年（慶長 14 年）に完成しました。

寺院の参道にある小道には、昔仏僧が掘った仏像が配置された自然の岩窟（境内にある法身窟）があります。この岩窟は、「座禅」（＝真理に目覚め、心の平静を得るために座して瞑想する）の修業のために使用されました。寺院の本堂には現在、17 世紀初頭の輝かしい芸術性がしのばれる彫刻や、襖の絵画が納められています。特に関心を寄せられるものとして、正宗がローマに派遣した支倉常長にパウロ 5 世教皇が賜った有名な一対のカットグラス燭台があります。

Notes

- □ **grotto**（小さな）洞窟、岩屋（=cave）
- □ **dug out** dig out（掘り出す）の過去形・過去分詞形
- □ **sliding panel** 襖
- □ **Pope** 教皇

キーワード

★禅宗　Zen-shu is Zen Buddhism, or the Zen sect of Buddhism which was founded early in the 6th century in India by Bodhidharma who is believed to have continued meditating in a sitting posture for nine years.

Zen Buddhism was introduced into Japan in the 12th and 13th century. The present Zen Buddhism are brought into Japan by Eisai (the Rinzai-shu sect), by Dogen (Soto-shu sect) and by Ingen (Obaku-shu sect). In Zen Buddhism, enlightenment, or spiritual awakening, is attained through personal experience by means of a deep and silent meditation. Zen Buddhism had a great influence on Japanese culture, such as the tea ceremony and flower arrangement.

「禅宗」は9年間座り続けて修業したと言われる菩提達磨《ぼだいだるま》によって、6世紀初頭インドで開基された。禅宗は、12・13世紀に日本へ伝えられた。現在の禅宗は、栄西（臨済宗)、道元（曹洞宗)、そして隠元（黄檗宗）によって日本へ伝えられた。禅宗では、深い静かな瞑想による個人的な経験を通して悟り、すなわち精神的な覚醒の境地に至るのである。禅宗は、茶道や華道といった日本文化に多大な影響を及ぼした。

第24章
北国の夏が燃える東北三大祭り

サンプルダイアローグ

Guide: Are you interested in Japanese festivals?

Tourist: Yes, very much.

Guide: I'd like to tell you about the three biggest festivals of the Tohoku region.

Tourist: That would be great.

Guide: First of all, there's the "**Nebuta Matsuri**," or Float Festival, held from August 2 through 7 in Aomori Prefecture.

Tourist: What's special about this festival?

Guide: It features a gala parade of illuminated "Nebuta," or giant figures of **legendary heroes**, and large models of animals and birds mounted on festive floats.

Tourist: I see.

Guide: In Akita Prefecture, there is the "**Kanto Matsuri**," or Kanto Lantern Festival, held from August 3 through 6.

Tourist: What does "Kanto" mean?

Guide: It's a long bamboo pole that has nine horizontal bars attached to it. Forty-six lanterns are hung on both sides of the swinging bars to represent abundant crops of rice. The festival features a parade of young men in colorful attire who skillfully balance huge "kanto."

Tourist: How can they possibly do that?

Guide: Good question. They balance the "kanto" on their shoulders, foreheads, hips, and chins without using their hands. They demonstrate skillful balancing techniques to the accompaniment of fast-beating drums and high-pitched music of flutes.

Tourist: That sounds interesting.

Guide: In Miyagi Prefecture, the "**Sendai Tanabata Matsuri**," or Star Festival, is observed from August 6 through 8. Such Star Festivals are held all over Japan. However, the one in Sendai is the grandest of all, and features a variety of huge colorful **streamers** that decorate the main street of the city.

Tourist: I'm looking forward to seeing these festivals very much.

ガイド：日本のお祭りに興味がありますか。
観光客：とても興味があります。
ガイド：東北三大祭りをご案内しましょう。
観光客：うれしいです。
ガイド：まず、8 月 2 日から 7 日にかけて青森県で行われる「**ねぶた祭**」(⇒ Q&A 66) についてお話します。
観光客：このお祭りの主な特徴はなんですか。
ガイド：明かりをつけた「ねぶた」行列があることです。ねぶたとは、山車の上にのせる巨大な飾り人形で、**伝説上の英雄**や動物、鳥類などの形をしています。
観光客：なるほど。
ガイド：秋田県には、8 月 3 日から 6 日にかけて行われる「**竿灯祭**」(⇒ Q&A 67) があります。
観光客：“Kanto” とはどんな意味ですか。
ガイド：9 本の水平棒を取り付けた長い竿のことです。揺れる棒の両側に明かりをつけた提灯が 46 個提げられていて、豊作の米穀の形を模しています。この祭りの特徴は、色鮮やかな衣装の若者が、巧みにバランスをとりながら巨大な「竿灯」を運ぶ行列です。
観光客：いったいどうやってそんな風にできるのですか。
ガイド：いい質問ですね。彼らは手を使わずに「竿灯」を肩、額、腰、顎などにのせてバランスをとります。テンポの激しい太鼓やかん高い音色の笛などの伴奏に合わせて、バランス技術を披露するのです。
観光客：おもしろそうですね。
ガイド：宮城県では、8 月 6 日から 8 日にわたって「**仙台七夕祭**」(⇒ Q&A 68) が行われます。七夕祭りは日本中で行われていますが、仙台の祭りは別格です。その特徴は、中心街を色鮮やかに飾る様々な巨大**吹き流し**です。
観光客：三大祭り見物を楽しみにしています。

竿灯祭

アテンドの知識

北国の夏が燃える 8 月の祭りと言えば、東北三大祭りです。旅行社は競ってこの祭り見物のツアーを企画し、また北国の人々もこの時ばかりは、その準備に燃えるのです。東北三大祭りを今一度眺めてみましょう。

ねぶた祭

ねぶた祭（the *Nebuta* [Dummy-Float Parade] Festival）は国の重要無形民俗文化財（Important Intangible Folk Cultural Property）に指定された日本一の火祭りで、青森市最大のイベントです。その由来については諸説があるのですが、その中でも坂上《さかのうえの》田《た》村《むら》麻《ま》呂《ろ》（758-811）の伝説が有名です。約 1,200 年前、蝦《え》夷《ぞ》（現在の北海道・東北地方北部）を平定するために征《せい》夷《い》大将軍（Generalissimo）の坂上田村麻呂がこの地に来ました。反逆者を制圧するために使用したのが「人形」（figures）で、その中に武者を隠し、音楽に合わせて敵をおびき寄せたり混乱させたりするために作ったのが最初だと伝えられています。その人形に対して「あれは何だ」と訪ねる表現をアイヌ語で「ネプタン」と言い、それが「ねぶた」の呼び名になったという説です。また津軽方言で「眠《ねむ》い」（drowsiness）という意味の「ねぶて」が「ねぶた」になったという説もあり、夏の睡《すい》気《き》を払う「眠り流し」行事だという考え方です。しかし最近では七夕の「灯籠流し」（the floating of lighted lanterns on water）の変形だとする有力な説もあります。いずれにせよ、外国の人に「ねぶたって何？」と聞かれて頭をかくようでは話になりません。

ねぶた祭りでは、武人をかたどった巨大な張子人形に灯を入れ、それを台車に乗せて大勢の曳き手が町内を練り歩きます。台車の周囲には勇壮な太鼓や笛が鳴り響き、また花笠をかぶった浴衣姿の「ハネト」と呼ばれる踊り子が、「ラッセラー」の掛け声とともに陽気に跳ね回ります。(⇒ Q&A 66)

竿灯祭／竿燈祭

竿灯祭（the *Kanto* Lantern Parade Festival）は秋田県で行われる最大のイベントです。この祭りは、真夏の病魔や邪気を払う「眠り流し行事」として行われていた秋田独自の風俗でした。「眠り流し」から五穀豊穣（a good [rich] harvest）を願う行事へと祈りが変わったのです。

「カントウ」という語を始めて聞く外国の人が「関東」と間違え、秋田県は関東にあるのですか、と尋ねることがあります。この「竿灯」ですが、昔は笹竹などに願い事を書いた短冊《たんざく》(a long narrow rectangular piece of paper for writing poems or wishes)を飾って町を練り歩き、最後に川に流していました。それが徐々に高い灯籠《とうろう》（lantern）などが使用されるようになり、今では竹竿《たけざお》(a long high bamboo pole)になりました。現在の「竿灯」は、農作物の豊作を祈って稲穂を型どり、最大で高さ 12 メートルの竹竿に 9 本の横竿を張り、それに多いもので 46 個の提灯が付いています。竿灯を手で支えず、腰、額、肩などに乗せてバランスをとりながら操る技もさることながら、総数数百の竿灯にいっせいに灯が入り、光の大河をつくるさまは壮観で、豊作の秋に見える黄金色の稲田を連想させます。竿灯がつくりだす幻想的な光景は実に圧巻です。（⇒ Q&A 67）

仙台七夕祭

仙台七夕祭（the Star Festival at Sendai City）は毎年 8 月 6 日から 8 日までの 3 日間で行われます。祭りの間は、仙台のいたるところに多数の竹が立てられ、色とりどりの吹き流し（colorful streamers）や短冊などの優雅な飾り付けが行われ、風に揺れる七夕飾りが幻想的な姿を見せます。「七夕」は日本中で行われていますが、仙台七夕は特に有名で、その昔、仙台の藩主・伊達政宗（1567-1636）の奨励により武家や商人の間で盛んになりました。今では市内の目抜き通りに、鮮やかな色彩と和紙の柔らかい感触を生かした多種多様な吹き流しを飾り立てた豪華なトンネルが作られ、その数は 3,000 本を優に越えると言われます。七彩の吹き流しや人形などの仕掛け物などは 1 本数十万円、一等級は 100 万円もするという豪華さを競う七夕祭りは、まさに日本一です。

本来の「七夕」は旧暦の 7 月 7 日に行われ、7 月 15 日を中心とする先祖の霊を祭る盆（the Bon Festival）の行事として起こったものです。後世になって盆の行事と七夕の行事が切り離されました。庶民の七夕は、日本古来の「棚機《たばた》（七夕）の信仰」が中国の「牽牛《けんぎゅう》・織姫《しょくじょ》の伝説」と結びついたものです。若い男女が年に一度再会し、翌日に天空に帰るにあたり、持ち帰ってもらうために願い事を書いた五色の竹飾りをつくる風習が生まれたのです。「短冊」は願い事、「千羽鶴」は家内安全、「紙衣《かみごろも》」は病気災害除け、「巾着《きんちゃく》」は富と繁栄を表しています。質素であろうと、豪華であろうと、人々の願いは今も昔も変わらないのです。七夕の日には室内を花で飾る習慣もあり、今日の生け花（the flower arrangement）の元祖であることをつけ加えておきましょう。（⇒ Q&A 68）

東北の 8 月 5 日から 7 日は、もう 1 つ山形県の「花笠祭」（★キーワード参照）があります。これを含めると「東北四大祭り」となります。

仙台七夕祭

Q&A 66 ねぶた祭

Q ねぶた祭とは、どのような祭りですか。 **What is the *Nebuta* Festival?**

A It is the Dummy Festival held from August 2 through 7 in Aomori City. *Nebuta* are dummies representing legendary figures and animals which are constructed by frameworks of bamboo and wire and covered with paper or cloth. They are painted in various colors and illuminated from within by large candles or light bulbs.

The festival is featured by a gala parade of the huge *Nebuta* set on festival floats, which are carried or pulled through the streets by kimono-clad people to the accompaniment of flutes and drum music with the shouting of "Rassera! Rassera!"

The festival is said to have originated from a legend that Sakanoue-no-Tamuramaro, a local warlord, put down a rebellion by using *Nebuta* successfully in the shape of men and animals to confuse his enemies as the size of his army. It is also believed to dispel sleep in order to go into the Bon Season when ancestral spirits are welcomed and entertained.

【主旨】

ねぶた祭は、8月2日から7日まで青森市で行われます。「ねぶた」と言うのは、伝説上の人物や動物を表現した飾り人形のことで、竹や針金の骨組みで作られ、紙や布で覆われています。「ねぶた」は多様な色彩で描かれ、内部から大きなローソクまたは電球で照明されています。

この祭りの特徴は、山車に乗せた巨大な「ねぶた」の楽しい行列で、着物姿の大勢の人が「ラッセラ！ラッセラ！」と威勢よく叫びながら笛や太鼓の音楽に合わせてねぶたを市中で運んだり、引き回したりします。

この祭りの起源は、武将坂上田村麻呂が自分の軍隊の大きさを敵軍に混乱させるために、人物や動物の形をした「ねぶた」を巧みに利用して反乱を鎮圧したということです。また、眠気を払って、先祖の霊を慰めるお盆を迎えるための祭りだとも言われています。

Notes

- ☐ **dummy** ダミー、マネキン（=mannequin)、人形
- ☐ **light bulb** 電球 ▶60-watt light bulb 60W の電球
- ☐ **warlord** 武将 ▶feudal warlord 戦国武将
- ☐ **confuse** 混同させる、混乱させる
- ☐ **dispel** 払いのける、一掃する
- ☐ **ancestral spirit** 先祖の霊

Q&A 67 竿灯祭

Q 竿灯祭とは、どのような祭りですか。**What is the *Kanto* Festival?**

A It is the Lantern-Balancing Festival held from August 3 through 6 in Akita City. *Kanto* is a long mast-shaped bamboo pole with lighted paper lanterns hung from nine horizontal crossbeams. It has about fifty lighted lanterns in the form of well-ripen ears of rice symbolizing an abundant crop of rice.

The festival is featured by a parade of stout men skillfully balancing the *Kanto* on their heads, shoulders, chins or hips. Men from many districts compete in showing skill balancing techniques to the accompaniment of fast-beating drums and high-pitched flutes.

The festival is observed not only to drive off the demon of drowsiness that hampers people's work throughout the year, but also to pray for a rich rice harvest.

【主旨】

竿灯祭は、8月3日から6日まで秋田市で行われます。「竿灯」と言うのは、長い帆型の竹竿で、9本の水平な横ばりから照明の紙提灯がさがっています。「竿灯」には、豊作を象徴する実り豊かな稲穂の形をした照明の提灯が50個ほどつるされています。

祭りの特徴は、たくましい男性が「竿灯」を頭、肩、顎または腰の上で巧みにバランスをとりながら行列することです。多くの地区から参集した男性は、ビートの早い太鼓やピッチの高い笛などの伴奏に合わせて絶妙なバランス技術を競って見せ合うのです。

この祭りは、年中作業を妨害する眠気の邪気を追い払うため、また、五穀豊穣を祈願するために行われます。

Notes

- □ **crossbeam** 〈建築〉横梁《よこばり》、横《よこ》
- □ **well-ripen ears of rice** 実り豊かな稲穂、よく実った米の穂
- □ **abundant crop of rice** 米の豊作（=rich harvest of rice）
- □ **stout** たくましい
- □ **compete** 競う、張り合う
- □ **drive off** 追い払う
- □ **demon of drowsiness** 眠気の邪気
- □ **hamper** 邪魔する
- □ **pray** 祈る
- □ **rich rice harvest** 五穀豊穣、豊かな米の収穫

竿灯祭

Q&A 68 仙台七夕祭

Q 仙台七夕祭とは、どのような祭りですか。**What is the Sendai *Tanabata* Festival?**

A It is the Star Festival held from August 6 through 8 in Sendai City. The Star Festival is based on a Chinese legend of two stars in love: Vega (or the Weaver Star) and Altair (or the Cowherd Star). Two stars resided on the opposite side of the Milky way, but were allowed to meet just once a year on the evening of July 7. Praying for this happy reunion in the Milky Way on this evening, people celebrate this romantic festival.

This festival is featured by the beautiful decorations of bamboo branches decked with the long strips of paper of various colors and other glittering materials of fancy designs. People write romantic poems associated with the legend and their wishes on the narrow strips of paper. The Star Festival is usually observed in many countries of Japan on July 7 but held gorgeously in Sendai a month later, which started in the time of Date Masamune (1567-1636).

【主旨】

仙台七夕祭は、8 月 6 日から 8 日まで仙台市で行われます。七夕祭りは、相愛するベガ星（織女星）とアルタイル星（牽牛星）に関する中国伝来のものです。2 星は、天の川の反対側に住んでいるのですが、年に一度だけ 7 月 7 日には会うことが許されました。天の川での幸せな再会を祈願して　この夜になれば人々はこのロマンチックな祭りを祝うのです。

この祭りの特徴は、色とりどりの短冊や派手なデザインをほどこしたきらびやかなものを吊した竹枝の豪華な装飾です。伝説と関連したロマンチックな詩、また願い事などを短冊に書き添えます。七夕祭は、通常 7 月 7 日には日本中で行われますが、仙台では 1 か月遅れで豪華に行われ、伊達正宗（1567-1636）のころに始められました。

Notes

☐ **reside** 住む
☐ **reunion** 再会
☐ **Milky Way** 天の川
☐ **deck** 飾る（=decorate）
☐ **strip of paper** 短冊
☐ **glitter** キラキラ輝く
☐ **associate** 関連する

アーケードの七夕飾り（仙台）

キーワード

★花笠祭　The Flower Straw-Hat Festival is held from August 5th through 7th in Yamagata.

"Hanagasa" is a round straw hat decorated with brightly colored artificial flowers. The origin of this festival dates back to the Taisho era (1921) when people reclaimed waste land at Lake Tokura(-ko) at Obanazawa City. They started to sing the hanagasa folk songs to celebrate the reclamation of waste land.

This festival is featured by a gala parade of more than 10,000 dancers wearing hanagasa and the same colored printed costumes. They dance along the streets in unison crying "Yassho! Makasho!" to the accompaniment of *shamisen* and drums, while twirling their hanagasa left, right, up and down.

花笠祭は、８月５日から７日まで山形市で行われる。

「花笠」は、明るい色彩の造花で飾り立てた丸いわら帽子である。この祭りの起源は大正時代にまでさかのぼり、尾花沢市の徳良湖で荒れ地を埋め立てた際に開墾工事を祝って花笠音頭を歌ったのが始まりである。

この祭りの特徴は、花笠をかぶり、色鮮やかな同じ模様の衣装を身につけた１万人以上が踊る華やかな行列だ。上下左右に花笠をくるくる回しながら、三味線と太鼓の音色に包まれて、「ヤッショ！マカショ！」と叫びながら一斉に市中を踊るのである。

花笠祭の衣装を身につけた踊り手

第25章
森と湖の別天地・北海道

サンプルダイアローグ

Guide: Hokkaido is blessed with beautiful landscapes and seascapes and a wealth of nature that gives this prefecture a **distinct appearance in each of the four seasons**.

Tourist: Hokkaido is so big that you have many kinds of scenic spots to check out, I guess.

Guide: You're right.

Tourist: Which part of Hokkaido do you recommend the most?

Guide: Well, personally, I would recommend you make a trip to Akan National Park.

Tourist: Is there any special reason why?

Guide: The park features a wide assortment of beautiful lakes and forests.

Tourist: For example?

Guide: I suppose you have seen a picture of **Lake Mashu(-ko)** before. It is well known for the **mysterious fog that frequently envelops it**.

Tourist: Yes, I have seen photos of the lake.

Guide: This lake has the most transparent water in the world. There is no river flowing either into it or out of it.

Tourist: Really?

Guide: **Lake Akan(-ko)** is noted for "Marimo," green sponge-like balls of **seaweed** (algae) that grow in the lake.

Tourist: Can you see them anytime you like?

Guide: They rise to the surface in the morning when the sun is out and sink back to the bottom at night.

Tourist: That's interesting.

Guide: **Lake Kussharo(-ko)** is famous for hot springs called "Suna-yu" which heat the sand on the beach. You can enjoy **open-air hot-spring baths** nearby.

Tourist: So, there are various unique lakes around this national park, aren't there?

Guide: Yes, there are. And please don't miss the beautiful Japanese cranes called "Tancho-zuru." They have long been regarded as **auspicious** birds and are a popular **symbol of longevity**.

Tourist: That sounds wonderful. I don't want to miss out on any of all that.

ガイド：北海道は美しい風景や海景、**四季折々の姿を見せる**豊かな大自然に恵まれています。

観光客：北海道はとても大きいので、数え上げる観光名所もいろいろありそうですね。

ガイド：そのとおりです。

観光客：一番のお勧めはどこですか。

ガイド：そうですね、個人的には、阿寒国立公園への観光をお勧めします。

観光客：何か特別な理由があるのですか。

ガイド：この公園には美しい森と湖の多彩な取り合わせがあるからです。

観光客：たとえば、どんなものですか。

ガイド：写真を見たことがあるかと思いますが、「**摩周湖**」は**湖面を頻繁に覆う神秘的な霧**で世界的に有名です。

観光客：はい、その湖の写真を見たことがあります。

ガイド：湖水は世界屈指の透明度を誇ります。この湖に流れ込む川も、流れ出る川もひとつもありません。

観光客：本当ですか。

ガイド：「**阿寒湖**」は、湖で育つスポンジ球のような緑色の**藻類**「マリモ」の生息地として有名です。

観光客：いつでも好きなときにマリモを見られるのですか。

ガイド：この植物は朝日が上ると湖面に浮かび、日が暮れると沈むのです。

観光客：おもしろいですね。

ガイド：「**屈斜路湖**」は、湖畔の砂を暖めた「砂湯」と呼ばれる温泉で有名です。近場では**露天風呂**が楽しめます。

観光客：この国立公園にはユニークな湖がいろいろありますね。

ガイド：はい。他に、「丹頂鶴」(⇒ Q&A 70) という美しい日本鶴も見逃せません。昔から鶴は**縁起のいい**鳥だと考えられており、**長寿の象徴**なのです。

観光客：素敵ですね。余す所なく観光したいです。

アテンドの知識

日本に滞在する外国人がこんなことを言いました。「暖かい九州の人と寒い北海道の人が結婚すればいいですね」。その理由を聞くとこんな返事がありました。「冬休みは暖かい九州で、夏休みは涼しい北海道で過ごせるでしょう」。

梅雨がない北海道の良さは、何よりもその広大さ。壮観な国立公園（national park）が6つもあり、しかも四季を通じての独特な姿を現す美しい自然の景観は多くの人に愛されています。どこか1か所だけを推薦することは難しいのですが、強いて選ぶとすれば阿寒国立公園でしょう。この公園には、昔から営々と作り上げてきた美しい森と湖があります。

摩周湖

園内の摩周湖（Lake Mashu）は、しばしば湖面を覆う神秘的な霧（the mysterious fog）のため「霧の摩周湖」とも呼ばれています。世界屈指の透明度（the transparent depth）を持つ水面に絶壁の樹木を映す絶妙な景観は、訪れる人々を魅了してやみません。この湖には、注ぐ川もなければ流れ出る川もなく、また雨がいくら降っても水位（the water level）がいつも変わらないと言われています。

阿寒湖（マリモ）

阿寒湖（Lake Akan）は特別天然記念物（Special Natural Monument）である「マリモ」（the spherical green algae）（★キーワード参照）で有名です。マリモは湖水で成長する、緑色をしたスポンジのような、球形の優雅な淡水藻（＝毬藻）で、日が照ると水面に上がり、暗くなれば水中に沈む不思議な植物です。小さいものはピンポン球ほど、大きいものになるとサッカーボールほどで、その繁殖や成長の過程はまだ謎に包まれています。観光バスのガイドさんが「マリモ悲話」（若い男女の恋がこの世で成就できなかったため、2人の美しい心が1つになり、マリモの姿になって今も漂うという物語）を聞かせてくれるかもしれません。

阿寒にはマリモと並びもう1つの特別天然記念物である丹頂鶴《たんちょうづる》（red-crested crane）（⇒ Q&A 70）が生息し、訪れる人はその優雅な姿を見ることができます。釧路市には丹頂鶴自然公園（Red-crested Crane Natural Park）があります。阿寒湖周辺にはその他に、エゾシカ、キタキツネ、シマフクロウなど各種の動物を身近に見ることができます。

屈斜路湖

屈斜路湖（Lake Kussharo）は鮮やかなコバルトブルーの水の色をしたカルデラ湖で、冬は白鳥の飛来地であり、謎の怪獣クッシーの噂もあります。湖面ではカヌーやヨット、ウインドサーフィンといった水上スポーツでにぎわう明るいリゾート地。湖畔の砂を暖める砂湯《すなゆ》（hot spring heating the sand on the beach）の温泉でも知られ、露天風呂も楽しめます。美帆峠（the Bihoro Pass）に登れば、屈斜路湖の美しい雄大なパノラマが一望でき、湖上遊覧船あるいは屈斜路湖や摩周湖などを眼下に見ながらのセスナ機遊覧飛行も利用できます。

アイヌコタン

昔からアイヌ（⇒ Q&A 69）の人々が住んでいた湖畔にはアイヌコタン（Ainu Kotan Village）があり、アイヌ古式舞踊をはじめアイヌの生活や文化を知ることができます。

「アイヌ」とはアイヌ語で「人間」(human being)、「コタン」とは「集落」(village)の意味です。アイヌの人々は民族固有の文化背景をもつ日本の先住民でもあります。ある仮説では、縄文時代前に日本列島に移住して住み着いた南方系モンゴロイドの子孫(the descendants of Southern Mongolians）としています。やがてアイヌはさらに東北に移住することになり、主として現在の北海道に定住しました。明治時代になると、政府の移住策が進み、北海道への移住者は増加しました。政府はアイヌを日本国民に同化させる目的で「北海道旧土人保護法」(Law for the Protection of Native Hokkaido Aborigines）を制定しました。しかしこの保護法は、1997 年（平成 9 年）「アイヌ文化振興法」（Law for the Promotion of the Ainu Culture）の施行に伴い廃止されました。現在では、北海道でアイヌは独自の伝統文化を持ち、来訪者にアイヌ文化を紹介しています。

アイヌ古式舞踊

アイヌ古式舞踊（Traditional Ainu Folk Dance）は 2009 年（平成 21 年）ユネスコ無形文化遺産として登録されました。国の重要無形民俗文化財（Important Intangible Folk Cultural Property）にも指定されています。北海道各地に居住するアイヌの人たちの間で先祖から伝承されてきた信仰に根ざした歌や踊りの芸能です。独特な唄と掛け声に合わせ、膝と手拍子でリズムを取りながら踊ります。

摩周湖

Q&A 69 アイヌ民族

Q 「アイヌ（人）」についてお話し願えますか。**Could you tell me about the *Ainu* (people)?**

A The *Ainu* (people) are an ethnic group of the aboriginal people of Japan, who lived in a region spanning Sakhalin, the Kuril Islands, Hokkaido and the Northern Honshu. Most of them once occupied large parts of the Japanese islands and were pushed north to Hokkaido by invaders from the south.

The traditional *Ainu* community was supported by fishing, hunting and plant gathering, but many have gradually replaced by commercial fishing and rice cultivation of mainstream Japanese society. From the Meiji era onwards, the *Ainu* rapidly lost out of a policy of colonization and assimilation with mainstream Japanese. There has also been a shift toward mainstream Japanese practice in food, clothing and housing keeping the *Ainu* culture and language by *Ainu* descendants.

The *Ainu* village in Shiraoi Poroto Kotan shows tourists their native ways of life and their performances of *Ainu* folk dances.

【主旨】

アイヌ（人）は、樺太、千島列島、北海道と本州北部に及ぶ地域に住んでいた日本先住民の民族集団です。アイヌの多くは、昔、日本列島の大部分を占有していた人々でしたが、南方からの侵入者によって北の北海道へと押しやられました。

伝統的なアイヌの共同体は、漁猟、狩猟、山菜採取などに依存していましたが、徐々に内地人の社会に見られる商業漁業や米穀栽培に取って代わられだしたのです。明治時代以降は、植民地化と内地人との同化政策によってアイヌは急減しました。また、子孫によってアイヌの文化やアイヌ語を維持しながら、衣食住などにおいては内地人の習慣へと変遷していったのです。

白老ポロトコタンでは、観光客のためにアイヌ原住民の生活様式や、アイヌ舞踊が鑑賞できるようになっています。

Notes

- ☐ **ethnic group**（文化によって区別される）民俗集団
- ☐ **aboriginal people** 先住民族
- ☐ **span** 及ぶ、広がる
- ☐ **invader** 侵入者、侵攻者
- ☐ **rice cultivation** 米穀栽培
- ☐ **mainstream** 主流の
- ☐ **colonization** 民地化
- ☐ **assimilation** 同化
- ☐ **descendant** 子孫

Q&A 70 鶴の象徴

Q 日本では鶴は何を象徴しているのですか。**What does the symbol of the crane represent in Japan?**

A *Tancho-zuru* or the Japanese red-crested crane, designated as a Special Natural Monument, can be found in Kushiro-Shitsugen, the largest Marshland in Japan.

There is an Oriental sayings, “A crane lives for 1,000 years, and a tortoise 10,000 years.” Although the crane is said to live 1,000 years, it has actually lived for about 80 years in zoos. The crane is the symbol of a long life filled with happiness. A picture depicting a combination of a crane and a tortoise is displayed as a sign of good luck and longevity on auspicious occasions such as weddings, and on New Year’s cards.

In spring the female crane lays two eggs. The male and female cranes play an equal role in looking after the eggs and, later, the chicks. They are the symbol of an ideal couple as well. They are often cited in Japanese wedding speeches.

【主旨】

日本最大の沼沢地である釧路湿原に行けば、特別天然記念物に指定されている頭部の赤い「丹頂鶴」が見られます。

東洋の格言に「鶴は千年、亀は万年」があります。鶴は千年生きると言われますが、実際には動物園などでは 80 年生きたという記録があります。鶴は、幸福をよぶ長寿のシンボルです。鶴亀の組み合わせを描く絵画が、結婚式や年賀状のようなめでたい機会に幸運や長寿のしるしとして飾られます。

春になると、雌の鶴は 2 個の卵を産みます。雄雌ともに同等の役割を果たしながら、

卵とその後のヒナの世話をします。理想的なカップルのシンボルでもあり、日本の結婚式のスピーチなどではよく引用されます。

Notes

- ☐ **red-crested crane** 赤い頭部の鶴
- ☐ **marshland** 湿原
- ☐ **long life** 長寿（=longevity）
- ☐ **look after** 世話する

キーワード

★マリモ　*Marimo* is a green seaweed ball. It may be as small as a ping-pong ball or as large as a soccer ball. *Marimo* grows only in the inlets of the lake. *Marimo* is formed when many separate and stringy pieces of algae at the bottom of the lake roll around and eventually come together to form a ball. It takes up to about 200 years to grow to the size of a baseball.

Marimo was first discovered in Japan in Lake Akan in 1897. When the sun shines brightly, marimo rises to the surface of the water, giving Lake Akan a wonderful green shimmer. It has been designated as a Special Natural Monument. *Marimo* can be also found in Lake Yamanaka(-ko) near Mt. Fuji.

マリモは藻類の緑色をした球のことで、小さいものはピンポン球ほど、大きいものになるとサッカーボールほどの大きさである。「マリモ」は、湖の入り江でのみ成長する。湖底にあるばらばらの糸状の藻類が転がり回り、そのうち一緒に固まって球体のようになり、「マリモ」が形作られる。野球のボールのような大きさになるまで成長するには約 200 年は要する。

「マリモ」は、日本では 1897 年にはじめて阿寒湖で発見された。太陽が明るく照ると、湖面に浮かび、阿寒湖に素晴らしい緑の光がきらめく。「マリモ」は特別天然記念物に指定されている。「マリモ」は、富士山近くの山中湖でも見ることができる。

第2部

日本の世界遺産

文化遺産・自然遺産

① 文化遺産

法隆寺地域の仏教建造物

Buddhist Monuments in the Horyu-ji Area（1993 年 12 月登録）

【所在地】奈良県生駒郡斑鳩《いかるが》町

【概要】「法隆寺」と「法起寺」の建造物

法隆寺

法隆寺（Horyu-ji Temple）は西院《さいいん》と東院《とういん》の 2 地域から成る建物の総称で、両院の境内には飛鳥《あすか》時代（592-709）から江戸時代（1603-1868）にかけての 38 件の「国宝」、152 件の「重要文化財」など重要な寺院建造物と仏像があります。日本芸術の宝庫であり、初期仏教の芸術品の収蔵所でもあります。7 世紀末期から 8 世紀頃にかけて建立された西院には「金堂《こんどう》」や「五重塔」が日本に現存する最古の木造建築としてその姿を残しています。

法起寺

法起寺（Hokki-ji Temple）には創建当時そのままの姿をとどめる日本最古の「三重塔」が現存します。伽藍《がらん》周辺の発掘によれば、伽藍の配置図には中門を入ると右側（東側）に三重塔、左側（西側）に金堂（1863 年に聖天堂として再建）そして中央後方に講堂（1694 年再建）があります。法起寺式伽藍配置は法隆寺と対称的です。

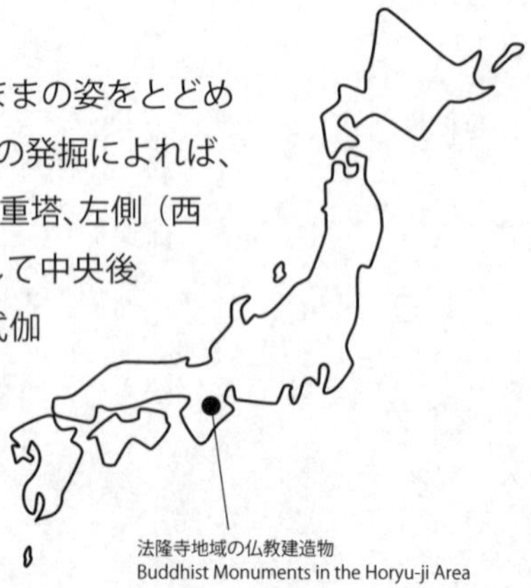

法隆寺地域の仏教建造物
Buddhist Monuments in the Horyu-ji Area

Q&A 71 法隆寺

Q 法隆寺についてお話し願えますか。**Could you tell me about Horyu-ji Temple?**

A Horyu-ji Temple is not only one of the oldest Buddhist temples existing in Japan but also actually one of the oldest wooden extant structures in the world. The "Buddhist Monuments in the Horyu-ji Area" were registered as UNESCO World Heritage Sites in 1993 embracing both the temples of Horyu-ji and Hokki-ji. The remarkable feature of Horyu-ji Temple is that Silk Road culture and unique aspects of Japanese culture are subtly and yet perfectly blended in harmony.

Horyu-ji is a Buddhist temple in Ikaruga, Nara Prefecture. It is also known as Ikaruga-dera. The first temple is believed to have been founded in the early 7th century by Prince Shotoku as a center for Buddhism in Japan during the reign of Empress Suiko. Buddhism blossomed in Horyu-ji Temple and spread throughout Japan from here.

The story of the Horyu-ji's founding can be studied in the historical writings in the Main Hall (*Kondo*). According to these records which are engraved on the back of a halo of the Buddhist Statue of Yakushi-Nyorai, Emperor Yomei (Prince Shotoku's father) vowed to create the Statue of the Yakushi-Nyorai Buddha and build a temple as a prayer for his own recovery from serious illness. Unfortunately, he passed away before his vow was completed. In order to fulfill his last deathbed wish, Prince Shotoku and Empress Suiko finished the Statue of the Yakushi-Nyorai Buddha and built Horyu-ji Temple in 607. The temple was continually repaired and reassembled over many centuries. The Japanese government started large scale repairs on the temple in 1934 and completed them in 1985.

Horyu-ji Temple is home to one of the finest collections of Buddhist art from the Asuka period (592-709). The buildings which display most of these masterworks are today arranged around two major compounds known as the Sai-in [West Precinct] and the To-in [East Precinct].

The World Heritage Site covers 48 buildings in total – 9 in the West Precinct and 21 in the East Precinct, 17 monasteries and other buildings, as well as the three-story pagoda of Hokki-ji Temple. They are all protected as National Treasures and Important Cultural Properties. The land area of the property (15.3 ha) is also designated as a Special Historic Site.

【主旨】

法隆寺は日本に現存する最古の寺院であるだけでなく木造建築としても世界最古の姿をそのまま留めています。1993 年（平成 5 年）には、法隆寺と法起寺の 2 寺を含む「法隆寺地域の仏教建造物」としてユネスコ世界遺産に登録されました。法隆寺の顕著な特徴はシルクロードの文化と日本文化のユニークな様相が調和を保ちながら巧妙に、また完全に融合していることです。

法隆寺は奈良県斑鳩にある仏教寺院です。斑鳩寺《いかるがでら》の名でも知られています。推古《すいこ》天皇（554-628 年）統治時代に日本の仏教の中心地として聖徳太子（574-622）が最初の寺院を 7 世紀初頭に創建したと言われています。法隆寺で仏教が開花し、当地から日本津々浦々に普及しました。

法隆寺建立の由来は、金堂《こんどう》にある歴史的発議の中に見ることができます。薬師如来《やくしにょらい》像の光背銘《こうはいめい》に記されている記録によると、用明《ようめい》天皇（?-587：聖徳太子の父親）は自らの病気平癒のため仏像作成と伽藍建立を発願しましたが、完成前に崩御されました。この遺志を継いで聖徳太子と推古天皇は、607 年（推古 15 年）に薬師如来像の作成と寺院の建立を完成させました。寺院は数世紀にわたり絶えず修理や再構築がなされてきました。日本政府は 1934 年（昭和 9 年）に大規模な寺院の修理に着手し、1985 年（昭和 60 年）に完成させました。

法隆寺は日本の飛鳥時代以降の仏教芸術品の素晴らしい収蔵物を多数有しています。見事な芸術品を所蔵する建造物は現在では西院と東院として知られる主要な 2 箇所の境内周辺に配置されています。

世界遺産は総計 48 物件ー西院には 9 物件、東院には 21 物件、僧院とその他の建造物が 17 物件、さらには法起寺の三重塔が含まれています。物件すべては国宝また重要文化財として保護されています。その物件地域（15.3ha）は特別史跡に指定されています。

Notes

□ **exist** 存在する、現存する

□ **extant** 今なお残存する、壊されずそのまま現存する（=still existing; surviving）☆反意語は extinct 消滅した

- ☐ **embrace**（多くのものを）包含する（=contain; include）
- ☐ **remarkable** 顕著な
- ☐ **feature** 特徴
- ☐ **subtly** 巧妙に
- ☐ **blend** 融合する
- ☐ **reign** 統治
- ☐ **engrave** 彫る、刻み込む
- ☐ **halo**（複 ~s,~es）光背（こうはい）☆聖像などの背部または頭部（時には全身）を囲む後光、光臨。
- ☐ **vow** 誓う
- ☐ **recovery** 回復
- ☐ **pass away** 崩御する、逝去する（=die）
- ☐ **deathbed will** 遺志
- ☐ **repair** 修理する
- ☐ **reassemble** 再構築する

Q&A 72 西院と東院

Q 西院と東院にはどのような文化遺産がありますか。**What cultural assets are there in both the West and East precincts?**

A Horyu-ji Temple is the general term for structures making up two areas — the Sai-in [West Precinct] in the west and the To-in [East Precinct] in the east. Both the Sai-in and the To-in precincts contain a number of important temple buildings and Buddhist statues ranging from the Asuka period to the Edo period, including National Treasures and Important Cultural Properties. It really is a treasure house of Japanese art and an important repository of early Buddhist works of art. The complex also contains monk's quarters, lecture halls, libraries and dining halls.

The Sai-in, West Precinct, was erected primarily during the late 7th century. It contains the temple compound with some of the oldest wooden buildings extant in the world, such as the Main Hall and the Five-Story Pagoda.

The Main Hall (called the *Kondo*; a literal translation of "the Golden Hall") is one of the oldest wooden buildings remaining in the world. Some of the figures and costumes painted on the interior walls of the Main Hall display certain similarities with murals found in the Ajanta Caves in India or Magao Caves in Dunhuang in China. Inside the Main

Hall is the Shaka Sanzon [Shaka Trinity (or Triad)], the principal statue residing in the Main Hall. The Shaka Sanzon is the central seated statue of the Buddha Shakyamuni which is flanked by two standing Bodhistattva statues; Yakuo and Yakujo. This set of three gilt bronze statues is famous as a representative masterpiece of Asuka sculpture. The Statue of the Buddha Shakyamuni is believed to be a life-size figure of Prince Shotoku.

The Five-Story Pagoda stands to the west of the Main Hall at about 34 meters in height. It is also among the oldest wooden buildings extant in the world. It displays the typical style of pagoda architecture of the Asuka period. It burned down in 670, but it is believed to have been rebuilt in 711.

The To-in, East Precinct, area was once the site of Ikaruga Palace, which was built by Prince Shotoku in 601 and served as his residence until his death in 622. The palace fell into ruin and was replaced in 739 by the East Temple dedicated to Prince Shotoku.

There is the Yumedono (literally, "the Hall of Dreams"), the central building of the To-in Precinct, which is the oldest and the most beautiful octagonal hall in Japan. The hall was constructed by the Buddhist priest Gyoshin-Sozu in 739 in order to hold a memorial service for Prince Shotoku. Inside the hall is the Guze-Kannon [Kuse-Kannon], the main object of worship of the Yumedono Hall, which is a gilt wooden standing statue of Kannon-Bosatsu. This is another excellent representative sculpture of the Asuka period. The statue supposedly serves as a life-size portrait of Prince Shotoku. It was covered with a long white cloth and kept long out of sight for religious reasons. However the white cloth was unwrapped at the request of Ernest Fenollosa, an American art historian. Okakura Tenshin, a Japanese art critic, finally removed the covering to reveal the statue in 1884. It can now be displayed twice a year, in spring (April 11 through May 18) and autumn (October 22 through November 22).

【主旨】

法隆寺は西側の西院と東側の東院の 2 地域から成る建物の総称です。両院の境内には飛鳥時代（592-709）から江戸時代（1603-1868）にかけて多数の「国宝」や「重要文化財」を含む寺院建造物と仏像があります。さらに日本芸術の宝庫であり、初期仏教の芸術品の収蔵所です。境内には僧侶の宿所、講堂、図書館また食堂なども多数あります。

西院は元来 7 世紀後半に建立されました。西院の境内には金堂や五重塔のように現存する世界最古の木造建造物があります。

「金堂」は現存する世界最古の木造建築です。金堂の内部の壁に描かれた絵画の容貌や衣装はインドのアジャンタ石窟群または中国の敦煌《とんこう》に見られる壁画との類似点があります。金堂には本尊である釈迦三尊（国宝）があります。釈迦三尊は釈迦如来坐像（座高 87.5cm）を中尊として、両脇士《わきじ》に薬王《やくおう》菩薩と薬上《やくじょう》菩薩の立像が配置されています。この釈迦三尊（止利仏師《とりぶっし》の傑作）は飛鳥彫刻を代表する傑作として著名です。釈迦如来像は聖徳太子の等身像《とうしんぞう》と伝えられています。

「五重塔」(国宝）は約 34 メートルの高さで金堂の西側に聳えています。現存する世界最古の木造建築でもあります。飛鳥時代の五重塔建築の典型的な様式を顕示しています。670 年（天智天皇 9 年）に火災にあいましたが 711 年（和銅 4 年）に再建されたと言われています。

東院地域はかっての斑鳩宮《いかるがのみや》の跡地であり、聖徳太子が 622 年（推古 30 年）に逝去《せいきょ》するまでの居住地として 601 年（推古 9 年）に太子によって建立されました。宮は荒廃したので 739 年（天平 11 年）には聖徳太子に奉納された東院に取って替わられました。東院の中核的な建物である「夢殿《ゆめどの》」は、現存する日本最古また最も優美な八角円堂です。夢殿は聖徳太子の遺徳を偲んで 739 年（天平 11 年）に行信僧都《ぎょうしんそうず》によって建立されました。夢殿の本尊である救世観音《ぐぜかんのん》は、飛鳥時代に彫刻された金箔のはられた木造観音菩薩立像です。この像は聖徳太子の等身像と言われています。宗教上の理由で古来秘伝とされ長い白布で包まれていました。しかし白布はアメリカの芸術史家アーネスト・フェノロサの懇請で解かれ、1884 年（明治 17 年）には日本の芸術評論家岡倉天心《おかくらてんしん》(1863-1913）によって開帳《かいちょう》されました。現在年 2 回、春季（4 月 11 日から 5 月 18 日）と秋季（10 月 22 日から 11 月 22 日）に開扉《かいひ》されています。

Notes

- ☐ **the West Precinct / the East Precinct** 西院 / 東院 ☆ the West Temple / the East Temple とも言う。
- ☐ **general term** 総称（=generic term）
- ☐ **make up** 構成する
- ☐ **precinct** 境内（=compound; ground）▶ temple compound 寺の境内
- ☐ **range from**（…to～）(…の）範囲に及ぶ
- ☐ **national treasure** 国宝
- ☐ **important cultural property [asset]** 重要文化財 ▶an important intangible cultural property [asset] 重要無形文化財
- ☐ **repository** 収蔵所
- ☐ **erect** 建立する
- ☐ **extant** 現存している

- □ **pagoda** 仏塔（=Buddhist tiered tower）、仏舎利塔（=stupa）☆釈迦仏の遺骨（Buddha's relics）等の仏舎利（Buddhist relics）を安置するための施設。
- □ **similarity** 類似性、類似点
- □ **principal statue** 本尊
- □ **flank** 側目に置く、並べる
- □ **gilt statue** 金箔ばりの像 ☆ gilt は gild の過去形・過去分詞
- □ **life-size figure** 等身大の像（=large-as-life [actual height of] figure）
- □ **fall into ruin** 荒廃する
- □ **octagonal** 八角形の
- □ **memorial service** 追悼式

アテンドの知識

アジャンタの石窟《せきくつ》寺院（1983年ユネスコ世界遺産に登録）

インドのマハラーシュトラ州（Maharashtra）北部、ワゴーラー川湾曲部を囲む断崖を550mに渡って断続的にくりぬいて築かれた大小30の石窟で構成された古代の仏教寺院群。石窟内では美術的価値のある壁画や彫刻が多数拝観できます。

敦煌・莫高窟《ばっこうくつ》（1987年ユネスコ世界遺産に登録）

中国・シルクロード都市の敦煌にある仏教芸術の石窟《せきくつ》。500近い石窟内部には仏教を主題とする壁画《へきが》（仏画）が多数描かれ、2,000体余りの塑像《そぞう》が安置されています。

法隆寺の金堂（長さ9.1m／幅7.3m／高さ17.8m）

金堂の内陣には仏像や芸術品が多数収蔵されています。金堂の豪華な壁画（例：世界的に有名な「飛天図《ひてんず》」）は日本の仏教絵画の代表作として国際的に著名。今日金堂にある壁画は1967年（昭和42年）から1968年（昭和43年）にかけて復元［模写］されたものです。

法隆寺の五重塔

第二次世界大戦中には爆撃から保護するために安全に解体されました。戦後になると、607年（推古15年）の建造当初使用されていたものと同じ材木を使用し、原型通りに再建されました。中央柱の基部には舎利容器が安置されています。五重塔の内陣には歴史上の釈迦の生涯を描いた塔本四面具《とうほんしめんぐ》と言われる塑像《そぞう》群（国宝）が安置されています。東面には「維摩《ゆいま》（大乗仏教の俗人哲学者）と文殊《もんじゅ》（釈迦の弟子）の問答」、西面には「分舎利《ぶんしゃり》（釈迦の棺の左右にひざまずきながら、死後に釈迦の遺骨を分割する）」、南面には「弥勒《みろく》の浄土《じょうど》」、北面には仏教国では特に有名な「釈迦の入滅《にゅうめつ》（＝仏弟子たちが釈迦の入滅を悲しむ）」の像があります。

夢殿

奈良時代（739年）に聖徳太子を供養する目的で行信《ぎょうしん》僧によって造営された日本最古の八角堂です。聖徳太子が、夢の中に現れた金人《きんじん》（仏身）に啓示妙義《けいじみょうぎ》を受けたという伝承により「夢殿」と名づけられました。堂内には聖徳太子の等身大といわれる救世観音立像（国宝）が本尊として安置されています。

アーネスト・フェノロサ（Ernest Francisco Fenollosa: 1853-1908）
　アメリカ合衆国の東洋美術史家。明治時代に来日し、日本美術の紹介に尽力しました。岡倉天心とともに古寺の美術品を訪ね、天心とともに東京美術学校の設立に協力したことで知られます。

Q&A 73 法起寺

Q 法起寺についてお話しください。**Could you tell me about Hokki-ji Temple?**

A **Hokki-ji Temple** (also known today as **Hoki-ji**) is located in the Okamoto Region of Ikaruga, an ancient village adjacent to Nara, Japan's oldest capital. The temple is situated in a foothill to the northeast of the To-in [East Precinct] of Horyu-ji Temple. The site of this temple was originally the Okamoto(-no-miya) Palace where Prince Shotoku lectured on the Lotus Sutra in 606. Yamashiro-no-Oeno-o (Prince Shotoku's eldest son) converted the Okamoto Palace into a Buddhist temple according to the terms of Prince Shotoku's last will and testament as decreed in 622. The temple was completed in 638, thus fulfilling the last wishes of Prince Shotoku.

The temple is noted for the Three-Story Pagoda (24-m-high) which is said to have been erected in 706. It is the only original structure at the site as well as the oldest of its kind remaining in Japan. It is also the largest Three-Story Pagoda extant in Japan aside from the soaring Three-Story Pagoda called *Toto* in Yakushi-ji Temple in Nishinokyo-cho, Nara. It has been repaired many times, but it was completely rebuilt as close as possible to the original pagoda design from 1970 to 1975.

Recent excavations have revealed the original layout of the temple compounds. The Three-Story Pagoda was on the right, the main hall was to the left and the lecture hall farther back and in the center. Hokki-ji Temple is counted amongst the Seven Great Buddhist temples related to Prince Shotoku.

【主旨】

法起寺は日本の古都・奈良に隣接する古代集落である斑鳩の岡本地域にあります。法隆寺・東院の北東方面にある山裾の小丘に位置しています。寺院の敷地は古くは606年（推古14年）に聖徳太子（574-622）が法華経《ほけきょう》を講説されたという岡本宮《おかもとのみや》でした。山《やま》背大兄王《しろのおおえのおう》（?-643：聖徳太子の長男）は622年（推古30年）聖徳太子に命じられた最後の遺言の条文どおり岡本宮を寺院に改めました。638年（舒明10年）寺院は完成し、太子の遺志は成就しました。

この寺院は706年（文武2年）に建立されたと言われる三重塔（高さ24m）でよく知られています。三重塔（国宝）は唯一創建当時のままに建ち、現存するこの種の塔では日本最古のものです。奈良市西ノ京町の「薬師寺《やくしじ》」にそびえる東塔《とうとう》といわれる三重塔を除けば現存する日本最大の三重塔でもあります。再三の修理はありましたが1970年（昭和45年）から1975年（昭和50年）にかけて原形の建物に近いように再建されました。

寺院境内の元の伽藍配置が明示された最近の発掘調査によれば、右［東］側に「三重塔」、左［西］側に「本堂」（1863年再建）、中央正面奥に「講堂」（1694年再建）がありました。法起寺は聖徳太子建立七大寺に数えられています。

Notes

- ☐ **adjacent (to)**（に）隣接する
- ☐ **Lotus Sutra** 法華経
- ☐ **convert** 変える、転換する
- ☐ **will** 遺言（=testament）
- ☐ **fulfill** 成就する
- ☐ **soar** 聳える
- ☐ **excavation** 発掘

アテンドの知識

聖徳太子建立七大寺

聖徳太子建立の伝承のある七つの寺の総称。

「法隆寺」（奈良県生駒斑鳩町にある寺）

「法起寺」（奈良県生駒郡斑鳩町岡本にある寺）

「広隆寺《こうりゅうじ》」（京都市右京区にある寺）

「四天王寺《してんのうじ》」（大阪市天王寺区にある寺）

「中宮寺《ちゅうぐうじ》」（奈良県生駒郡斑鳩町にある寺。法隆寺に隣接する）

「橘寺《たちばなでら》」（奈良県高市郡明日香村にある寺。太子の誕生地とも言われる）

「葛木寺《かつらぎじ》［葛木尼寺］」（橿原市和田町にある廃寺がそれと言われる）

② 文化遺産

姫路城

Himeji-jo（1993 年 12 月）

【所在地】兵庫県姫路市（播磨国飾東郡《はりまのこくしきとうぐん》姫路）

【概要】登録地域の面積は、構成資産 107ha, それを保護する緩衝《かんしょう》地帯 143ha です。

姫路城

姫路城は 1951 年（昭和 26 年）に国宝に指定され、1993 年（平成 5 年）には「法隆寺地域の仏教建造物」と並びユネスコ世界遺産に登録されました。「5 層 6 階の大天守」（a five-story, six-floor donjon）と渡櫓《わたりやぐら》（elevated turret corridor）で結ばれた「3 層の小天守」（smaller, three-story keeps）3 基から成る連立式天守閣（combined [linked] donjons; interconnected-style keeps）の建造物であり、世界に誇る日本最大規模の古城です。

Q&A 74 姫路城

Q 姫路城を築城したのは誰ですか。なぜこの城は白鷺城と呼ばれているのですか。**Who built Himeji-jo (Castle)? Why is this castle called Shirasagi-jo?**

A **Himeji-jo (Castle)** is the finest surviving example of early 17th-century Japanese castle architecture. The center of the complex is the *Tenshu-gun*, consisting of the main keep (*Dai-Tenshu*) and three subsidiary keeps (*Sho-Tenshu*), with connecting structures.

In 1333, Akamatsu Norimura, the local lord of the ancient Harima Province (present Hyogo Prefecture), was thought to have built the site's first fortifications at the foot of Himeyama Hill. Just over a decade later, in 1346, Akamatsu Sadanori built a small-scale castle in its place called Himeyama Castle. Toyotomi Hideyoshi took over the badly damaged structure in 1580 and built a full-scale castle with a three-story donjon in 1581 which was renamed Himeji Castle.

Tokugawa Ieyasu granted Himeji Castle to Ikeda Terumasa, the feudal lord of the area (a son-in-law of Ieyasu), as a reward for his victory at the Battle of Sekigahara in 1600. The lord of the castle started rebuilding the castle in 1601 and completed remodeling the castle into its present five-story form with a six-floor structure in 1609. At the start of the Edo period, the castle underwent considerable renovation over a 9-year period to create the magnificent appearance we see today. The castle was built not only as a military stronghold but also as an expression of Tokugawa power. The castle has remained undamaged since its completion four centuries ago, surviving the World War II bombings that left Himeji City in ruins. It has remained intact even through natural disasters such as the Great Hanshin Earthquake that occurred in 1995.

Himeji Castle is popularly known as "**Shirasagi-jo** (Hakuro-jo)" or the White Heron Castle because the whole structure, from the five-story donjon to the walls, is plastered in white. The white plastered walls of the main donjon and 3 small donjons which are connected by elevated turret corridors (*watari-yagura*) create an image of a white heron with its wings spread out to take flight. The main tower appears to be only five stories when viewed from the outside but actually has six floors on the inside (or a five-story and six-floor castle). There are many turrets, extensive gates and walls in the complexes' construction. The mazes of passageways leading to the donjon were too complicated for intruders who often found themselves trapped in dead ends. The castle is also a powerful symbol of the feudalism that persevered in Japan until the Meiji Restoration of 1868.

【主旨】

姫路城は、17 世紀初頭における日本の城郭《じょうかく》建造物としては残存する最高傑作の範例です。その中心は、連結構造物でつながった大天守と 3 基の小天守から成る天守群です。

1333 年（元弘 3 年）に播磨《はりま》国（現・兵庫県）の武将・赤松則村《あかまつのりむら》（1277〜1350）が姫山の麓に最初の砦を築いたと言われます。その 10 年後の 1346 年（正平元年）には、赤松貞範《さだのり》（則村の次男、1306〜1374）が小規模な姫山《ひめやま》城を築城しました。1580 年（天正 8 年）には、羽柴（後の豊臣）秀吉（1537-1598）が破損した城郭を引き継ぎ、1581 年（天正 9 年）には 3 層の天守閣を有する本格的な城郭を築き、「姫路城」に改名しました。

徳川家康（1542-1616）は 1600 年（慶長 5 年）の関ヶ原の戦いでの戦功に対して池田輝政《てるまさ》（1565-1613：家康の娘婿《むこ》）に姫路城を授与しました。1601 年（慶長 6 年）、城主は城の再建に着工し、1609 年（慶長 14 年）までかけて現在の 5 層 6 階の城に大改修しました。今日見る壮麗な城の外観を構築するには、江戸時代初期から 9 年の歳月をかけて多大な修復を重ねたのです。城は軍事拠点としてだけでなく徳川家の威厳を顕示するものとして築かれました。姫路城下を焼き尽くした第二次世界大戦下の空襲にも焼けることなく、城は 4 世紀前の完成以来甚大な被害を受けることはありませんでした。1995 年（平成 7 年）の阪神・淡路大震災のような大規模な自然災害からも逃れ無傷で現存しています。

姫路城は五層の天守閣から城壁一面にいたるまですべての建造物が白漆喰総塗籠《しろしっくいそうぬりごめ》に仕上げられているので通称「**白鷺城**」としてよく知られています。大天守閣と高架状の渡櫓で連結された 3 基の小天守閣の白漆喰塗の壁は飛翔しようとして翼を広げる白鷺の姿を造り出しています。大天守閣は外観上 5 階に見えますが、実際の内部は 6 階［5 層 6 階］であります。複雑な構造の中には、櫓また外門や城壁などが多数点在します。天守閣に至るまでの迷路のような通路は、複雑すぎて侵入者が閉じ込められて行き詰るほどです。城は1868年（明治元年）の明治維新まで日本で堅持されてきた封建制度の力強い象徴です。

Notes

- ☐ **fortification** 要塞、砦
- ☐ **decade** 10年間
- ☐ **renovation** 修復
- ☐ **stronghold** 拠点
- ☐ **intact** 無傷で
- ☐ **plaster** 《n》 漆喰《しっくい》、《v》 漆喰を塗る（=be covered with plaster）☆漆喰は、石炭にふのり・苦汁などを加え、これに粘土・糸屑などを配合して練ったもの。壁や天井塗りの材料として使う。
- ☐ **turret** 櫓（やぐら）、（城などの角から張り出した）小塔
- ☐ **maze** 迷路
- ☐ **intruder** 侵入者、侵略者
- ☐ **trap (in)**（中に）閉じ込める、逃げられないようにする（通常受身で）▶be trapped in burning building 燃えさかるビルに閉じ込められる。
- ☐ **dead end** 行き止り、袋小路
- ☐ **feudalism** 封建制度
- ☐ **persevere** 堅持する

アテンドの知識

姫路城の異称「白鷺城」には、「はくろじょう」（音読）と「しらさぎじょう」（訓読）の2種類の読み方があります。正式な読み方は音読の「はくろじょう」ですが、親しみを込めた訓読の異称「しらさぎじょう」もよく使われています。ちなみに、「シラサギ」は「白いサギ」のことです。「シラサギ」という名前の鳥はいません。

参考までに、松本城（国宝）は「烏城」（からすじょう）、会津若松城は「鶴ヶ城」（つるがじょう）、岡山城は「烏城」（うじょう）、広島城は「鯉城」（こいじょう）など、動物にちなんだ異称をもつ城が多数あります。

③ 文化遺産

古都京都の文化財

Historic Monuments of Ancient Kyoto (Kyoto, Uji and Otsu Cities)（1994 年 12 月）

【所在地】京都府京都市・宇治市と滋賀県大津市

【概要】京都府と滋賀県にある「神社」（3 物件）・「仏閣」（13 物件）・「城」（1 物件）の総称（合計 17 物件）です。古代中国の都城を模範（the model for the capital of ancient China）として 794 年（延暦 13 年）に建設された平安京（the imperial capital of Japan）とその近郊地域にあり、平安・鎌倉・室町・桃山・江戸の各時代における 1,000 年以上にわたる歴史建造物群です。

「古都京都の文化財」構成資産

1. 加茂別雷神社 Kamo-wakeikazuchi(-jinja) Shrine ☆通称「上賀茂神社」Kamigamo(-jinja) Shrine（京都市北区上賀茂本山）
2. 加茂御祖神社 Kamo-mioya(-jinja) Shrine ☆通称「下鴨神社」Shimogamo(-jinja) Shrine（京都市左京区下鴨泉川町）
3. 教王護国寺 Kyoogokoku-ji Temple ☆別名「東《とう》寺《じ》」To-ji Temple（京都市南区九条町）
4. 清水寺 Kiyomizu(-dera) Temple（京都市東山区清水）
5. 延暦寺 Enryaku-ji Temple ☆別称「比叡山」（滋賀県大津市坂本本町《ほんまち》・京都市左京区）
6. 醍醐寺 Daigo-ji Temple（京都市伏見区醍醐大路町）
7. 仁和寺 Ninna-ji Temple（京都市右京区御室大内）
8. 平等院 Byodo-in Temple（京都府宇治市宇治蓮華）
9. 宇治上神社 Ujigami-jinja Shrine（京都府宇治市宇治山田）

10. 高山寺 Kozan-ji Temple（京都市右京区梅ケ畑栂《とがの》尾《お》町《ちょう》）
11. 西芳寺 Saiho-ji Temple ☆通称「苔寺」Koke-dera [Moss] Temple ／正式名称「洪隠山《こういんざん》西芳寺」（京都市西京区松尾神《じん》ケ《が》谷町《たにちょう》）
12. 天龍寺 Tenryu-ji Temple（京都市右京区嵯峨天龍寺）
13. 鹿苑寺 Rokuon-ji Temple ☆通称「金閣寺」the Golden Pavilion（京都市北区金閣寺町）
14. 慈照寺 Jisho-ji Temple ☆通称「銀閣寺」the Silver Pavilion（京都市左京区銀閣寺町）
15. 龍安寺（竜安寺）Ryoan-ji Temple（京都市右京区龍安寺御陵下町）
16. 西本願寺 Nishihongan-ji Temple ☆正式名称は「龍谷山《りゅうこくざん》本願寺」（京都市下京区堀川通花屋町）
17. 二条城 Nijo(-jo) Castle（京都市中京区二条通堀川西入ル二条城町）

Q&A 75 京都の寺院群

Q 京都ではユネスコ世界遺産はいくつ登録されていますか。遺産例をいくつかお話し願えますか。**How many sites are registered as UNESCO World Heritage Sites in Kyoto? Please tell me about a few examples of properties.**

A Kyoto, the imperial capital of Japan for more than 1,000 years, was established in 794 on the model for the capital of ancient China. The “Historic Monuments of Ancient Kyoto” listed on the UNESCO World Heritage Site encompasses the 17 component parts of properties encompassing three cities: Kyoto and Uji cities in Kyoto Prefecture and Otsu City in Shiga Prefecture. They include thirteen Buddhist temples, three Shinto shrines and one castle. The 17 World Heritage Site properties originate from a period between the 8th and the 19th century, and each is representative of the period in which it was built. Kyoto played a decisive role as both an important cultural center and a capital city until the middle of the 19th century.

Let us take a look at some famous examples of these properties.

«1» **Rokuon-ji Temple** is the formal name of **Kinkaku-ji**, the Golden

Pavilion in Kyoto. It is famous for its three-story Golden Pavilion covered in gold leaf and topped with a bronze statue of a phoenix. It was originally built in 1397 to serve as a retirement villa for Shogun Ashikaga Yoshimitsu, as part of his estate then known as *kitayama-dono*. His son, Yoshimochi, converted the building into a Zen Temple of Buddhism, which was named "Rokuon-ji" after his father's Buddhist name. This temple still belongs to the Shokoku-ji branch of the Rinzai sect of Buddhism.

In 1950, the pavilion was burned down by a young Buddhist monk, who then attempted suicide on the hill behind the building. The present structure was rebuilt in 1955 following the original design. A new coating as well as gilding with gold-leaf, much thicker than the original coatings, was completed in 1987. Additionally, the interior of the building, including the paintings and the roof of the pavilion, was restored in 2003. The pavilion functions as a *shariden*, housing relics of the Buddha. The pavilion reflected in the calm waters of the outer pond is a beautiful sight to see.

«2» **Kyoogokoku-ji Temple**, popularly known as **To-ji Temple** (East Temple), is the head temple of the Toji Shingon sect of Buddhism in Kyoto. To-ji Temple was founded in 796 by imperial order to act as a guardian temple for Kyoto just after the capital was moved there in 794. There also used to be *Sai-ji* (West Temple), and the twin temples stood on each side of the Rasho-mon Gate, Kyoto's biggest gate, during the Heian period. The buildings of To-ji Temple house a variety of ancient Buddhist sculptures. Within the temple grounds stands the *Kondo* Hall (the Main Hall) where the principal image, the Yakushi-Nyorai (Medicine [Healing] Buddha) is enshrined, as well as the *Mieido* Hall (Founder's Hall) where a seated statue of Kobo-Daishi (Kukai) is housed.

Within the temple precincts stands the Five-Story Pagoda of To-ji Temple, which can be seen from the bullet train seat windows on the JR

Tokaido Shinkansen Line. The original pagoda was founded by Kobo-Daishi (Kukai) in 826. It has actually burned down four times as a result of being struck by lightning. The present Five-Story Pagoda dates from the Edo period, when it was reconstructed with donations from Tokugawa Iemitsu in 1644. The Five-Story Pagoda, Kyoto's landmark tower, is the tallest wooden pagoda in Japan with a height of 54.8 meters.

«3» **Saiho-ji Temple**, which is commonly referred to as **Koke-dera Temple**, is noted for its beautiful moss garden. This temple was originally the site of Prince Shotoku's villa. The temple was first founded by Gyoki, a Buddhist priest, during the Nara period. In 1339, the temple was renovated and converted into a Zen Temple under Muso Soseki, a Buddhist priest. The garden, designated by the government as a special historic place of scenic beauty, has exerted a great deal of influence on later Japanese garden designs.

【主旨】

千年以上に及び日本の都が置かれていた京都は、古代中国の都をモデルにして794年（延暦13年）に創建されました。ユネスコ世界遺産「古都京都の文化財」は京都府の京都市、宇治市そして滋賀県の大津市に広がり、13物件の寺院と3物件の神社そして1物件の城で構成されています。総計17物件の世界遺産の起源は8世紀（794年）から19世紀（1868年）に及び、どの遺産も建立された時代を代表しています。京都は19世紀中頃まで首都としてだけでなく重要な文化の中心地としても決定的な役割を果たしてきました。

有名な世界遺産をいくつか挙げます。

《1》**鹿苑寺**は**金閣寺**の正式名称です。金閣寺は、金箔《きんぱく》を装い青銅の鳳凰像《ほうおうぞう》をのせた三層の楼閣《ろうかく》でよく知られています。最初の建物は（室町幕府第三代）将軍足利義満《あしかがよしみつ》（1358-1408）の隠居の山荘として1397年（応永4年）に創建され、当時は北山殿《きたやまどの》で知られる領地でした。彼の子（第四代将軍足利）義持《よしもち》は建物を禅寺に転じ、寺は義満の法名《ほうめい》（「鹿苑院殿」）にちなんで「鹿苑寺《ろくおんじ》」と名付けられました。寺は臨済宗《りんざいしゅう》 相国寺《しょうこくじ》派に属します。

1950年（昭和25年）建物は、寺の丘山で若い仏僧が自殺を図ったために、焼失しました。現存する金閣寺は1955年（昭和30年）に原型に沿って復元されものです。金箔張りと新しい塗装は当時のものより厚みがあり、1987年（昭和62年）に完成しました。さらには絵画などを含む建物の内部や金閣の屋根は2003年（平成15年）に修復されました。建物の機能は仏陀の遺骨を納める舎利殿《しゃりでん》です。池（鏡湖池《きょうこち》）の静かな水面に映る楼閣は壮観です。

《2》**教王護国寺**、通称「**東寺**」は東寺真言宗の総本山です。寺院は 794 年（延暦 13 年）平安京への遷都《せんと》直後、京都の守護寺として（桓武《かんむ》）天皇の命により 796 年（延暦 15 年）に創建されました。往時は「西寺《さいじ》」があり、対をなす寺は平安時代（794-1185）には京都最大の門である羅生門《らしょうもん》の両側に建てられていました。東寺の建造物には仏教の彫刻が多数収蔵されています。境内には本尊の薬師如来を祀る金堂（国宝）、また弘法大師坐像（国宝）を安置する御影堂《みえいどう》（国宝）があります。

寺院の境内には、新幹線の車窓からも見える東寺の「五重塔」が聳えています。元の塔の建立は 826 年（天長 3 年）に弘法大師空海によって始められ、落雷の火事などで 4 回焼失しています。現在の五重塔は江戸時代に遡り、1644 年（寛永 21 年）に徳川家光の寄進によって再建されたものです。京都のランドマークタワーである五重塔は 54.8 メートルで木造塔としては日本一の高さを誇っています。

《3》**西芳寺**は美しい苔《こけ》の庭園を有する「**苔寺**」として有名です。この寺院は聖徳太子の別荘の跡地です。寺院は奈良時代に仏僧行基《ぎょうき》（668-749）によって建立されました。1339 年（延元 4 年）には仏僧夢窓疎石（1275-1351）によって禅寺として中興《ちゅうこう》されました。国指定の特別名勝である庭園（上段の枯山水《かれさんすい》庭園と下段の池泉回遊式《ちせんかいゆうしき》庭園）は、後世の日本庭園に多大な影響を及ぼしました。

Notes

- ☐ **encompass** 包含する（=include）
- ☐ **originate (from)**（時期に）起源がある
- ☐ **(be) representative** 代表する
- ☐ **gold leaf** 金箔
- ☐ **retirement villa** 隠居の別荘
- ☐ **convert (into)**（に）改築する、改造する（=change）
- ☐ **restore** 修復する
- ☐ **relics of the Buddha** 釈迦の遺骨
- ☐ **imperial order** 勅令
- ☐ **guardian temple for Kyoto** 京都を守護する寺院
- ☐ **temple precincts** 寺の境内（=temple grounds）
- ☐ **lightning** 稲妻、電光
- ☐ **date from**（に）遡る
- ☐ **renovate** 復元［刷新］する（=reform）
- ☐ **Buddhist priest** 仏僧（=Buddhist monk）

苔寺として知られる西芳寺

④ 文化遺産

白川郷・五箇山の合掌造り集落

Historic Villages of Shirakawa-go and Gokayama（1995 年 12 月登録）

【所在地】岐阜県大野郡白川村の荻町《おぎまち》、富山県南砺《なんと》市の相倉《あいのくら》と菅沼《すがぬま》

【概要】飛騨地方の白川郷（荻町）と越中《えっちゅう》（現・富山県）の五箇山（相倉と菅沼）にある合掌造りの家屋を有する集落です。

合掌造り

江戸時代に養蚕《ようさん》のために建造されました。合掌造り家屋には釘を 1 本も用いず、2 本の材木を逆 V 字形に組み合わせた切妻《きりづま》屋根の構造です。屋根の葺《ふき》替《か》えは約 20 年ごとに行われ、縄とネソと呼ばれるマンサクの木を使用します。この集落は豪雪地帯であり、積雪（約 3m）を落としやすくするために急勾配（約 60 度）の屋根にした茅葺《かやぶき》家屋で有名です。荻町は 1976 年（昭和 51 年）、相倉と菅沼は 1994 年（平成 6 年）に「重要伝統的建造物群保存［重伝建］地区」に指定されています。

「白川郷・五箇山の合掌造り集落」構成資産

1. 荻町（集落）Ogimachi Village：59 棟
2. 相倉（集落）Ainokura Village：20 棟
3. 菅沼（集落）Suganuma Village：9 棟

Q&A 76 合掌造り

Q 合掌づくり家屋の主な特徴はどのようなものですか。合掌造り家屋を西洋に紹介したのは誰ですか。**What is the main feature of the *Gassho-zukuri* houses? Who introduced the *Gassho-zukuri* houses to the West?**

A The Historic Villages of the **Shirakawa-go** and **Gokayama** districts are located in a mountainous region stretching across the border of Gifu and Toyama prefectures. These villages are well-known for the *Gassho*-style houses resembling hands joined together in prayer, with steeply-pitched thatched roofs to prevent snow accumulation. This mountain range stretching from the northern Chubu region to the Hokuriku region receives some of the heaviest snowfalls in Japan.

One of features is that no pegs or nails are used in their roof construction, and many houses contain *irori*, or Japanese hearths in the main central area of the structure. Traditionally the smoke from these hearths is used to aid raising the silkworms by hanging them in frames in the upper levels of the buildings. The smoke is also essential to provide protection for the pine and chestnut pillars and beams against insects.

The UNESCO World Heritage Center registered the three villages of Ogimachi in Shirakawa Village in Gifu Prefecture, Ainokura and Suganuma in Nanto City in Toyama Prefecture in 1995. These villages are outstanding examples of a traditional way of life perfectly adapted to the natural environment and people's social circumstances.

The *Gassho*-style architecture was first introduced to the West in 1934 by Bruno Taut, a German architect, who stayed in Japan from 1933 to 1936 and traveled widely to study Japanese architecture. Since then, its uniqueness and importance has been recognized worldwide.

【主旨】

白川郷と**五箇山**の由緒ある集落は、岐阜と富山の県境の山岳地帯にあります。集落は、祈るときに両手を合わせるのに似た形の合掌造りの家屋でよく知られています。合掌造りの家屋は、積雪に耐えるように建てられた急勾配の茅葺屋根がかけられています。中部地方北部から北陸地方へと延びる山脈は日本有数の豪雪地帯です。

その特徴の１つは、屋根組みに全く釘を使用していないことで、また、多くの家屋の中央部には囲炉裏《いろり》が設けられています。かつて囲炉裏からの煙は建物の上層にある骨組みで蚕《かいこ》を飼育するために使用されていました。煤《すす》は松木や栗木の柱や梁《はり》を害虫から保護するために欠かせませんでした。

1995年（平成7年）岐阜県白川村にある荻町、富山県南砺市にある相倉と菅沼の3集落がユネスコ世界遺産に登録されました。集落は自然環境と人間社会が見事に適合した伝統的な生活様式を示す顕著な範例です。

合掌造り建築を1934年（昭和9年）に西洋に最初に紹介したのはドイツ人建築家ブルーノ・タウトです。彼は1933年（昭和8年）から1936年（昭和11年）日本に滞在し、日本の建築を研究するために日本各地を旅行しました。それ以来、合掌造りの特殊性と重要性が広く世界に知られるようになりました。

Notes

- ☐ **border** 境界
- ☐ **resemble** 類似する
- ☐ **join (one's hands)**（両手を）組み合わせる（=fold）
- ☐ **steeply-pitched** 急勾配の
- ☐ **thatched roof** 茅葺屋根
- ☐ **prevent** 防ぐ
- ☐ **accumulation** 蓄積、集積
- ☐ **peg** 釘（=nail）
- ☐ **hearth** 暖炉前、炉床
- ☐ **pillar** 柱
- ☐ **beam** 梁
- ☐ **way of life** 生活様式
- ☐ **environment** 環境
- ☐ **circumstance** 境遇

アテンドの知識

合掌造り建築を世界に紹介したブルーノ・タウト

建築家ブルーノ・タウト（Bruno Taut:1880-1938）の傑作は、「ベルリンのモダニズム集合住宅群」として2008年（平成20年）に世界文化遺産の一部として登録されています。1933年（昭和8年）来日し、「桂離宮」の伝統美を世界に広く紹介した最初の建築家でもあります。

茅葺

茅葺《かやぶき》（thatching）が2020年（令和２年）に「伝統建築工匠の技」（techniques of traditional architectural crafts persons）としてユネスコ無形文化遺産に登録されました。茅とは屋根を葺《ふ》く草の総称です。現代の建築材料と技術をもってしても茅葺の持つ断熱性・保温性・雨仕舞・通気性・吸音性を兼ね備えた屋根をつくりあげることは並大抵ではないのです。

⑤ 文化遺産

広島平和記念碑（原爆ドーム）

Hiroshima Peace Memorial (Genbaku Dome)（1996年12月登録）

【所在地】広島県広島市中区大手町1丁目10番地

【概要】世界遺産の範囲は原爆ドームが建つ核心地域（3900m^2）と平和記念公園（Peace Memorial Park）そして周辺河川地域（約42万m^2）です。

原爆ドーム

1945年8月6日午前8時15分、米軍のB-29爆撃機（the Boeing B-29 Superfortress [bomber]）、機名「エノラ・ゲイ」（Enola Gay）によって広島市に原子爆弾が投下されました。その悲劇の象徴になったのが「原爆ドーム」の名で知られる広島平和記念碑です。

当時は「広島県産業奨励館」と呼ばれていました。もともとは1915年（大正4年）チェコの建築家（Czech architect）ヤン・レッツェル（Jan Letzel：1880-1925）が設計したネオ・バロック様式の「広島県物産陳列館」の建物で、その後改称されました。

人類史上初めて使用された核兵器の悲惨さを伝える建物であり、ポーランドのアウシュヴィッツと同様に「負の遺産」（negative legacy [heritage]）として、世界に核兵器廃絶（the ultimate elimination of all nuclear weapons）と恒久平和（permanent peace）を訴える人類共通の平和記念碑です。

Q&A 77 原爆ドーム

Q 原爆ドームの原形は何ですか。**What was the former structure of the Genbaku Dome?**

A The **Hiroshima Peace Memorial**, commonly called the **Atomic Bomb Dome (Genbaku Dome)**, is the only structure left standing in the area where the first atomic bomb exploded on 6 August 1945.

The Genbaku Dome is the ruin of the former Hiroshima Prefectural Industrial Promotion Hall that was destroyed when the first nuclear weapon, atomic bomb, in human history was dropped by an American Air Force bomber in 1945. Because the atomic blast exploded almost directly above this spot, the walls of the building were partially spared from destruction. The building has been preserved in the same state as it was found immediately after the bombing. It now serves as a reminder of nuclear devastation and as a symbol of hope for world peace and the elimination of all nuclear weapons.

The Atomic Bomb Dome, testifying to its tragic history, is also a powerful symbol of Hiroshima's plea that nuclear weapons should never be used again. In 1996, the building was listed as a World Heritage Site as both an important ruin and a symbol of hope for world peace.

【主旨】

広島平和記念碑、通称「**原爆ドーム**」は1945年（昭和20年）8月6日に最初の原爆が爆発した場所に残された唯一の建造物です。

原爆ドームは1945年米空軍爆撃機が人類史上初めて核兵器、原子爆弾を投下したときに破壊された旧「広島県産業奨励館《しょうれいかん》」の遺跡です。この地点のほぼ真上の上空で原子爆弾が炸裂《さくれつ》したので、建物の壁は部分的に崩壊を免がれました。建物は爆弾投下直後と同じ状態で保存されています。現在は核荒廃《かくこうはい》の残存物として、また世界平和と核兵器の根絶を祈願するシンボルとして保存されています。

悲劇的な歴史を伝える原爆ドームは、核兵器が二度と使用されないようにという広島の悲願を力強く象徴するものでもあります。1996年（平成8年）には世界平和への祈願のシンボルの重要な遺跡として世界遺産に登録されました。

⑥ 文化遺産

厳島神社

Itsukushima Shinto Shrine（1996 年 12 月登録）

【所在地】広島県廿日市市宮島町 1-1

【概要】「厳島神社」と「弥山《みせん》の原始林」の総称。

瀬戸内海の広島湾に浮かぶ宮島（周囲 31km）には、古来信仰の対象となる最高峰の弥山（標高 535m）が御神体として仰がれ、その北東麓には 1400 年以上の歴史を有する厳島神社が鎮座します。

「厳島神社」構成資産

1. 厳島神社 Itsukushima Shrine
2. 弥山の原始林 The Primeval Forest of Mount Misen

Q&A 78 厳島神社と弥山

Q 厳島神社とその鳥居についてお話し願えますか。弥山についてお話しください。**Please tell me about Itsukushima Shrine and its *Torii* Gate. Please tell me about Mount Misen.**

A **Itsukushima Shrine** is located on the island of Itsukushima, popularly known as Aki-no-Miyajima, in the Seto Inland Sea. Itsukushima Shrine, situated in Hatsukaichi City in Hiroshima Prefecture, has been a holy place of Shintoism as an object of veneration since ancient times. The picturesque landscape of the island includes the shrine structures jutting from the sea and the huge vermilion *torii* gate erecting in Hiroshima Bay 160 meters from the Main Shrine.

The first Itsukushima Shrine buildings here were probably erected in the 6th century, but the present shrine dates from the 12th century. General Taira-no-Kiyomori provided the funds to erect the main shrine and dedicated the shrine to the glory of the Taira clan in 1168 towards the end of the Heian period. The harmoniously arranged buildings of the shrine reveal great artistic and technical skill. The most symbolic feature of this shrine is the *O-torii* (Great Shrine Gate) in the foreground and the *Shaden* (Shrine Pavilion) connected by a roofed corridor seemingly floating on the sea. The great vermilion *torii* gate is regarded as the symbol of Itsukushima Shrine. The wooden shrine painted in bright vermilion is built over the water so that when the tide comes in it appears as though the shrine is floating. Both structures are submerged at full tide, but at low tide the sea water recedes completely and it is possible to walk out to the *torii* gate.

Mount Misen is situated within the World Heritage area of Itsukushima Shrine and has been worshipped by residents in the region since ancient times. The mountain was opened as an ascetic holy mountain site by Kobo Daishi (Kukai) in 806. Mount Misen, the highest peak on the island, commands a splendid view of the Seto Inland Sea and the nearby mountains.

【主旨】

厳島神社は瀬戸内海に浮かぶ厳島、通称「安芸《あき》の宮島」に鎮座しています。厳島神社は、広島県の廿日市《はつかいち》市にあり、古来神道の聖地として崇敬の対象でした。絵のように美しい島の景観には、海上に突き出た社殿そして本殿から 160m 離れた広島湾に建つ巨大な朱塗りの鳥居があります。

初期の厳島神社の社殿建造は 6 世紀頃（593 年）と思われますが、現在の神社の建立は 12 世紀に遡ります。平安末期の 1168 年（仁安 3 年）に武将 平 清盛《たいらのきよもり》（1118-1181）は社殿を建造するために基金を作り、平家の栄華に社殿を捧げました。調和よく統制のとれた神社建造物は高度な芸術性と技術的な技法を顕示しています。この神社の象徴的な特色といえば、前景に立つ大鳥居と、屋根のある廻廊《かいろう》で結ばれた海に浮かぶように見える社殿です。朱塗りの大鳥居は厳島神社の象徴とされています。朱塗りの木造社殿は海上に建立されているため潮が満ちれば社殿は水に浮いているように見えます。いずれの建物も満潮時には水に沈みますが、干潮時には海水は完全に引き、鳥居まで歩いて行けます。

弥山は世界遺産・厳島神社の登録区域内に位置し、古来地元住民によって崇拝されてきました。山麓は 806 年（大同元年）弘法大師（空海：774-835）によって修行の霊山として開山されました。宮島の最高峰である弥山からは、瀬戸内海と周辺の山々の絶景が一望できます。

Notes

- ☐ **the (Seto) Inland Sea** （瀬戸）内海
- ☐ **holy place** 聖地（=sacred place）
- ☐ **veneration** 崇敬［畏敬］の念
- ☐ **jut** 突き出る
- ☐ **vermilion gate** 朱塗りの門
- ☐ **erect** 建てる、建築する
- ☐ **fund(s)** 基金、資金
- ☐ **the main shrine** 本殿
- ☐ **dedicate (to)** （に）捧げる、奉納する
- ☐ **reveal** 顕示する、啓示する
- ☐ **submerge** 沈む
- ☐ **at full tide** 満潮時に
- ☐ **at low tide** 干潮時に
- ☐ **recede** 退く、遠のく
- ☐ **ascetic** 修行の ▶an ascetic monk 修行僧

アテンドの知識

厳島神社の本社の構成は 4 部門、「本殿《ほんでん》」（＝三女神が安置されている所）、「幣殿《へいでん》」（＝神主のみが出入りできる、また神楽を舞う所）、「拝殿《はいでん》」（＝誰もが祈祷できる所）そして「祓殿《はらいでん》」（＝祈祷前に心身を清める所）から成っています。「廻廊」（西廻廊・東廻廊）を含めすべての建造物は国宝（national treasure）に指定されています。

7 文化遺産

古都奈良の文化財

Historic Monuments of Ancient Nara（1998 年 12 月登録）

【所在地】奈良県奈良市

【概要】奈良の世界遺産は、奈良市に点在する神社（1 物件）・仏閣（5 物件）、平城宮跡、春日山原始林の総称（8 物件）。

奈良は、710 年（和銅 3 年）から 794 年（延暦 13 年）まで日本の首都であり、政治・経済・文化の中心地として繁栄しました。この時代に中国（唐）や韓国との交流を通して日本文化の原型が形成されました。794 年、首都が京都へ遷都した後も宗教都市として栄え、神社仏閣や宮跡の文化遺産が残存します。

「古都奈良の文化財」構成資産

1. 東大寺 Todai-ji Temple
2. 興福寺 Kofuku-ji Temple
3. 薬師寺 Yakushi-ji Temple
4. 唐招提寺 Toshodai-ji Temple
5. 元興寺 Gango-ji Temple
6. 春日大社 Kasuga-taisha Grand Shrine
7. 春日山原始林 Virgin Forest of Kasuga-yama Mountain（標高 498m 面積約 250ha）
8. 平城宮跡《あと》 Heijo-kyu Palace Site; the remains of the Imperial Palace

Q&A 79 奈良の寺院群

Q 古都奈良の文化財におけるユネスコ世界遺産はいくつありますか。遺産についていくつか例をお話しください。**How many UNESCO World Heritage Sites are there at the Historic Monuments of Ancient Nara? Please tell me about some examples of properties.**

A The Historic Monuments of Ancient Nara, registered as UNESCO World Heritage Sites, encompass eight cultural assets in the old capital of Nara in Nara Prefecture. The cultural assets are five Buddhist temples, one Shinto shrine, the Kasuga-yama Primeval Forest (Special Natural Monument) and the Former Site of the Heijo-kyu Imperial Palace (Special Historic Site). Japanese culture developed through cultural exchanges with China and Korea. Nara, the capital of Japan from 710 to 794, offers clear evidence of this exchange in many of its temples. The Five Buddhist Temples are Todai-ji, Kofuku-ji, Yakushi-ji, Toshodai-ji and Gango-ji.

Let me talk briefly about some famous examples amongst the registered temples.

«1» **Todai-ji Temple** contains the Great Buddha Hall, reputedly the largest wooden building in the world, which houses a colossal bronze statue of the Buddha known in Japanese simply as the *Daibutsu*. The temple also serves as the Japanese headquarters of the Kegon sect of Buddhism.

O-mizutori (Water-Drawing Ceremony) is held on the midnight of the 12th to the 13th of March at the Nigatsu-do Hall of Todai-ji Temple. This is a part of *Shuni-e* religious rituals performed for two weeks. The Buddhist priests pray for world peace and a rich harvest of crops. They brandish huge burning pine torches in the terrace of the Nigatsu-do Hall. Worshippers below rush for the showers of burning sparks, because they are believed to have the power to protect against evil. When all the torches have burned out, they draw up fresh water from the holy well (called *Wakasai*) early in the morning of the 13th to offer to the Buddha deity. The ritual signals the advent of a long-awaited spring.

«2» **Yakushi-ji Temple** was originally founded in Asuka in 680 by Emperor Temmu as he was praying that his wife (later the Empress Jito) would recover from illness. The temple was transferred to its current location in the capital at Nara in 718. The temple serves as the head temple of the Hosso sect of Buddhism. The new building in the center of the temple grounds is the *Kondo* (the Main Hall) which was reconstructed in 1976, based on the original design of the majestic structure. The Main Hall enshrines the principal deity, *Yakushi-Sanzon* (Yakushi Trinity; National Treasure) which contains the main statue, *Yakushi-Nyorai* (the Healing Buddha), seated on a marble pedestal, with the statues of *Nikko-Bosatsu* and *Gakko-Bosatsu* standing on each side. Within the temple grounds, the Three-Story Pagoda known as the *To-to* (the East Pagoda; National Treasure) soars into the sky as a symbol of Nara. This pagoda (34.1m high) is the only structure at the temple that has survived in its original form.

«3» **Gango-ji Temple** was one of the powerful Seven Great Temples (called *Nanto-Shichi-Daiji*) in the Nara period. It originated as Asuka (dera) Temple (formerly known as Hoko-ji Temple) in the Asuka region. Built around 600, it was the oldest temple in Japan. The temple was moved to Nara from Asuka in 718 following the capitals relocation to Heijo-Kyo (the capital city of Japan during the Nara period) and changed its name to Gango-ji Temple.

【主旨】

ユネスコ世界遺産に登録された「古都奈良の文化財」には奈良県にある古都奈良の8物件の文化遺産が含まれています。文化遺産は仏閣5物件、神社1物件、春日山原始林（特別天然記念物）と平城宮跡（特別史跡）です。日本文化は中国や韓国との文化交流で発展してきました。710年（和銅3年）から794年（延暦13年）まで日本の首都であった奈良の多数の寺院には、この交流の明白な証《あかし》が残存します。仏閣5物件とは、東大寺、興福寺、薬師寺、唐招提寺そして元興寺です。

登録寺院の具体例を少し取りあげます。

《1》**東大寺**（⇒116頁）には世界最大級の木造建造物だと言われる大仏殿があり、日本語の「大仏」で知られる巨大なブロンズ製の大仏像があります。またこの寺院は華厳《けごん》宗《しゅう》大本山としての役職を担っています。

「お水取り」は東大寺の二月堂で3月12日深夜から13日にかけて行われます。この宗教儀式は2週間にわたって行われる修二会《しゅにえ》の一部です。仏僧は国家安泰《あんたい》と五穀豊穣《ごこくほうじょう》を祈り、二月堂の欄干で燃える大松明《たいまつ》を振り回します。階下に集う参詣者は、悪霊から保護される力があるといわれる火の粉のシャワーを急いで浴びようとします。松明が燃えつきると、13日の早朝に聖なる井戸（＝若狭井《わかさい》）から清水を汲み、仏に捧げます。この法事は待望の春の到来を告げるものです。

《2》**薬師寺**（⇒117頁）は皇后（後の持統《じとう》天皇）の病気回復を祈願して680年（白雉31年）に天武《てんむ》天皇（?-686）によって飛鳥に創建され、718年（養老2年）に首都であった奈良の現在地に移転されました。この寺は法相宗《ほっそうしゅう》の大本山です。境内の中央にある新しい建物は、壮麗な建造物の原形に基づいて1976年（昭和51年）に再建された「金堂」です。金堂には本尊の「薬師三尊」（国宝）が安置されています。中尊には大理石の台座に座する「薬師如来」、両脇には立像の「日光菩薩」と「月光菩薩」が配されています。境内には奈良のシンボルとしてそびえ立つ「東塔」（国宝）として知られる三重塔があります。この三重塔（高さ34.1m）は寺院唯一の創建当時のまま残存する建造物です。

《3》**元興寺**（⇒117頁）は奈良時代には「南都七大寺」の1つでした。寺の前身は飛鳥地区で6世紀末頃に建立された日本最古の仏教寺院の飛鳥寺（旧名は法興寺）です。寺院は平城京（奈良時代の日本の首都）遷都に伴って718年（養老2年）飛鳥から奈良に移転して元興寺に改称されました。

Notes

- ☐ **encompass** 包含する（=include）
- ☐ **cultural asset** 文化遺産（=cultural property）
- ☐ **primeval forest** 原始林（=virgin forest）
- ☐ **colossal** 巨大な、壮大な
- ☐ **religious ritual** 宗教儀式
- ☐ **brandish** 振り回す
- ☐ **buring sparks** 燃える火の粉
- ☐ **holy well** 聖なる井戸
- ☐ **advent** 到来、降臨

Q&A 80 春日大社と春日山原始林

Q 春日大社と春日山原始林についてお伺いしたいのです。**Please tell me about Kasuga-taisha Grand Shrine and Virgin Forest of Kasuga-yama Mountain.**

A **Kasuga-taisha Grand Shrine** was offcially established in 768 by the powerful Fujiwara clan, but its origins are believed to go back to the beginning of the Nara period (710-794). The shrine was rebuilt periodically every 20 years over the centuries much like Ise Grand Shrine in Mie Prefecture. The shrine is located at the foot of two sacred mountains: Mt. Mikasa(-yama) and Mt. Kasuga(-yama), both of which are regarded as objects of worship. Both virgin forests are protected as special natural treasures.

Kasuga-taisha Grand Shrine was originally built to protect the ancient capital, Heijo-kyo, and now serves as the head of many branch shrines spread throughout the country. Kasuga-taisha Grand Shrine is famous for its 1,000 hanging bronze lanterns on the vermillion-colored pillars or eaves of the shrine. It is also noted for its 2,000 standing stone lanterns outside the shrine precincts and along the path leading to the shrine. The Lantern-lighting Festival observed in early February and mid August is well-known for the fantastic scene created by some 3,000 fire-lit stone and bronze lanterns of various sizes.

【主旨】

春日大社は 768 年（神護景雲 2 年）、有力な藤原氏によって正式に創建されましたが、その起源は奈良時代（710-794）初期に遡《さかのぼ》るとされます。大社は三重県の伊勢神宮と同じように幾世紀もの間 20 年毎に定期的に再建されてきました。大社は御神体《ごしんたい》であるとされる 2 か所の聖山である「御蓋山《みかさやま》」と「春日山《かすがやま》」の麓に鎮座します。2 か所の原始林は特別天然記念物として保護されています。

春日大社は当初は古都平城京を保護するために建造されましたが、現在は国中に広がる支社の本部としての役割を果たしています。春日大社は社殿の朱塗《しゅぬ》りの柱や軒にある 1,000 基の青銅の吊り灯籠が有名です。また大社の境内や参道に並ぶ 2,000 基の立ち石灯籠でもよく知られています。2 月初旬と 8 月中旬に行われる有名な万灯籠《まんとうろう》祭には、大小 3,000 基の明かりのもと石造や青銅製の灯籠によって醸し出される幻想的な風景が見られます。

Notes

- ☐ **primeval forest** 原始林（=virgin forest）
- ☐ **clan** 氏、藩
- ☐ **pillar** 柱
- ☐ **eave** 軒
- ☐ **path leading to the shrine** 参道

⑧ 文化遺産

日光の社寺

Shrines and Temples of Nikko（1999 年 12 月登録）

【所在地】栃木県日光市山内《さんない》

【概要】「東照宮」、「二荒山神社」、「輪王寺」の二社一寺の総称。

神仏習合（the syncretism [mixture] of Shintoism and Buddhism）の聖地である日光は、奈良時代後期（766 年）に勝道《しょうどう》上人《しょうにん》（735-817）が開山しました。世界遺産の登録にさきがけて、「日光山内」の指定名で 1998 年（平成 10 年）に国の史跡に指定されました。

「日光の社寺」構成資産

1. 東照宮 Tosho-gu Shrine
2. 二荒山神社 Futarasan-jinja Shrine
3. 輪王寺 Rinno-ji Temple

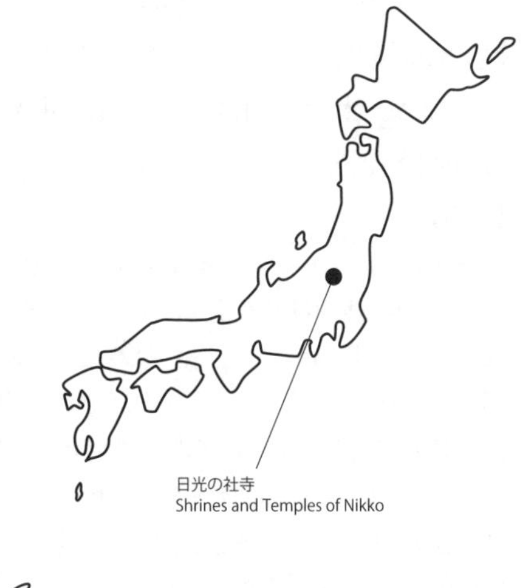

Q&A 81 東照宮

Q 東照宮とその有名な門について簡単にお話し願えますか。**Could you tell me about Tosho-gu Shrine and its famous gate in brief?**

A **Tosho-gu Shrine** is composed of several buildings erected to house the lavish mausoleum of Tokugawa Ieyasu, the founder of the Tokugawa shogunate, who passed away in 1616. After the death of Ieyasu, Jigen Daishi (Tenkai), a Tendai Buddhist monk, moved the Shogun's remains from Kunozan Tosho-gu Shrine in Shizuoka Prefecture to Nikko in 1617 and established his mausoleum at Tosho-gu Shrine. Tosho-gu Shrine initially was rebuilt in 1617 when Tokugawa Hidetada was the second shogun (generalissimo), and enlarged in 1636 during the time of the third shogun, Iemitsu. Tosho-gu Shrine is dedicated to the two other spirits of Japan's most influential historical personalities, Toyotomi Hideyoshi and Minamoto Yoritomo.

The lavishly-decorated shrine complex has a fine syncretism of Buddhist and Shinto architecture as seen in its Buddhist five-story pagoda and Shinto *Torii* gateway. The "**Yomei-mon,**" the Gate of Sunlight, erected in 1636, is the best-known example of the architectural style of Nikko. It is also called the "Higurashi-no-Mon," the Gate of Twilight, implying that visitors would like to continue admiring its beauty until twilight falls.

【主旨】

東照宮は、1616 年（元和 2 年）に逝去した徳川幕府の礎を固めた徳川家康（1542-1616）の壮麗な霊廟《れいびょう》を安置するために築かれた建造物群から成っています。家康の死後 1617 年（元和 3 年）に天台宗の仏僧慈眼《じげん》大師（天海：1536?-1643）が家康の遺体を静岡県の久能山《くのうざん》東照宮から日光に改葬し、東照宮に霊廟を築きました。第二代将軍徳川秀《ひで》忠《ただ》（1579-1632）が将軍であった時代の 1617 年に再建された東照宮は、第三代将軍徳川家光《いえみつ》（1604-1651）の時代 1636 年（寛永 13 年）に大規模に造替《ぞうたい》されました。東照宮には家康の他にも日本の史上最も有力な人物の豊臣秀吉（1537-1598）と 源 頼朝《みなもとのよりとも》（1147-1199）の二霊が祀られています。

豪華な東照宮には、仏教の五重塔と神道の鳥居に見られるように見事な神仏習合の建造物群があります。1636年建立の「**陽明門**《ようめいもん》」(国宝)は日光の建築様式として非常によく知れられている例です。「日暮らしの門」の異名をもち、参拝者が日暮れまでその美しさに見とれるほどという意味を有しています。

Notes

- □ **be composed of** から成る
- □ **erect** 建てる、建築する
- □ **lavish** 壮麗な、豪華な
- □ **mausoleum** 霊廟 (=a large and magnificent tomb) 複 mausolea, mausoleums ☆華麗な装飾が施された華美な石造の墓所。
- □ **pass away** 逝去する (=die)
- □ **Buddhist monk** 仏僧
- □ **remains** 遺体 (=dead body)
- □ **dedicate to** に奉献する
- □ **syncretism** 習合、混交 (=mixture)
- □ **imply** 暗示する、ほのめかす

Q&A 82 二荒山神社

Q 二荒山神社と神橋についてお話しください。**Please tell me about Futarasan-jinja Shrine and Shinkyo Bridge.**

A **Futarasan-jinja Shrine** was founded in 783 by Shodo Shonin, a Buddhist priest, who enshrined three Shinto deities: Oonamuchi-no-Mikoto (popularly called Okuninushi-no-Mikoto), his consort Tagorihime-no-Mikoto and their son Ajisukitakahikone-no-Mikoto. The shrine is dedicated to the Shinto gods of Nikko's three most sacred mountains of the area: Mt. Futara-san (also called Mt. Nantai-san), Mt. Nyoho-san and Mt. Taro-san. All three are objects of worship venerated as deities. They have become center of Nikko Mountain Worship. The present main shrine, the oldest of all the existing structures at the Nikko precincts, was built in 1619 by Tokugawa Hidetada, the second shogun of the Tokugawa shogunate.

The sacred bridge called **Shinkyo** straddling the Daiya River belongs to Futarasan-jinja Shrine. It is also registered by UNESCO as part of Nikko's World Heritage Sites. The current bridge standing at the entrance to Nikko's shrines and temple was constructed in 1904. This bridge with its graceful curve is regarded as one of the three most beautiful bridges in Japan. It measures 28 meters long, and is 7.4 meters wide and arches 10.6 meters high over the river. The bridge was made with lacquered vermillion and gilt metal ornaments and rests on two huge stone supports shaped like a *torii* gate at each end. Formerly the bridge was used only on ceremonial occasions, but it has been open to the public since 1973.

【主旨】

二荒山神社は 783 年（延暦 2 年）、勝道上人《しょうどうしょうにん》（735-817）が三神（二荒山大神）である大己貴命《おおなむちのみこと》（通称大国主命）、その妻・田心姫命《たごりひめのみこと》、そしてその子・味耜高彦根命《あぢすきたかひこねのみこと》を祀って創建されました。神社は日光三霊山、すなわち二荒山（2486m 別称「男体山《なんたいさん》」）、女峯《にょほう》山《さん》（2464m）そして太郎山（2368m）を御神体として奉献されています。この神社は日光山岳信仰の中心となっています。日光の境内中最古である現在の社殿は、1619 年（元和 5 年）に徳川幕府第二代将軍徳川秀忠《ひでただ》（1579-1632）によって建造されました。

大谷川《だいやがわ》に架かる**神橋《しんきょう》**と呼ばれる神聖な橋は二荒山神社に属し、ユネスコ世界遺産の一部でもあります。日光の寺社の表玄関に建つ現在の橋は 1904 年（明治 37 年）に架けられました。優雅な反《そ》り橋は「日本三大奇橋《ききょう》」の 1 つです。長さ 28m、幅 7.4m、水面よりの高さは 10.6m あります。神橋は朱色で塗られ金箔の金属飾をつけ、両端は鳥居のような形をした 2 つの大きな石の橋脚《きょうきゃく》の上にあります。神橋は以前祭事の時だけに使用されましたが、1973 年（昭和 48 年）以降は一般に通行できるようになりました。

【注】「日本三大奇橋」とは錦帯橋《きんたいきょう》（山口県）、猿橋《さるはし》（山梨県）、神橋（栃木県）です。

Notes

- ☐ **Buddhist priest** 仏僧
- ☐ **enshrine** 安置する、祀る
- ☐ **consort**（国王・王族の）配偶者
- ☐ **straddling**（両側に）またがる

Q&A 83 日光輪王寺

Q 日光輪王寺とその著名な建造物についてお伺いします。**Please tell me about Rinno-ji Temple and its noted structures.**

A Listed as a UNESCO World Heritage Site along with the two shrines of Tosho-gu and Futarasan, **Nikko Rinno-ji Temple** is a complex of many temple buildings in the Nikko area. The history of

Nikko Rinno-ji Temple goes back to 766 when Shodo Shonin, a Buddhist monk, first established Shihonryu-ji Temple in the Nikko area. Nikko Rinno-ji Temple belongs to the Tendai sect of Buddhism and is counted as one of the most important Tendai sect temples in Japan.

Among the most famous buildings is the **Sanbutsudo** (Three-Buddha Hall), the largest structure in Nikko. The main hall of the temple enshrines three gold-leafed wooden statues of Buddhist deities: the principal statue of Amitabha Tathagata (*Amida-Nyorai*) is in the center, flanked on the right by Kannon with a thousand arms (*Senju-Kannon*) and on the left by Kannon with a horse's head (*Bato-Kannon*). Opposite the *Sanbutsudo* stands the treasure house with Buddhist and Tokugawa related exhibits. Nikko Rinno-ji Temple is noted for its beautiful Japanese garden called **Shoyo-en** which was typical of the Edo period and the **Mausoleum of Tokugawa Iemitsu** (*Taiyu-in Reibyo*), the third Tokugawa shogun, which was built in 1653.

【主旨】

日光輪王寺は東照宮と二荒山の両神社と並びユネスコ世界遺産に登録され、日光地域の多数の仏教建造物群の総称です。日光輪王寺の歴史は、766 年（天平神護 2 年）に勝道上人が日光地域に四本龍寺《しほんりゅうじ》を創建したことに遡ります。寺院は天台宗に属し、日本の天台宗の主要な寺院の 1 つに数えられています。

輪王寺で最も有名な建造物は本堂である日光最大規模の**三仏堂**《さんぶつどう》です。本堂内には中央に本尊の「阿弥陀如来」、その側面の右側に「千手《せんじゅ》観音」と左側に「馬頭《ばとう》観音」の 3 体の金箔木造の仏像が安置されています。三仏堂の向側には仏教や徳川ゆかりの展示物を収蔵する宝物殿《ほうもつでん》があります。日光輪王寺は江戸時代造園の美しい典型である**逍遥園**《しょうようえん》と、1653 年（承応 2 年）建立の第三代徳川将軍家光を祀る**大猷院**《たいゆういん》**霊廟**の所在地としてもよく知られています。

Notes

- ☐ **complex** 複合体
- ☐ **enshrine** 祀る、安置する
- ☐ **gold-leafed statue** 金箔の像
- ☐ **deity** 神（=god; goddess）
- ☐ **flank** 側面（両面）に立つ、守る（=be at the side of）

9 文化遺産

琉球王国のグスク及び関連遺産群

Gusuku Sites and Related Properties of the Kingdom of Ryukyu
（2000 年 12 月登録）

【所在地】沖縄本島南部：沖縄県の那覇市・南城市・中頭郡中城村《なかがみぐんなかぐすくそん》・北中城村・うるま市・中頭郡読谷村《なかがみぐんよみたんそん》・国頭郡今帰仁村《くにがみぐんなきじんそん》の 3 市 4 村
【概要】琉球王国が三山《さんざん》王国（＝中山《ちゅうざん》王国・南山《なんざん》王国・北山《ほくざん》王国）に分かれていた頃の 5 か所の「グスク」（＝石造建造物である御城、城砦《じょうさい》）そして「玉陵《たまうどうん》」と「識名《しきな》園《えん》」の史跡群の総称です。

琉球王国

12 世紀頃農耕社会が成立し、琉球諸島各地に按司《あじ》（a ruler of a kingdom in the Ryukyu Islands）が現れ、グスクを拠点とする地方豪族の首長が覇権《はけん》（supremacy; hegemony）を争いました。1429 年（永享元年）第一尚氏《しょうし》王統の尚巴志《しょうはし》（1372-1439）が主要な按司を総括し、三山王国の統一権力を確立し、琉球王朝が成立しました。1879 年（明治 12 年）に沖縄県になるまでの 450 年間、沖縄は独立国でした。

「琉球王国のグスク及び関連遺産群」構成資産

1. 首里城跡 Shuri Castle Site; The Ruins of Shuri Castle
2. 玉陵 Tamaudun Royal Mausoleum; Mausoleum built for Ryukyuan Royalty
3. 園比屋武御嶽石門 Sanohyan Utaki Ishimon Stone Gate; Stone Gate located in a Sacred Grove of Trees

and Plants (*utaki*) of the Traditional Ryukyuan Religion

4. 識名園 Shikina-en Garden
5. 斎場御嶽 Seifa Utaki; The Sacred Place [Holy Shrine Area] of *Utaki*
6. 座喜味城跡 Zakimi Castle Site; The Ruins of Zakimi Castle
7. 中城城跡 Nakagusuku Castle Site; The Ruins of Nakagusuku Castle
8. 勝連城跡 Katsuren Castle Site; The Ruins of Katsuren Castle
9. 今帰仁城跡 Nakijin Castle Site; The Ruins of Nakijin Castle

Q&A 84 首里城

Q 首里城についてお伺いします。**Could you tell me about Shuri Castle?**

A **Shuri Castle** is a Ryukyuan Castle (or Gusuku) in Shuri, a district of Naha City, Okinawa. Shuri was formerly the royal capital of the Kingdom of Ryukyu. The castle is believed to have been built between the 13th and 14th centuries, and modified as a palace and fortress for the Ryukyu kings, who established the unified Kingdom of Ryukyu in the 15th century. Shuri Castle was repaired and expanded by King Sho Shin of the second Sho Dynasty. The castle played an integral role in the political unification of the island for about 400 years until the Meiji Government established Okinawa Prefecture in 1879. The castle was destroyed by the fires of war many times over the centuries, most recently in the Battle of Okinawa during the Second World War in 1945. In 1992 the current buildings were reconstructed on the original site and opened to the public as Shuri Castle Park.

【主旨】

首里城は沖縄県那覇市首里にある琉球王朝の城（グスク）です。首里はかつて琉球王国の王都でした。城は 13 世紀から 14 世紀にかけて創建され、15 世紀に琉球王国の統一を確立した琉球王の居城兼要塞《ようさい》として改修されたものと考えられます。首里城は第二尚氏《しょうし》王朝時代の尚真王《しょうしんおう》（1465-1527）によって修復・拡張されました。明治政府が沖縄県を 1879 年（明治 12 年）に設置するまで約 400 年間、城は島の政治的な統制をはかる中心地としての役割を果たしてきました。城は幾世紀にもわたる多くの戦火、最近では 1945 年第二次世界大戦の沖縄戦にて破壊されました。1992 年（平成 4 年）には現在の建造物が復元され，首里城公園として一般開園されています。

Notes

☐ **modify** 改修する、修正する
☐ **fortress** 要塞、砦
☐ **unify** 統一する、統合する
☐ **play an integral role** 重要な［不可欠な］役割を果たす
☐ **political unification** 政治統一

アテンドの知識

2019 年の首里城火災

2019 年（令和元年）10 月 31 日未明の火災により、首里城は正殿が焼失するなど甚大な被害を受けました。正殿をはじめとする多くの復元建築と収蔵・展示されていた工芸品が全焼・焼失または焼損しました。現在、首里城正殿の 2026 年復元予定に向け復興が進められています。

この火災で甚大な被害を受けましたが、ユネスコ側からは「世界遺産の登録抹消はない」という声明がでています。もともと首里城が世界遺産に登録されているのは、復元された首里城の建物ではなく、「首里城跡」としてです。復元された建物や城壁は世界遺産に含まれていません。首里城正殿の「基壇」（a stylobate; a podium; a platform）、つまり首里城正殿の基部に築かれた石造の壇［土台］の遺構が重要な遺産で、これが世界文化遺産として登録されているので何ら問題ないという判断のようです。

Q&A 85 玉陵

Q 世界遺産の 1 つである玉陵とはどのようなものですか。**What is the Tamaudun which has been designated as one of Okinawa's World Heritage Sites?**

A Cultural heritage sites are scattered throughout the main island of Okinawa. Due to its central role in Ryukyuan political and religious life, Shuri Castle is surrounded by various sites of historical interest. To the west of Shuri Castle is a massive stone structure, the **Tamaudun** Royal Mausoleum, which was created using the natural rock formation and surrounded by stone walls. This is the tomb of the Sho royal families of the Kingdom of Ryukyu. It was originally built in 1501 by Sho Shin, the third king of the second Sho Dynasty, to house the remains of his father, King Sho En.

The Royal mausoleum consists of three inner chambers from east to west. The central chamber temporarily enshrines a coffin (storing the deceased's body) prior to bone cleaning. The eastern [left] chamber entombs the washed bones of kings and queens, while the western [right] chamber houses the remains of other royal families. The inside of the mausoleum is paved with coral reef fragments. Above the structure to the east and west towers stand two stone lion-dog statues called *Shisa* which act as the mausoleum's guardians, or charms against evil, and are a symbol of Okinawa.

【主旨】

沖縄本島には文化遺産群が散在しています。首里城は琉球王国の政治・宗教生活の中核をなしていたため、その周辺には史跡が多数点在します。首里城の西部には天然石を使用して作られ、石壁に囲まれた巨大な石造建造物の**玉陵**《たまうどぅん》があります。これは琉球の歴代王族の陵墓《りょうぼ》です。元来、第二尚王朝時代の第三代尚真《しょうしん》（1465-1527）王が父の初代尚《しょう》円《えん》（1415-1476）を埋葬するために1501年（大亀元年）に建立した陵墓でした。

陵墓は東から西に向けた3墓室《ぼしつ》から成ります。中室には洗骨《せんこつ》前の（遺体を納めた）棺《ひつぎ》が暫定的に安置されます。東［左］室には王と妃の洗骨された遺骨が納められ、西［右］室には他の王族の遺骨が納められています。陵墓の内部にはサンゴの断片が敷き詰められています。東西の建物上には、この陵墓を守護する魔除けのシーサーという石彫獅子像（県指定の有形文化財）が立っていますが、これは沖縄のシンボルでもあります。

【注】玉陵（the mausoleum where the king and his family members are entombed）は「玉御殿」「霊御殿」などとも書きます。沖縄県最大の破風《はふ》型王墓があり、国指定の史跡また重要文化財です。

Notes

- ☐ **site of historical interest** 史跡
- ☐ **royal mausoleum** 陵墓
- ☐ **tomb** 墓
- ☐ **royal family** 王室
- ☐ **dynasty** 王朝
- ☐ **coffin** 棺
- ☐ **charm against evil** 魔除け

⑩ 文化遺産

紀伊山地の霊場と参詣道

Sacred Sites and Pilgrimage Routes in the Kii Mountain Range
（2004 年 7 月登録）

【所在地】和歌山県・奈良県・三重県

【概要】3 県にまたがる山岳霊場《さんがくれいじょう》（Sacred Sites）（「吉野《よしの》・大峯《おおみね》」、「熊野三山《さんざん》」、「高野《こうや》山《さん》」）と参詣道《さんけいどう》（Pilgrimage Routes）（「大峯奥駈道《おくがけみち》」・「熊野参詣道《くまのさんけいみち》」・「高野山町石道《ちょういしみち》」）の総称です。

「紀伊山地の霊場と参詣道」の構成資産

<u>山岳霊場</u>：紀伊山地（the Kii Mountain Range）にある標高 1000m を超える連山

1. 吉野・大峯 Yoshino & Omine
2. 熊野三山 the Three Grand Shrines of Kumano
3. 高野山 Mount Koya

<u>参詣道</u>：「吉野・大峯」、「熊野三山」、「高野山」の三大霊場を結ぶ道

4. 参詣道（1）大峯奥駈道（2）熊野参詣道（3）高野山町石道

紀伊山地の霊場と参詣道
Sacred Sites and Pilgrimage Routes in the Kii Mountain Range

Q&A 86 紀伊山地の霊場

Q 紀伊山地の三霊場とはどのようなものですか。**What are the Three Sacred Sites in the Kii Mountain Range?**

A The Three Sacred Sites in the Kii Mountain Range, which straddles Wakayama, Nara and Mie prefectures are registered as UNESCO World Heritage Sites.

Yoshino and Omine, situated at the northernmost part of the Kii Mountain Range, developed as sacred sites for the Shugendo sect, a religion established around the 8th century by combining the original mountain worship of Japan with exotic Buddhism and Taoism. Shugendo followers seclude themselves in the mountains and perform ascetic practices. Yoshino-Omine consists of several mountains with an elevation of over 1000 meters. The north part is called "Yoshino" and the south is named "Omine." Yoshino is also famous as a mountain of beautiful cherry blossom blooms in spring.

Kumano Sanzan is the generic name for three grand shrines situated in the southeastern part of the Kii Mountain Range: Kumano-Nachi-Taisha, Kumano-Hayatama-Taisha and Kumano-Hongu-Taisha, but also including two Buddhist temples of Seiganto-ji and Fudarakusan-ji. Kumano Sanzan is associated with a sect practicing a Shinto-Buddhism mixture. **Nachi Falls** at Hiro-jinja Shrine, the auxiliary shrine of Kumano Nachi Taisha, is an object of worship regarded as a deity. Nachi Falls (13m wide and 133m high) is known as one of the three most famous waterfalls in Japan. Many tourists gather around the waterfall basin because touching the water splashing from the falls is believed to ensure long life.

Koya-san is an unprecedented religious city on a mountain top where more than 100 temples are clustered. The most famous among them is **Kongobu-ji Temple** constructed by Kobo Daishi, known as

Kukai, who founded the Shingon sect of Buddhism in 816. The temple was built as a training center for ascetic mountain practices. Koya-san is also known for its many other temples where visitors are welcome to stay at the *Shukubo* or temple lodgings. In the *Shukubo* they come into contact with a traditional Japanese culture that they cannot experience at just any ordinary inn. Visitors can participate in copying of Buddhist sutras in religious services, or eating the traditional vegetarian food of Buddhist monks. For this reason, it is becoming very popular among tourists from abroad.

The pilgrimage routes connecting these sacred sites are mostly known as "Kumano Kodo." Although many of them have steep stone steps, it is well worth walking these old routes for the opportunities to appreciate the mysterious historical remains amid the rich natural scenery.

【主旨】

和歌山県、奈良県そして三重県にまたがる紀伊山地にある三霊場はユネスコ世界遺産に登録されています。

吉野《よしの》・大峯《おおみね》は紀伊山地の最北端にあり、およそ 8 世紀頃日本古来の山岳信仰と外来の仏教や道教が習合して成立した日本固有の修験道《しゅげんどう》の聖地として発展しました。それ以来、信奉者たちは山岳に隠遁《いんとん》し、修験道の根本道場となりました。吉野・大峰は標高千数百メートルの山々の連山から成り、北部を「吉野」、南部を「大峯」と呼びます。吉野は春になると桜の名所としてもよく知られています。

熊野三山《くまのさんざん》は紀伊山地の南東部にある 3 神社（＝熊野那智大社・熊野速玉大社・熊野本宮大社）の総称で、青岸渡寺《せいがんとじ》と補陀洛山寺《ふだらくさんじ》の 2 寺を含みます。熊野三山は神仏習合の宗派とつながっています。熊野那智大社の別宮・飛龍《ひろう》神社の御神体である**那智の滝**（幅 13m、高さ 133m）は日本三名瀑の 1 つとして知られています。滝のしぶきに触れると長生きできると信じられているので滝つぼ近くに集う観光客が多いようです。

高野山《こうやさん》は 100 以上（現在は 117）の寺院が密集する山頂にある比類なき一大宗教都市です。特に有名な寺院は**金剛峯寺《こんごうぶじ》**であり、816 年（弘仁 7 年）、真言宗の開祖弘法大師（空海：774-835）によって創建されました。寺院は山岳修行の道場として建造されました。高野山は来訪者を快く宿泊させる宿坊設備のある寺院の所在地としてもよく知られています。宿坊では一般の旅館では経験できない真の伝統的な日本文化を体験することができます。経典《きょうてん》の模写に参加したり、僧侶の伝統的な精進料理を食することができるのです。このような理由から、今では海外からの来日者の間で非常に人気が高まっています。

これらの聖地を結ぶ巡礼路は「熊野古道」としてよく知られています。その多くには険しい石段がありますが、豊かな自然景観の中で、神秘的な歴史遺跡を堪能する絶好の機会を提示する古道を散策する価値は十分にあります。

Notes

- □ **mountain worship** 山岳信仰
- □ **Taoism** 道教 ☆中国の民族宗教、老荘思想
- □ **seclude oneself in** ～に隠遁する
- □ **ascetic practices** 修行
- □ **generic name** 総称
- □ **auxiliary shrine** 別宮（=associated [subordinate] shrine）
- □ **object of worship regarded as a deity** 御神体
- □ **waterfall basin** 滝つぼ
- □ **unprecedented** 前例のない
- □ **come into contact with** ～に出くわす
- □ **Buddhist sutra** 経典、お経 ▶chant a Buddhist sutra お経を唱える
- □ **traditional vegetarian food** 精進料理
- □ **pilgrimage route** 巡礼路
- □ **appreciate** 真価を認める、称賛する

アテンドの知識

補陀洛山寺《ふだらくさんじ》

和歌山県 東《ひがし》牟婁《むろ》郡にある天台宗の寺院。4 世紀頃開山の古刹で、平安時代の作である重要文化財の木造千手観音立像が本尊として安置されています。境内には「補陀洛渡海《とかい》船」（＝平安時代から江戸時代にかけて、約 30 日分の食料を積み込み、南方に補陀洛浄土を目指し渡海する船）が復元されています。

Q&A 87 熊野古道

Q 熊野古道について手短にお話しください。**Please tell me about the Kumano Kodo in brief?**

A The **Kumano Kodo** is the generic term for a network of ancient Kumano pilgrimage routes that stretch across the Kii Peninsula. The sacred trails were and are still used for pilgrimages to the sacred sites of the Kumano Sanzan or the Three Grand Shrines of Kumano; Kumano-Hongu-Taisha, Kumano-Nachi-Taisha and Kumano-Hayatama-Taisha, which are situated in the southeastern part of the Kii Mountain Range.

There are also some Kumano Kodo pilgrimage routes which stretch across the mountains of the Kii Peninsula. The Nakahechi route starts from Tanabe City on the western coast of the Kii Peninsula and traverses east into the mountains towards the Kumano grand shrines. The Kohechi route cuts through the center of the Kii Peninsula from north to south, linking the Buddhist temple complex of Koyasan and the Kumano Sanzan. The Ohechi route runs south from Tanabe City along the coast to Fudarakusan-ji Temple. The Iseji route runs along the east coast of the Kii Peninsula between Ise-jingu Shrine and the Kumano Sanzan.

【主旨】

熊野古道は紀伊半島を縦横に結ぶ一連の古代熊野巡礼路の総称です。参詣道は、紀伊山地の南東部に位置する熊野三山である、熊野本宮大社・熊野那智大社・熊野速玉《はやたま》大社への今昔を越えた巡礼路です。

熊野古道には紀伊半島の山岳地帯へ伸びている参詣道がいくつかあります。中辺路《なかへち》は紀伊半島の西海岸にある田辺市から出発し、熊野本宮に向かう山中東部へと横断します。小辺路《こへち》は北から南へと向かい紀伊半島の中央を切り抜け、高野山の寺院群と熊野三山を結びます。大辺路《おおへち》は田辺市から海岸線に沿いながら南部に向けて補陀烙山寺へと結びます。伊勢路《いせじ》は伊勢神宮と熊野三山の間を紀伊半島の東部海岸に沿って通じています。

Notes

- □ **generic term** 総称
- □ **pilgrimage route** 巡礼路
- □ **stretch across** 交差する、縦横に動く (=crisscross)
- □ **peninsula** 半島
- □ **sacred trail** 聖地 (=sacred site; holy place)
- □ **traverse** 横断する

Q&A 88 高野山

Q 高野山にある2か所の有名な巡礼地についてお話しください。
Please tell me about the two famous holy sites in Koyasan.

A **Koyasan** is the generic name for the mountain range in the northeastern part of Wakayama Prefecture, each with an elevation of 1,000m. There is actually no mountain officially called *Koyasan* in Japan. More than 100 temples are scattered in the area of Koyasan, thus forming a great religious city. On the peak of Koyasan is **Kongobu-ji Temple**, the head temple of the Koyasan Shingon sect of

Buddhism, which was founded in 816 by the Buddhist priest Kukai, known as Kobo Daishi. Koyasan is one of the three most sacred mountains in Japan, along with Mt. Hiei(-zan) in Kyoto and Mt. Osore(-zan) in Aomori Prefecture.

One of the two most famous holy sites in Koyasan is **Okuno-in** (or the Inner Sanctuary), the site of the Mausoleum of Kobo Daishi, which is surrounded by an immense graveyard. The cemetery in this place, the largest in Japan, has over 200,000 tombstones lining the almost two kilometers long approach to Kobo Daishi's Mausoleum. Okuno-in is regarded not only as the most sacred site in Koyasan but is also as a popular pilgrimage spot.

The other is **Danjo Garan** Temple, in the heartland of Koyasan, which was founded in the precincts for religious practices in 826. The sacred area consists of nearly twenty different structures including the magnificent *Konpon-Daito* (the Large Central Pagoda), the *Kondo* (the Main Hall) and the *Fudodo* (the Fudodo Hall).

【主旨】

高野山は和歌山県北東部の標高 1,000 メートル級の山々が連なる山地一帯の総称です。日本には高野山という名称の山は存在しません。高野山域には 100 以上の寺院が点在し、一大宗教都市を形成しています。その頂上には弘法大師空海によって 816 年（弘仁 7 年）に開山された高野山真言宗総本山である**金剛峯寺**《こんごうぶじ》があります。高野山は京都の比叡山《ひえいざん》そして青森県の恐山《おそれざん》と並ぶ日本三大霊山の 1 つです。

高野山には有名な二大巡礼地があり、その 1 つは広大な墓所に囲まれた空海の霊廟《れいびょう》である**奥の院**です。日本最大の墓所には、弘法大師の霊廟までの約 2 キロに及ぶ参道に総数 20 万基を超えるといわれる墓石が並んでいます。奥ノ院は高野山最大の聖地であると同時に人気の高い巡礼地とされています。

もう 1 つは高野山の中心地にある**壇上《だんじょう》伽藍《がらん》**で、826 年（天長 3 年）に宗教行事を行うため境内に建立されました。この聖地には根本大塔《こんぽんだいとう》や金堂、不動堂などを含む 20 余りの異色の建造物群があります。

Notes

- ☐ **be scattered in** ～に点在［散在］する
- ☐ **Buddhist priest** 仏僧
- ☐ **holy site** 聖域（=sacred site [area]）
- ☐ **sanctuary** 至聖所
- ☐ **mausoleum** 霊廟
- ☐ **graveyard** 墓所（=cemetery）
- ☐ **heartland** 中心地
- ☐ **pilgrimage spot** 巡礼地

11 文化遺産

石見銀山遺跡とその文化的景観

Iwami Ginzan Silver Mine and its Cultural Landscape
（2007 年 6 月登録）

【所在地】島根県大田市大森町を中心とし、同市の仁摩町《にまちょう》と温泉津町《ゆのつまち》に広がる

【概要】戦国時代後期から江戸時代前期にかけて最盛期を迎えた日本最大の銀山。

大航海時代の 16 世紀には、世界で流通する銀の 3 分の 1 が日本の銀であったと言われています。「銀鉱山跡と鉱山町」、「石見銀山街道」、「銀の積み出し港と港町」が自然と共存する文化産業遺産です。

「石見銀山遺跡とその文化的景観」の構成資産

❶銀鉱山跡と鉱山町（Silver Mine Sites and Mining Towns）：16 世紀前半から 20 世紀前半にかけて操業された銀鉱山そしてそれに伴って発展した鉱山町と銀山防御の山城跡。

1. 銀山柵内 Ginzan Sakunouchi; an enclosure at the silver mine
2. 代官所跡 magistrate office site
3. 矢滝城跡 Yataki-jo Site
4. 矢筈城跡 Yahazu-jo Site
5. 石見城跡 Iwami-jo Site
6. 大森銀山重要伝統的建造物群保存地区 Omori Ginzan Important Traditional Groups of Buildings Preservation District
7. 宮ノ前地区 Miyanomae District
8. 重要文化財・熊谷家住宅 Important Cultural Property-House of the Kumagai Family
9. 羅漢寺五百羅漢 Rakan-ji Gohyakurakan [500 images of saints]

石見銀山遺跡とその文化的景観
Iwami Ginzan Silver Mine and its Cultural Landscape

10. 佐毘売山神社 Sahimeyama-jinja Shrine

❷石見銀山街道（Transportation Routes known as *Kaido* that connect the Silver Mining Towns）：石見銀山と 2 か所の積み出し港を結ぶ街道。

11. 鞆ケ浦道 Tomogaura-do Route
12. 温泉津沖泊道 Yunotsu-Okidomari-do route

❸港と港町（Ports and Port Towns）：銀・銀鉱石を積み出す 2 か所の港、それに隣接した港町及び港湾集落地区。

13. 鞆ケ浦 Tomogaura Port
14. 沖泊 Okidomari Port
15. 温泉津重要伝統的建造物群保存地区 Yunotsu Important Traditional Groups of Buildings Preservation District

Q&A 89 石見銀山

Q 石見銀山についてお話しください。**Please tell me about the Iwami Ginzan Silver Mine.**

A The remains of the **Iwami Ginzan Silver Mine** are located in Shimane Prefecture, facing the Sea of Japan. The Iwami Ginzan was one of the world's leading mines producing high-quality silver from its rediscovery in 1526 to its closure in 1923. Silver from the mine was widely used for coins. The Iwami Ginzan was rediscovered by Kamiya Jutei, a rich merchant in Hakata, Kyushu, in 1526. He was involved in the full scale development of the Iwami Ginzan Silver Mine. The silver mined at the Iwami Ginzan was very high quality, and was the highest trading credit in East Asia (Korea and China). The silver excavated from this mine was exported to Europe by way of East Asia. It reached its peak production in the 16th century producing what was then one third of the world's silver. The mine played a pivotal role in economical and cultural exchanges throughout the world.

A special feature of the Iwami Ginzan is that the miners preserved the environment with much care, carrying out their work without destroying a cultural landscape harmonized with nature. In particular, the townscape of Yunotsu was designated by the Japanese government as Important Traditional Groups of Buildings Preservation District in 2004. The town was active in the later part of the 16th century as the administrative center of the Iwami Ginzan and its surrounding areas. Yunotsu was also an old hot spring town that hosted local magistrates, famous feudal lords, writers and artists. The layout of the houses remains unchanged from the early Edo period.

【主旨】

石見銀山の遺跡は日本海に面する島根県に位置します。石見銀山は 1526 年（大永 6 年）の再発見から 1923 年（大正 12 年）の閉山まで高品質の銀を産出する世界有数の銀鉱の 1 つでした。鉱山から発掘された銀は硬貨として広く使用されていました。1526 年、石見銀山は九州博多の豪商・神《かみ》屋《や》寿禎《じゅてい》（生没年不詳）によって再発見されました。彼は石見銀鉱の大規模な開発に尽力しました。石見銀山で採鉱された銀の品質は非常に高く、東アジア（韓国や中国）貿易で非常に高い信用を得ていました。この鉱山から発掘される銀は東アジアを経てヨーロッパへと輸出されました。世界産出銀の 3 分の 1 を占めていた 16 世紀には産出もその絶頂を極めました。世界における経済と文化の交流において極めて重要な役割を果たしていました。

石見銀山の大きな特色は、鉱山者が勤労に励みながら、自然と調和した文化的景観を損なうことなく注意深く環境保存に尽力したことです。特に、温《ゆ》泉《の》津《つ》の町景観は 2004 年（平成 16 年）に日本政府から重要伝統的建造物群保存地区に指定されました。町は石見銀山とその周辺地域の行政の中心地として 16 世紀後半には活気に満ちていました。温泉津はさらに地元の代官や著名な大名、作家や芸術家を接客する由緒ある温泉街でした。町並みは、江戸時代初期の風情をそのまま変わることなく残しています。

Notes

- □ **remains** 遺跡
- □ **be involved in** 従事する、専念する
- □ **trading credit** 貿易する上での信用
- □ **excavate** 発掘する
- □ **by way of** の経由で
- □ **production** 生産（高）、産出（量）
- □ **play a pivotal role** 極めて重要な役割を果たす
- □ **magistrate** 代官
- □ **feudal lord** 大名
- □ **remain** 残存する

アテンドの知識

石見銀山と神《かみ》屋《や》寿《じゅ》禎《てい》（生没年不詳）

石見銀山は鎌倉時代に発見されましたが、本格的な開発が進められたのは、神屋寿禎による銀山再発見以降と言われています。神屋寿禎は、戦国時代筑前（現・福岡県）博多の貿易商兼鉱業家です。1526 年（大永 6 年）、出雲大社裏の鷺銅山へ銅を仕入れに日本海を行く途中、船上から山が光り輝くのに気づき石見銀山を発見しました。1533 年（天文 2 年）には再び石見に赴き白銀を採掘しました。銀の精錬術（灰吹法）を学んで石見銀山を発展させ、採掘した銀を中国や朝鮮の高級織物などと交換し巨利を得ました。

その後石見銀山は、最盛期の江戸時代には幕府直轄領となり、世界最大級の銀山となりました。1969 年（昭和 44 年）には日本を代表する鉱山遺跡として国によって史跡に、2007 年（平成 19 年）には産業遺産としてはアジア初の世界遺産に指定されました。

温泉津《ゆのつ》

温泉津は日本海岸に臨む大森銀山（石見銀山）の銀積み出し港として江戸時代に繁栄した古風な温泉街です。全長 800m の静かな町並みは、江戸時代前期の景観とほとんど変わっていません。開湯は 1,300 年前と伝えられ、歴史ある温泉施設が点在します。温泉街としては初めて、国の重要伝統的建造物群保存地区に選定されました。1,000 年以上の歴史をもつ温泉津温泉は、原爆症に対する効能が高いことでも注目を浴びました。

石見銀山資料館

温泉津の町

⑫ 文化遺産

平泉—仏国土（浄土）を表す建築・庭園及び考古学的遺跡群

Hiraizumi — Temples, Gardens and Archaeological Sites Representing the Buddhist Pure Land（2011 年 6 月登録）

【所在地】岩手県西磐井郡平泉町

【概要】平泉（Hiraizumi）は平安時代末期、ほぼ百年に及ぶ奥州藤原氏（清衡《きよひら》［1056-1128］・基衡《もとひら》［1105-1157］・秀衡《ひでひら》［1122-1187］・泰衡《やすひら》［1155-1189］）の支配下にあった時代に日本列島北部における政治・文化・宗教の中心地でした。11 世紀から 12 世紀に渡って権力を行使した拠点の名残があり、山や川などの自然の地形を活かし、阿弥陀如来が治める「仏国土（浄土）」（the Buddhist Pure Land）を現世に表現した寺院や庭園などの考古学的遺跡群が残存します。大陸発の仏教と日本の自然思想や美的感覚の融合がみられる遺跡です。

「平泉」の構成資産

1. 中尊寺 Chuson-ji Temple
   (1) 金色堂 the Golden Hall / the Hall of Gold dedicated to Amida
   (2) 覆堂 the Oido Sheath Hall
   (3) 経蔵 the Kyozo Sutra Repository
2. 毛越寺 Motsu-ji Temple
3. 観自在王院跡 the Site of Kanjizaio-in
4. 無量光院跡 the Site of Muryoko-in
5. 金鶏山 Mount Kinkei(-zan) with sutra mounds

Q&A 90 平泉

Q 平泉の世界遺産について簡単にご説明ください。**Please give me a brief explanation of the World Heritage Site of Hiraizumi?**

A "**Hiraizumi** — Temples, Gardens and Archaeological Sites Representing the Buddhist Pure Land" comprises five sites: Chuson-ji (Temple), Motsu-ji (Temple), Kanjizaio-in Ato (the Site of Kanjizaio-in Temple), Muryoko-in Ato (the Site of Muryoko-in Temple) and Mt. Kinkeizan. It features vestiges of government offices dating from the 11th and 12th centuries when Hiraizumi was a political and cultural center in northern Japan under the administration of the Oshu Fujiwara family for nearly one hundred years.

Chuson-ji Temple was founded in 850 by Ennin (Jikaku Daishi), the third abbot of the Tendai sect of Buddhism. After Fujiwara-no Kiyohira moved to Hiraizumi, he began to commission halls and pagodas at Chuson-ji Temple in 1105. Kiyohira continued to expand his temple, and finally completed it in 1124 with the addition of the Golden Hall (*Konjiki-do*) dedicated to the Amida Buddha. At the peak, there were more than 40 halls and pagodas on the precincts, but most of them burned down in 1337 except for the Golden Hall.

Kanjizaio-in Temple was founded adjacent to Motsu-ji Temple by the wife of Fujiwara-no Motohira, but was destroyed by fire in 1573. **Muryoko-in Temple** was founded with a monumental Amida statue by Fujiwara-no Hidehira, but was sadly lost to fire. **Mt. Kinkei-zan** is a conical 98-meter-high mountain which was used for sutra mounds (an archaeological site where 12th-century Buddhist sutras were buried underground). This small mountain is located in the middle between Chuson-ji and Motsu-ji temples. This mountain alone amongst the rest retains its original shape.

【主旨】

「**平泉**―仏国土（浄土）を表す建築・庭園及び考古学的遺跡群」は中尊寺、毛越寺、観自在王院跡、無量光院跡そして金鶏山の5件から構成されています。その特色は、平泉がほぼ百年に及ぶ奥州藤原氏の支配下にあった時代に日本列島北部における政治と文化の中心地であった11世紀から12世紀に遡る権力の拠点の名残です。

中尊寺《ちゅうそんじ》は、850年（嘉祥3年）第三代天台座主の円仁《えんにん》（慈覚大師《じかくだいし》）によって開創《かいそう》されました。藤原清衡《きよひら》は平泉に移り住んだ後、1105年（長治2年）中尊寺の諸堂宇《どうう》［堂塔］の中興《ちゅうこう》に着手しました。清衡は寺院の拡大を続行し、1124年（天治元年）には阿弥陀如来に捧げた金色堂《こんじきどう》を加えて完成させました。最盛期には境内には40余の堂宇がありましたが、1337年（延暦2年）には金色堂を残してほとんど焼失しました。

観自在王院《かんじざいおういん》は藤原基衡《もとひら》の妻によって毛越寺と並んで建立されましたが、1573年（天正元年）に焼失しました。藤原秀衡《ひでひら》によって阿弥陀像とともに建立された**無量光院**《むりょうこういん》も、その後焼失しました。**金鶏山**《きんけいざん》は98mほどの小さな円錐形の山で、経塚（＝12世紀の仏教経典を土中に埋葬する塚）が造営されました。この小さな山は中尊寺と毛越寺のほぼ中間に位置し、この山のみが原型を保持しています。

Notes

☐ **comprise** から成り立つ
☐ **vestige** 名残、形跡、面影
☐ **date from** に遡る
☐ **abbot** 座主《ざす》 ☆大寺院を総括する首席の管主（=the head [chief] priest of the temple)。延暦寺の天台座主に始まる。キリスト教では「大修道院長」を指す。
☐ **commission**（作業を人に）委託する
☐ **dedicate** 奉献する
☐ **found** 創建する、開創する
☐ **conical mountain** 円錐形の山
☐ **sutra mounds** 経塚
☐ **retain** 保有する、保持する

アテンドの知識

円仁《えんにん》（794-864）

円仁は平安初期の仏僧で、天台宗山門派の開祖。下野《しもつけ》（栃木県）出身。808年（15歳）比叡山に登り、最澄《さいちょう》（伝教大師）に師事。838年（45歳）遣唐使《けんとうし》の船に乗り入唐しました。帰朝後、854年に延暦寺第三代天台座主になり、天台密教を確立しました。850年に毛越寺を、860年には立石寺《りっしゃくじ》（＝山寺《やまでら》）を開山したと言われます。没後には日本最初の大師号である「慈覚大師《じかくだいし》」を授けられました。

Q&A 91 毛越寺の庭園

Q 毛越寺とその有名な庭園についてお話しください。**Please tell me about Motsu-ji Temple and its famous garden.**

A **Motsu-ji Temple** was founded by Ennin in 850 and completed by Fujiwara-no Hidehira after the death of his father Motohira, but all of the original buildings were destroyed by repeated fires. However the **Jodo-style Paradise Garden** with the beautiful Oizumi-ga-ike Pond has remarkably survived. The garden is the finest example of this luxurious Heian-style landscaping extant in Japan. The pond represents the scenic beauty of Japan's coastline with a sandy beach and a stream suggests a natural river winding gently to the sea. The garden is a magnificent simulacrum of the Amida Buddha's Western Paradise in this world. It was designated as a Special Historic Site in 1952 and a Special Place of Scenic Beauty in 1959.

The Winding Stream Event called "Gokusui no En" with the recreated amusement of the Heian nobility is held every May in the garden. Sitting by the narrow stream (called *Yarimizu*), participants compose poetry before a floating cup of *sake* reaches them. The Longevity Rites called "Ennen no Mai" (designated by the government as an Important Intangible Folk Cultural Property) is performed at the Hall of Motsu-ji Temple.

【主旨】

毛越《もうつう》寺《じ》は 850 年（嘉祥 3 年）に円仁によって創建され、藤原秀衡《ひでひら》が父基衡《もとひら》の死後に中興しましたが、建物の原形は度重なる火災で消滅しました。しかし美しい大泉《おおいずみ》が池《いけ》を有する**浄土式庭園**は見事に残存しています。日本に今なお現存する華麗な平安風庭園のすぐれた範例です。池は砂浜を有する日本の海岸の景観美を表し、流れはゆるやかに海に注ぐ自然の河川を連想させます。庭園は、現世における阿弥陀の西方極楽浄《さいほうごくらくじょう》土《ど》の華麗な面影を明示しています。1952 年（昭和 27 年）には特別史跡、1959 年（昭和 34 年）には特別名勝に指定されました。

例年 5 月には、庭園で平安貴族の娯楽を再現した「曲水《ごくすい》の宴《えん》」が行われます。参加者は遣水《やりみず》の近くに座り、杯が流れ着く前に詩歌を詠みます。長寿祈願の儀式である「延年《えんねん》の舞《まい》」(国指定・重要無形民俗文化財) は毛越寺の堂宇《どうう》にて行われます。

Notes

- ☐ **found** 創建する
- ☐ **remarkably** 著しく、際立って
- ☐ **survive** 生き残る、残存する
- ☐ **extant** 現存する、今なお無傷に残っている
- ☐ **scenic beauty** 景観美
- ☐ **simulacrum** 面影、似姿、情景 ☆複数形は simulacra
- ☐ **nobility** 貴族
- ☐ **the Longevity Rite** 延年の舞

アテンドの知識

大泉が池

毛越寺を代表する浄土庭園にある池（東西約 180m、南北約 90m）で、平安時代の優雅な作庭当初の姿を今に伝えます。池の中央部には勾玉《まがたま》状の中島があり、すべて玉石が敷かれ、周囲には、州浜《すはま》や枯山水風の築山《つきやま》、出島《でじま》や飛島《とびじま》などの石組が配置されています。見る者に優雅な風情と仏の教え、「浄土」を観想させる壮観な庭園です。

曲水の宴

曲水の宴（ごくすいのえん［うたげ］／きょくすいのえん［うたげ］）は、平安時代の宮中での雅な歌遊びです。庭に流れる水辺で、上流から流した杯が自分の前から流れ過ぎないうちに詩歌を作ります。

遣水

日本の造景庭園内に水を導き、流れが池に注ぐようにした人工的な小さな流水（路）のことです。曲がりくねる水路に多様な石組みが配置されます。

Q&A 92 金色堂

Q 金色堂には誰が埋葬されていますか。**Who is buried in the Konjiki-do or the Golden Hall?**

A **The Golden Hall** (designated as a National Treasure), representing the Pure Land on Earth, was founded by Fujiwara-no Kiyohira in 1124. The hall derived its name from the fact that its exterior is profusely embellished with gold leaf and designed with mother-of-pearl inlay. The inner chamber (*naijin*) contains the **Three Amida Trinities,**

flanked by groups of six *Jizo* and two guardian kings. Beneath their respective Amida Trinities are the dais holding the mummified remains of three generations of the Fujiwara leaders (Kiyohira, Motohira and Hidehira), and the head of Yasuhira, the fourth and last lord of the family. The temple grounds have been designated as a Special Historic Site.

The Golden Hall, Golden Mortuary Chapel of Hiraizumi's lords, can be viewed through glass panels which are kept inside the sheath hall (*Oido*) protecting it from humidity and harmful bugs and insects. The present sheath hall was built in 1965 with earthquake and fire-resistant reinforced concrete. The historical artifacts and Buddhist statues found in the Golden Hall are stored in the treasure storehouse called *Sankozo*. They are displayed to the public, reminding all who view them of the very high level of artistic achievement in these earlier times.

【主旨】

金色堂《こんじきどう》〈国宝〉は地上の極楽浄土を模した御堂《おどう》で、1124年（天治元年）、藤原清衡《きよひら》によって創建されました。金色堂の名称は、その外部の大部分が金箔で潤色《じゅんしょく》され、螺鈿《らでん》細工で華麗に装飾されていることに由来します。内陣《ないじん》には六地蔵尊と二天像（＝持国《じこく》天と増長《ぞうちょう》天）が並列した**阿弥陀三尊**《あみださんぞん》が安置されています。阿弥陀三尊の下には各々藤原三代（＝清衡、基衡《もとひら》、秀衡《ひでひら》）のミイラ化した遺体と第四代最後の当主・泰衡《やすひら》の首級が納められた須弥壇《しゅみだん》があります。中尊寺の境内は特別史跡に指定されています。

平泉領主の霊安堂である金色堂は、湿気と害虫からお堂を保護する覆堂《おおいどう》内に設置されたガラスパネルを通して見ることができます。現在の覆堂は1965年（昭和40年）に耐震や防火用の強固な鉄筋コンクリートで建造されています。金色堂に見られた芸術品や仏像は「讃衡蔵《さんこうぞう》」と呼ばれる宝物館に収蔵保管されています。公開展示されており、拝観者は往時の芸術的な偉業を偲ぶことができます。

Notes

- □ **found** 創建する
- □ **derive** 由来する
- □ **profusely** 豊富に、過度に（=richly）、豪華に（=gorgeously）
- □ **embellish** 装飾・潤色する（=decorate）
- □ **mother-of-pearl inlay** 螺鈿細工
- □ **Trinity** 三尊、三位一体
- □ **flank** 側面に位置する、脇に立つ
- □ **dais**（貴賓用の）高座 ☆須弥壇《しゅみだん》（dais for a Buddhist statue [a statue of Buddha]）
- □ **mummified remains** ミイラ化された遺体（=dead bodies）
- □ **mortuary chapel** 廟堂、霊安堂
- □ **sheath Hall** 覆堂（おおいどう、さやどう、ふくどう）☆金色堂を覆っているお堂のこと。
- □ **artifacts** 美術品
- □ **treasure storehouse** 宝物館

⑬ 文化遺産

富士山―信仰の対象と芸術の源泉

Fujisan, sacred place and source of artistic inspiration

（2013 年 6 月登録）

【所在地】静岡県の富士宮《ふじのみや》市、裾野《すその》市、富士《ふじ》市、御殿場《ごてんば》市、駿東郡《すんとうぐん》小山町《おやまちょう》、静岡市ならびに山梨県の富士吉田《ふじよしだ》市、富士河口湖町、山中湖村、忍野村《おしのむら》、鳴沢村《なるさわむら》、身延町《みのぶちょう》

【概要】富士山（標高 3,776m）は美しく荘厳な姿を基盤とし、多種多様な「信仰の対象」と「芸術の源泉」になった名山。世界遺産には、成層火山（stratovolcano）の富士山そのものだけでなく、その周辺に点在する富士山域（特に標高約 1,500m 以上の重要地域）、登山道（4 か所の登山道）、周辺神社（8 か所の浅間神社）、沼湖（富士五湖と忍野八海）、胎内樹型（2 か所）、その他に御師住宅、遺跡、瀑布、海岸など幅広く 25 物件が含まれています。

富士山

10 万年以上前に誕生した小御岳《こみたけ》火山が起源で、その後古富士《こふじ》火山、新富士火山の 2 世代にわたる噴火活動によって、美しい円錐形をした現在の富士山が形成されました。古来、日本人は噴火を繰り返す富士山を「神が宿る山」として敬意をはらい、崇拝してきました。富士山の噴火を鎮めるために、山麓に「浅間《せんげん》神社」を建立し、祈願しました。平安時代には噴火がおさまり、富士山は「修行の山」となり、多数の修験者《しゅげんじゃ》が登山するようになりました。室町時代には修験者に加え、武士や庶民が登山するようになり、江戸時代には富士山を「神聖な山」として登山する

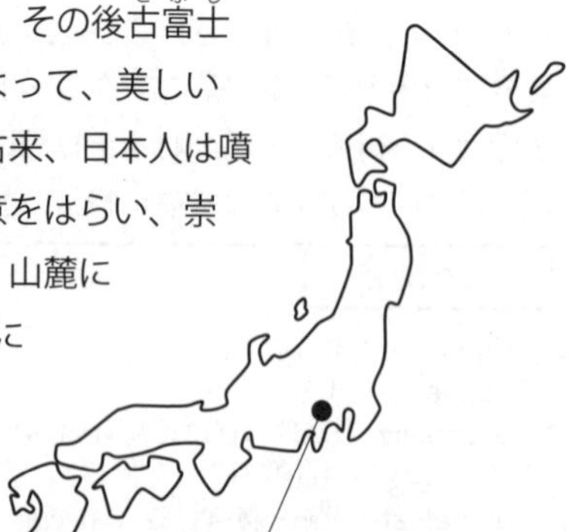

富士山―信仰の対象と芸術の源泉
Fujisan, sacred place and source of artistic inspiration

「富士講」という信仰が生まれました。

富士山は「日本三名山」、「日本百名山」の山であり、「富士箱根伊豆国立公園」（1936年）、その後「特別名勝」（1952年）、「史跡」（2011年）に指定されています。

「富士山」の構成資産

1. 富士山域（静岡県・山梨県）Fuji-san Mountain Area
   (1) 山頂の信仰遺跡群（静岡県・山梨県）Mountaintop Worship Sites
   (2) 大宮・村山口登山道（現・富士宮口ルート）（静岡県）
   Omiya, Murayamaguchi Trails
   (3) 須山口登山道（現・御殿場口ルート）（静岡県）Suyamaguchi Trail
   (4) 須走口登山道（静岡県）Subashiriguchi Trail
   (5) 吉田口登山道（山梨県）Yoshidaguchi Trail
   (6) 北口本宮冨士浅間神社（山梨県）Kitaguchi Hongu Fuji Sengen-jinja shrine
   (7) 西湖（山梨県）Lake Sai-ko
   (8) 精進湖（山梨県）Lake Shoji-ko
   (9) 本栖湖（山梨県）Lake Motosu-ko
2. 富士山本宮浅間大社（静岡県）Fujisan Hongu Sengen Taisha Grand Shrine
3. 山宮浅間神社（静岡県）Yamamiya Sengen-jinja Shrine
4. 村山浅間神社（静岡県）Murayama Sengen-jinja Shrine
5. 須山浅間神社（静岡県）Suyama Sengen-jinja Shrine
6. 富士浅間神社（須走浅間神社）（静岡県）Fuji Sengen-jinja Shrine (Subashiri Sengen-jinja Shrine)
7. 河口浅間神社（山梨県）Kawaguchi Asama-jinja Shrine
8. 冨士御室浅間神社（山梨県）Fuji Omuro Sengen-jinja Shrine
9. 御師住宅（旧外川家住宅）（山梨県）Oshi Lodging House (Former House of the Togawa Family)
10. 御師住宅（小佐野家住宅）（山梨県）Oshi Lodging House (House of the Osano Family)
11. 山中湖（山梨県）Lake Yamanaka-ko
12. 河口湖（山梨県）Lake Kawaguchi-ko
13. 忍野八海、出口池（山梨県）Oshino Hakkai (Deguchi-ike Pond)
14. 忍野八海、お釜池（山梨県）Oshino Hakkai (Okama-ike Pond)
15. 忍野八海、底抜池（山梨県）Oshino Hakkai (Sokonashi-ike Pond)
16. 忍野八海、銚子池（山梨県）Oshino Hakkai (Choshi-ike Pond)
17. 忍野八海、湧池（山梨県）Oshino Hakkai (Waku-ike Pond)
18. 忍野八海、濁池（山梨県）Oshino Hakkai (Nigori-ike Pond)
19. 忍野八海、鏡池（山梨県）Oshino Hakkai (Kagami-ike Pond)
20. 忍野八海、菖蒲池（山梨県）Oshino Hakkai (Shobu-ike Pond)
21. 船津胎内樹型（山梨県）Funatsu Tainai Jukei (lava tree moulds)

22. 吉田胎内樹型（山梨県）Yoshida Tainai Jukei (lava tree moulds)
23. 人穴富士講遺跡（静岡県）Hitoana Fuji-ko Iseki remains
24. 白糸ノ滝（静岡県）Shiraito-no-taki waterfalls
25. 三保の松原（静岡県）Mihonomatsubara pine-tree grove

Q&A 93 富士山

Q 富士山が文化遺産に登録されたのはなぜでしょうか。**Why was Mount Fuji registered as a Cultural Heritage Site?**

A **Mount Fuji**, which straddles the border between Yamanashi and Shizuoka prefectures, was designated as a "cultural" rather than "natural" heritage site and registered under the title of "Mount Fuji; Object of Worship, Wellspring of Art."

Mount Fuji, the highest mountain in Japan famous for its beautiful cone shape, has been worshipped as a sacred mountain and been a source of artistic inspiration for poets and artists throughout the centuries. Mt. Fuji, a national symbol of Japan, has often been selected as the subject of literature and paintings and helped nurture Japan's unique culture. The beauty of Mt. Fuji has often been praised by *Tanka* and *Haiku* poets, and depicted by painters. One of the most famous artists to depict Mt. Fuji is Katsushika Hokusai, a noted ukiyo-e painter in the Edo period, who created "Fugaku Sanjurokkei (Thirty-Six Views of Mt. Fuji)," a series of ukiyo-e paintings of various views of the mountain.

The 25 locations of Mt. Fuji registered as cultural heritage sites include many famous spots of interest in Japan, such as Fujisan Hongu Sengen Taisha and six other shrines at the base of the mountain, the Fuji-Five Lakes, the Eight Oshino Hakkai Ponds, the Shiraito-no-taki Falls and the Mihonomatsubara pine-tree grove which is a famous scenic coast of Suruga Bay in Shizuoka Prefecture. Mihonomatsubara is a 4-kilometer stretch of white sand spit lined with a green avenue of pine trees which offers a spectacular view of Mt. Fuji.

Mt. Fuji has been a favorite theme for Japanese poets and artists since ancient times. Many people dream of standing on the summit at least once in their lifetime to watch the sunrise called *Goraiko* from the top of the mountain.

【主旨】

山梨県と静岡県の境界にまたがる**富士山**は、「自然」遺産ではなく「文化」遺産として指定され、「富士山：信仰の対象と芸術の源泉」の名で世界遺産に登録されました。

美しい円錐《えんすい》形で有名な日本最高峰、富士山は古来霊山として崇敬され、幾世紀にもわたり詩人や芸術家の間で芸術の源泉とされてきました。日本国のシンボルである富士山は、往々にして文学や絵画の題材として選ばれ、日本固有の文化を育むのに一役かってきました。富士山の優美さは、頻繁に短歌や俳句の詩人によって賞賛され、画家によって描かれてきました。その著名な芸術家の一人に、富士山の種々の景観を描いた浮世絵連作「富嶽《ふがく》三十六景」を創作した、江戸時代の有名な浮世絵師である葛飾北斎《かつしかほくさい》（1760-1849）が名を連ねています。

文化遺産に登録された富士山の 25 か所には日本の有名な観光名所が含まれています。例えば富士山本宮浅間大社と山麓にある他の 6 か所の神社、富士五湖、忍野八海、白糸ノ滝、そして静岡県の駿河湾《するがわん》の美しい海岸にある三保の松原などです。三保の松原は 4km に及ぶ白浜青松の砂州《さす》で、富士山が一望できる風光明媚《ふうこうめいび》な地です。

古来長きにわたり日本の詩人や芸術家にとって富士山は恰好のテーマでした。多くの人々が、富士山頂からご来光と呼ばれる日の出を見るために人生一度はその頂に立つことを夢みています。

Notes

- □ **straddle** またがる
- □ **nurture** 育む
- □ **depict**（絵を）描く
- □ **famous spot of interest** 景勝地、観光名所

Q&A 94 富士五湖

Q 富士五湖と樹海についてお話しください。**Please tell me about the Five Lakes of Mt. Fuji and the Jukai or Sea of Trees.**

A Yamanashi Prefecture has a lot of scenic tourist attractions, including the **Five Lakes of Mt. Fuji** which are located near the northern slopes of Mt. Fuji. The five lakes are, from east to west, Yamanaka-ko, Kawaguchi-ko, Sai-ko, Shoji-ko and Motosu-ko. Lake Yamanaka-ko is noted for "Marimo," a ball-shaped algae. Lake Kawaguchi-ko is famous for the phenomenon of "Double-Fuji" or the inverted reflection of Mt. Fuji on its surface. Lake Motosu-ko, the deepest among them, is the westernmost of the Five Lakes of Mt. Fuji. It is best known for its appearance on the reverse side of the 1,000 yen bill. It is also noted for "Sakasa-Fuji" which means the inverted image of Mt. Fuji reflected in the waters. The beauty of its deep blue water offers a pleasant surprise to visitors.

Near the Five Lakes of Mt. Fuji is the **Jukai** or **Sea of Trees of Aokigahara Forest** which is situated between lakes of Sai-ko and Shoji-ko. The Jukai is a vast virgin forest extending 16 kilometers in circumference in which people sometimes get lost and unfortunately some have died. To the south of these lakes is *Koyodai* Hill which commands a panoramic view of the entire forest.

【主旨】

山梨県には富士山の北部山麓にある**富士五湖**〈2011 年国の名勝に指定〉など観光名所が多数点在します。五湖は東から西へ山中湖、河口湖、西湖、精進湖そして本栖湖です。山中湖は「マリモ」(⇒ 228 頁)があることで知られ、河口湖は「逆さ富士」の現象で有名です。本栖湖は富士五湖の最西端に位置し、五湖中では一番の水深です。千円紙幣の裏面に描かれた逆さ富士のモデルで有名です。観光客は瑠《る》璃《り》色にきらめく湖水の景観美に驚嘆します。

富士五湖の近くには西湖と精進湖の間に**青木ケ原樹海**があります。樹海は周囲 16 キロにも及ぶ広大な原生林であり、時として人が迷い込み、不幸な死にいたるほどです。湖の南方には紅葉台があり、この樹海の全景が展望できます。

Notes

- ☐ **Sea of Trees** 樹海(=the Ocean of Trees) ☆海外では the Suicide Forest [Woods] of Mt. Fuji とも言われている。
- ☐ **scenic tourist attraction** 観光名所
- ☐ **phenomenon** 現象 ☆複数形は phenomena
- ☐ **inverted reflection** 逆さの反射
- ☐ **reverse side** 裏面
- ☐ **virgin forest** 原生林(=primeval forest)

Q&A 95 忍野八海

Q 忍野八海とは何ですか。**What is Oshino Hakkai or eight spring water ponds?**

A **Oshino Hakkai** is made up of eight spring water ponds located in Oshino Village, Yamanashi Prefecture. The spring water that empties into these ponds is fed from the runoff of melting snow on the slopes of Mt. Fuji. The water sinks deep underground Mt. Fuji and filtered through porous layers of lava for over 20 years, resulting in very clear spring water. When Mt. Fuji erupted around 800 AD, the flow of lava split it into two, which became Lake Yamanaka-ko and Lake Oshino-ko. Lake Oshino-ko was related to the Five Lakes of Mt. Fuji, but it dried up into a basin due to river erosion. Then only eight springing ponds were left.

Oshino Village is a great place to see the magnificent view of Oshino Hakkai against a background of beautiful Mt. Fuji. The water of Oshino Hakkai is called "The Spring of God" in English because Mt. Fuji has long believed to be a sacred mountain. Oshino Hakkai is designated as a natural monument and one of the 100 best water sites in Japan.

【主旨】

忍野八海は山梨県忍野村にある 8 か所の湧水池《ゆうすいち》から成ります。この池の湧水には富士山麓の雪溶けの水が流れ込んでいます。水は富士山の深い地下にしみ込み、約 20 年以上の歳月をかけて溶岩の多孔性層《たこうせいそう》を通って濾過《ろか》され、その結果非常に綺麗な湧水となります。800 年（延暦 19 年）頃に富士山が噴火した時に、溶岩流《ようがんりゅう》によって湧水は二分断され、山中湖と忍野湖が形成されました。忍野湖は富士五湖と関連しますが、河川侵《かせんしん》食《しょく》のために干上がって盆地《ぼんち》となり、湧水池の八か所だけが残ったのが忍野八海です。

忍野村は美しい富士山を背景にした忍野八海の絶景を見る格好の場所です。富士山は長年霊山と崇められているため、忍野八海の水は英語では「神の泉」と呼ばれています。忍野八海は国の天然記念物、また日本名水百選の 1 つに指定されています。

Notes

- ☐ **spring water** 湧水、天然水
- ☐ **empty into** に注ぐ
- ☐ **feed** 送り込まれる
- ☐ **runoff** 雪解け水
- ☐ **filter** 濾過《ろか》する
- ☐ **porous** 多孔性《たこうせい》の、浸透性の
- ☐ **lava** 溶岩
- ☐ **erupt** 噴火する
- ☐ **river erosion** 河川侵食、水触

アテンドの知識

富士講

富士講（the Fuji-ko society; the confraternities of devotional Mt. Fuji; the Edo-period Shinto sect dedicated to the worship of Mt. Fuji）とは富士山の信仰教団のことで、富士山を信仰し参拝するための講社《こうしゃ》（religious association: 同一信仰を持つ人々による宗教的な結社）です。江戸時代中期に各地域で組織化され、神道系の教義を説きました。多くの人が富士山のふもとの湖や滝などの神聖な場所を巡り、山頂を目指して登山しました。

御師

御師（おし／おんし）とは「御《お》祈《いの》り師《し》」の意味です。元来富士山の神霊の信仰者を指導する宗教者を指しました。特定の社寺に属し、富士講の信徒のために祈祷（prayer）を行い、参詣者（worshipper）のために食事や宿泊（accommodations）・案内（guide）などの世話をする下級の神職者です。富士講の人々は富士山に登る前に、御師住宅に泊まりました。☆伊勢神宮や熊野三山への参詣者を指導する御師もよく知られています。

忍野八海

忍野八海（eight spring water ponds）は山梨県の南東部・富士北麓《ほくろく》、四方を山に囲まれた風光明媚な高原盆地の忍野村にある湧水群です。富士山の雪解け水が地下の溶岩の間で濾《ろ》過《か》され、湧水となって８か所から湧き出ています。富士山信仰に関する巡拝地として八海それぞれに守護神の「八大竜王《はちだいりゅうおう》」が祀られています。富士登山を行う修行者たちはこの水で穢《けが》れを祓っていました（purify one's bodies prior to climbing the mountain)。国の天然記念物に指定されています。

胎内樹型《たいないじゅけい》

胎内樹型（Lava Trees Moulds）とは、937 年（承平 25 年）の富士山の噴火によって流れ出た溶岩が大木を取り囲んで固まり、いくつもの樹木が重なり合って溶岩流の中に残ったまま形成されたものです。燃え尽きた樹幹の跡が空洞として残存する洞窟を「溶岩樹型」と言います。その形が、女性の「胎内」に例えられ、胎内信仰に繋がりました。富士講の修行者たちは登拝《とうはい》する際、この空洞を巡って身を清めました。大小 100 以上の溶岩樹型が点在する中で、その代表的な事例が「吉田胎内樹型」と「船津《ふなつ》胎内樹型」です。

洞内に浅間大神《あさまのおおかみ》の化身《けしん》（incarnation）である富士山の祭神（木花開耶姫命［このはなさくやひめのみこと］）を祀っています。国の天然記念物に指定されています。

三保の松原

静岡県静岡市の三保半島に広がる景勝地。国指定の名勝。虹の松原（佐賀県）と気《け》比《ひ》の松原（福井県）と並ぶ「日本三大松原」の１つであり、また耶馬溪（大分県）と大沼（北海道）と並ぶ「日本新三景」の１つでもあります。

⑭ 文化遺産

富岡製糸場と絹産業遺産群

Tomioka Silk Mill and Related Heritage（2014 年 6 月登録）

【所在地】群馬県富岡市・伊勢崎市・藤岡市・下仁田町

【概要】養蚕と日本の生糸産業の革命に決定的な役割を果たした 4 つの施設跡の総称。

（1）富岡製糸場は、1872 年（明治 5 年）に明治政府が設立し、1987 年（昭和 62 年）の閉鎖まで 115 年間続いた日本初の官営器械製糸工場です。（2）田島弥平《たじまやへい》旧宅は、風通重視の飼育法「清涼育《せいりょういく》」を確立した田島弥平が、1863 年（文久 3 年）に建てた近代養蚕《ようさん》農家です。（3）高山社《たかやましゃ》跡は、換気と温度調整を行う養蚕法「清温育《せいおんいく》」を開発した高山長五郎が、1884 年（明治 17 年）に自宅に設立した養蚕教育機関の建物です。（4）荒船風穴《あらふねふうけつ》は、標高 840 m の山中にあり、岩のすき間から吹き出す冷風を利用して蚕の卵の保存がなされた場所です。敷地全体は国指定の史跡、また重要文化財です。

「富岡製糸場と絹産業遺産群」構成資産

1. 富岡製糸場（富岡市）Tomioka Silk Mill
2. 田島弥平旧宅（伊勢崎市）Tajima Yahei Sericulture Farmhouse
3. 高山社跡（藤岡市）Takayama-sha Sericulture School
4. 荒船風穴（下仁田町）Arafune Cold Storage for Silkworm Eggs

Q&A 96 富岡製糸場

Q 富岡製糸場について手短にお話し願えますか。**Could you tell me about the Tomioka Silk Mill in brief?**

A The **Tomioka Silk Mill** was established in 1872 as a national government-run factory that served as the first model for other industrial-age silk mills in Japan. The Tomioka Silk Mill adopted machine silk-reeling technology under the instruction of Paul Brunat, a French engineer. The silk mill complex includes timber-frame masonry buildings for cocoon warehouses and silk-reeling plants. It operated for more than a century until it was eventually closed down in 1987 and its buildings were later donated to Tomioka City. The three other related facilities were also registered as part of the World Heritage Site listing. They are a house for silk-raising farmers, an educational institution founded for modern sericulture technology and a silkworm egg storage facility cooled by wind that blows through hollows in rocks.

The Tomioka Silk Mill and its related sites played a crucial role in innovating the sericulture and silk industry after the Meiji Restoration in the late 19th century. It helped modernize the silk industry and popularize silk worldwide.

【主旨】

富岡製糸場は 1872 年（明治 5 年）日本初の製糸《せいし》場の官営模範工場として創設されました。富岡製糸場はフランス人技師ポール・ブリューナ（1840-1908）に習い器械製糸技術を導入しました。「製糸場」の構成は繭《まゆ》倉庫などの木骨《もっこつ》レンガ造《ぞう》の建造物と製糸工場です。1987 年（昭和 62 年）の最終的な閉鎖まで百年以上も操業し、その建造物は富岡市に譲渡されました。他に 3 物件の関連施設も世界遺産の一部として登録されました。その物件とは「養蚕《ようさん》農家」、近代的な養蚕業技術のために設立された「教育機関」、そして岩場の穴から吹出する冷風を利用する「蚕種《さんしゅ》（蚕の卵）倉庫」の施設です。

富岡製糸場とその関連遺跡は 19 世紀末の明治維新後の養蚕業と絹産業の刷新において非常に重要な役割を果たしました。絹産業を近代化し、世界への絹の普及に貢献したのです。

Notes

- □ **machine silk-reeling technology** 器械製糸技術
- □ **timber-frame masonry** 木骨レンガ造の建造物
- □ **cocoon warehouse** 繭倉庫［貯槽所］
- □ **silk-reeling plant** 製糸工場
- □ **silk-raising** 養蚕（=silkworm-raising）
- □ **sericulture** 養蚕（業）
- □ **silkworm** 蚕

富岡製糸場

糸繰り機
（岡谷蚕糸博物館）

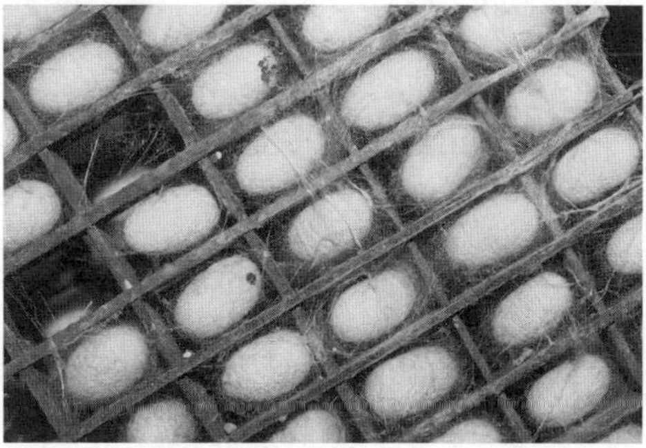

絹糸をとる
蚕蛾の繭

⑮ 文化遺産

明治日本の産業革命遺産
製鉄・製鋼、造船、石炭産業

Sites of Japan's Meiji Industrial Revolution: Iron and Steel, Shipbuilding and Coal Mining（2015 年 7 月登録）

【所在地】山口県・福岡県・佐賀県・長崎県・熊本県・鹿児島県・岩手県・静岡県

【概要】西洋からの技術移転と日本の伝統文化を融合させ、幕末から明治時代（1850 年代から 1910 年頃まで）に急速な発展をとげた日本の基幹産業となる「製鉄・製鋼業、造船業、石炭産業」の 3 つの重工業の産業分野に関する文化遺産です。この 3 つの産業分野は、機械製造や鉄道などを含めて、相互に補完する関係にあり、相乗効果を発揮しながら発展しました。特に明治時代に西洋技術が移転され、その実践と応用を経て産業体系として構築されたことは、日本が鎖国状態から脱皮した後の約 50 年間という短期間で飛躍的な発展を成し遂げる主要因となりました。

「明治日本の産業革命遺産」の構成資産

1. エリア 1：萩（山口県萩市）
   (1) 萩反射炉 Hagi Reverbatory Furnace
   (2) 恵美須ヶ鼻造船所跡 Ebisugahana Shipyard
   (3) 大板山たたら製鉄遺跡 Ohitayama Tatara Iron Works
   (4) 萩城下町 Hagi Castle Town
   (5) 松下村塾 Shokasonjuku Academy
2. エリア 2：鹿児島（鹿児島県鹿児島市）
   (6) 旧集成館 (Former) Shuseikan
   (7) 寺山炭窯跡 Terayama Charcoal Kiln

   (8) 関吉の疎水溝 Sekiyoshi Sluice Gate of Yoshino Leat
3. エリア 3：韮山（静岡県伊豆の国市）
   (9) 韮山反射炉 Nirayama Reverbatory Furnaces
4. エリア 4：釜石（岩手県釜石市）
   (10) 橋野鉄鉱山 Hashino Iron Mining and Smelting Site
5. エリア 5：佐賀（佐賀県佐賀市）
   (11) 三重津海軍所跡 Mietsu Naval Dock
6. エリア 6：長崎（長崎県長崎市）
   (12) 小菅修船場跡 Kosuge Slip Dock
   (13) 三菱長崎造船所第三船渠 Nagasaki Shipyard / Mitsubishi No.3 Dry Dock
   (14) 三菱長崎造船所占勝閣 Nagasaki Shipyard / Mitsubishi Senshokaku Guest House
   (15) 三菱長崎造船所ジャイアント・カンチレバークレーン Nagasaki Shipyard / Mitsubishi Giant Cantilever Crane
   (16) 三菱長崎造船所旧木型場 Nagasaki Shipyard / Mitsubishi Former Pattern Shop
   (17) 高島炭坑 Takashima Coal Mine
   (18) 端島炭坑 Hashima Coal Mine
   (19) 旧グラバー住宅（Former）Glover House and Office
7. エリア 7：三池（福岡県大牟田市、熊本県荒尾市、熊本県宇城市）
   (20) 三池炭鉱・三池港 Miike Coal Mine and Miike Port
   (21) 三角西港（宇城市）Misumi West Port
8. エリア 8：八幡（福岡県北九州市、福岡県中間市）
   (22) 官営八幡製鐵所 The Imperial Steel Works
   (23) 遠賀川水源地ポンプ室（中間市）Onga River Pumping Station

Q&A 97 明治日本の産業革命遺産

Q 明治日本の産業革命遺産はいくつ登録されていますか。遺産例をいくつか簡潔にお話しください。**How many heritage sites are registered in the Japan's Meiji Industrial Revolution? Please tell me about some examples of these sites in brief.**

A The sites of Japan's Meiji Industrial Revolution, inscribed on the UNESCO World Heritage List in 2015, consist of 23 component sites spread throughout 11 cities and eight prefectures, covering from Iwate in the north to Kagoshima in the south. Japan accomplished the rapid industrialization of the country from the middle of the 19th century to the early 20th century, through the development of key industries of Iron and Steel, Shipbuilding and Coal Mining. The heritage sites include several operational industrial facilities, such as Mitsubishi Heavy Industries Nagasaki Shipyard, and the Imperial Steel Works in Yawata (presently the Yawata Works of the Nippon Steel Corporation), as well as large-scale industrial infrastructure like Miike Port, and Hashima known for its abandoned undersea coal mine. Moreover, there are some well-known sightseeing spots familiar to many tourists, such as Glover House and Office, Battleship Island (formally known as Hashima Island) and Shokasonjuku Academy.

【主旨】

2015 年ユネスコ世界遺産に登録された「明治日本の産業革命遺産」は、北は岩手県から南は鹿児島県まで、全国 8 県 11 市にある 23 の構成資産から成っています。19 世紀中頃から 20 世紀の初頭にかけて、日本は基幹産業となる製鉄・製綱、造船、石炭の分野において急速な産業化を成し遂げました。登録遺産には三菱重工業長崎造船所や官営八幡製鐵所（現日本製鉄株式会社）などの使用可能な産業施設だけでなく三池港や海底炭鉱廃坑で知られる端島などいくつかの大規模産業インフラがあります。さらには、旧グラバー住宅、軍艦島（正式呼称は端島）、松下村塾といったような観光客にお馴染みの名所も含まれています。

Notes

- □ **component site** 構成資産
- □ **accomplish(ed)** 成し遂げる、完遂する
- □ **industrialization** 産業［工業］化
- □ **key industries** 基幹産業、基礎［中核］(をなす）産業（=basic[main] industries）
- □ **operational (facility)** 使用可能な（施設）
- □ **abandoned coal mine** 炭鉱廃坑

アテンドの知識

旧グラバー住宅

旧グラバー住宅は、産業革命中（during the industrial revolution）に西洋の技術（Western technology）を日本に導入する上で重要な役割を果たした長崎のスコットランド居住者（Scottish resident）であるトーマス・ブレーク・グラバー（Thomas Blake Glover: 1838-1911）の家屋と事務所で構成されている邸宅です。1863 年（文久 3 年）に建設された現存する日本最古の木造洋風建築（wooden Western architecture）です。

端島炭坑

端《は》島《しま》炭坑は、通称「軍艦島」として知られる長崎沖の小さな島にある炭鉱区です。1810年頃に石炭の採掘（excavation of coal）が始まり、1880年代から1890年代にかけて採掘が本格化しました。海底炭鉱によって栄え、日本初の鉄筋コンクリート造の高層集合住宅（high-rise apartment houses [complexes]）が建造されました。1974年（昭和49年）には閉山となり、現在は無人島（an uninhabited [a desert] island）となっています。

松下村塾

松下村塾は、長州藩校明倫館の師範を務めた吉田松陰（1830-1859）が講義した私塾（private school）です。松下村塾は幕末から明治維新（the Meiji Restoration）にかけて日本の近代化と工業化（modernization and industrialization）に貢献した、伊藤博文（1841-1909）、高杉晋作（1839-1867）、山縣有朋（1838-1922）をはじめとする重要人物（key figures）を数多く輩出しました。

（左）グラバー像
（下）旧グラバー住居

⑯ 文化遺産

ル・コルビュジエの建築作品―近代建築運動への顕著な貢献

The Architectural Work of Le Corbusier, an Outstanding Contribution to the Modern Movement（2016 年 7 月登録）

【所在地】東京都

【概要】国立西洋美術館は東京で初めての世界文化遺産となりましたが、ル・コルビュジエが日本に残した唯一の建築物として知られています。1959 年（昭和 34 年）に竣工した建物は、地上 3 階、地下 1 階からなる鉄筋コンクリート造で、ピロティー（＝柱だけで構成されている壁のない空間をもった建築様式）や照明に自然光を利用するなどル・コルビュジエ建築の特徴を備えています。また螺旋状に設けられた回廊やうずまき状に増床できる平面計画などが採用されています。

美術館におけるコレクションの大部分はルネサンス以降 20 世紀初頭までの作品です。特に有名なロダンの彫刻をはじめ、ルノワール、モネ、セザンヌといった巨匠によるフランス印象派などの西洋美術品が多数展示されています。前庭にはロダンの『考える人』、『カレーの市民』、『地獄の門』などの彫刻が点在します。

「ル・コルビュジエの建築作品」の構成資産

2016 年に世界遺産に登録された「ル・コルビュジエの建築作品―近代建築運動への顕著な貢献」は、東京・上野の「国立西洋美術館」を含む 7 国（日本、フランス、スイス、ドイツ、ベルギー、インド、アルゼンチン）の 17 資産で構成されています。

ル・コルビュジエの建築作品―近代建築運動への顕著な貢献
The Architectural Work of Le Corbusier, an Outstanding Contribution to the Modern Movement

1. 日本： (1) 国立西洋美術館 The National Museum of Western Art
2. フランス： (2) ラ・ロッシュ＝ジャンヌレ邸、(3) ペサックの集合住宅、(4) サヴォア邸と庭師小屋、(5) ポルト・モリトーの集合住宅、(6) マルセイユのユニテ・ダビタシオン、(7) サン・ディエの工場、(8) ロンシャンの礼拝堂、(9) カップ・マルタンの休暇小屋、(10) ラ・トゥーレットの修道院、(11) フィルミニの文化の家
3. スイス： (12) レマン湖畔の小さな家、(13) イムーブル・クラルテ
4. ドイツ： (14) ヴァイセンホフ・ジードルングの住宅
5. ベルギー： (15) ギエット邸
6. インド： (16) チャンディガールのキャピトル・コンプレックス
7. アルゼンチン：(17) クルチェット邸

Q&A 98 国立西洋美術館

Q 国立西洋美術館について手短にお話しください。**Please tell me about the National Museum of Western Art in brief.**

A The **National Museum of Western Art** is an art gallery specializing in artworks from the Western traditional culture. The museum was established to house and display the private art collection of a wealthy businessman named Matsukata Kojiro (1866-1950). The initial Main Building (designated as an Important Cultural Property in 2007) was designed in 1959 by French architect Le Corbusier. The New Building was designed in 1979 by Maekawa Kunio. The Matsukata Collection was placed under the control of the French Government during World War II, but was repatriated to Japan in 1959.

【主旨】

国立西洋美術館は、西洋文化の伝統的な美術作品を専門とする美術館です。美術館は富豪の実業家松方幸次郎（1866-1950）の私有財産である美術コレクションを収蔵・展示するために設立されました。最初の本館（2007 年国指定の重要文化財）は 1959 年（昭和 34 年）フランス人建築家ル・コルビュジエによる設計、新館は 1979 年（昭和 54 年）前川國男による設計です。松方コレクションは第二次世界大戦中フランス政府の管理下に置かれましたが 1959 年（昭和 34 年）には日本に送還されました。

Notes

□ **specialize in** ～を専門とする、～を専門に扱う
□ **house** 収蔵［収納］する（=store）
□ **initial** 最初の（=first）
□ **be under the control of** ～の統治［管理］にある
□ **repatriate** 本国へ送還する［送り返す］（=send back to the native country）

国立西洋美術館

アテンドの知識

ル・コルビュジエ（1887-1965）

スイス出身の建築家・都市設計家（urban [city] planner）です。フランスでモダニズム建築の分野で活躍しました。鉄筋コンクリート近代建築の創始者（the founder of modern architecture）でもあります。

松方幸次郎（1866-1950）

日本の政治家、実業家であり、また美術品収集家（an art collector）でもあります。エール大学、ソルボンヌ大学を卒業し、川崎造船所社長（a president of shipyard [dockyard]）を務めました。父は元首相松方正義です。

前川國男（1905-1986）

建築家。東京帝国大学建築学科卒業後に渡仏し、ル・コルビュジエの元で学び、日本の近代建築運動を推進しました。東京文化会館（Tokyo Bunka Kaikan; Tokyo Festival Hall）、東京都美術館（Tokyo Metropolitan Art Museum）など多数設計しました。

17 文化遺産

「神宿る島」宗像・沖ノ島と関連遺産群

Sacred Island of Okinoshima and Associated Sites in the Munakata Region（2017 年 7 月登録）

【所在地】福岡県宗像市・福津市

【概要】4 世紀から現代まで継承される「宗像三女神」を祀る宗像大社、そして大宮司家宗像氏にまつわる史跡や文化財を対象としています。さらには自然崇拝を元とする固有の信仰・祭祀《さいし》が評価されています。沖ノ島は遥かな古代より「神宿る島」として島そのものが信仰の対象であり、4 世紀から 9 世紀にかけて行われた海上祈願に関する古代祭祀の跡が現存します。沖ノ島の出土品は約 8 万点に上り、全てが国宝に指定されています。沖ノ島が「海の正倉院」と称される所以です。

「『神宿る島』宗像・沖ノ島と関連遺産群」の構成資産

1. 宗像市

   宗像大社沖津宮 Okitsu-miya Shrine, Munakata Taisha

   (1) 沖ノ島 Okinoshima (Island)

   (2) 小屋島 Koyajima (Islet)

   (3) 御門柱 Mikadobashira (rock)

   (4) 天狗岩 Tenguiwa (rock)

   (5) 宗像大社沖津宮遙拝所 Okitsu-miya Yohaisho, Munakata Taisha

   (6) 宗像大社中津宮 Nakatsu-miya, Munakata Taisha

☆沖の島と九州本土の間に位置する「大島」に (5)「宗像大社沖津宮遙拝所」および (6)「宗像大社中津宮」がある。

(7) 宗像大社辺津宮 Hetsu-miya, Munakata Taisha

2. 福津市

(8) 新原・奴山古墳群 Shimbaru-Nuyama Mounded Tomb Group

☆九州本土に (7)「宗像大社辺津宮」および (8)「新原・奴山古墳群」がある。

Q&A 99 沖ノ島

Q 沖ノ島について簡潔にお話しください。**Please tell me about Okinoshima in brief.**

A The sacred island of Okinoshima lies approximately 60 kilometers off the coast of Munakata City, Fukuoka Prefecture. Ancient ritual sites linked to prayers for maritime safety remain on Okinoshima today, dating from the fourth century to the ninth century. These rituals were conducted at the same time when overseas exchange between Japan and the Asian continents (Korean Peninsula and Chinese Mainland) became more vigorous.

The ancient Munakata clan worshipped the deity (*kami*) who inhabited Okinoshima, and their faith later led to the worship of the three female deities of Munakata. The sacred island of Okinoshima and associated sites in the Munakata Region have been preserved and passed down by the local people who have nurtured a tradition of faith on the island. The shrine precincts and mounded tomb group of Munakata Grand Shrine (*Taisha*) have been designated as cultural assets and are legally protected as well.

【主旨】

神宿る島である「沖ノ島」は、福岡県宗像市の沖合い約 60km に位置します。沖ノ島には 4 世紀から 9 世紀にかけて行われた海上安全祈願に関する古代祭祀の跡が現存しています。これらの祭祀は日本とアジア大陸（朝鮮半島や中国本土）の間で海上交易が活発であった時期に執り行われていました。

古代の宗像の一族は、沖ノ島に宿る神を崇拝し、彼らの信仰は後の宗像三女神を崇拝することにつながりました。「神宿る島」沖ノ島と宗像地域の関連遺跡は、島の信仰の伝統を育んできた地元住民によって保存・継承されてきました。また宗像大社の境内や古墳遺跡は文化財に指定され、法的にも保護されています。

Notes

- □ **date (from)**（から）始まる；さかのぼる
- □ **vigorous (exchange)** 活発な（交易）
- □ **inhabit**（場所に）居住する（=live in）
- □ **faith** 信仰
- □ **associate (with)**（と）関連する
- □ **pass down** 継承する、伝える
- □ **nurture** はぐくむ、育てる（=bring up; educate）
- □ **cultural asset** 文化財（=cultural property）
- □ **legally** 法的に（=lawfully）

アテンドの知識

沖津宮遙拝所《ようはいじょ》

遙拝所（a place functioned as a hall for worshipping the sacred island from afar [on Oshima Island]）の建物は、訪問者が島に敬意を表する（pay homage to）ための礼拝所（a worship hall）として機能しています。沖ノ島は一般公開されていませんが、大島の海岸段丘（a coastal terrace）に礼拝所が建てられていて、遠方から神聖な島を拝礼することができます。

新原・奴山古墳群

福津市にある新原・奴山古墳群は、海外との交流（interactions with overseas countries）を主導した古代豪族である宗像氏の墳墓群（the tombs of the Munakata clan, a powerful ancient family）で、現在 41 基の古墳で構成されています。宗像の一族は沖ノ島で祭祀を行い（observe rituals)、神聖な島で信仰の伝統を育んだのです。

沖津宮遙拝所

⑱ 文化遺産

長崎と天草地方の潜伏キリシタン関連遺産

Hidden Christian Sites in the Nagasaki Region（2018 年 6 月登録）

【所在地】長崎県・熊本県

【概要】「長崎と天草地方の潜伏キリシタン関連遺産」は、11 年の長い歳月を経てユネスコ世界文化遺産として登録されました。その中核は、江戸時代初期のキリシタンの「禁教と迫害」（the ban on Christianity and persecution）の始まりから明治初期のキリシタンの「解禁と復活」（the official lifting of the prohibition and the revitalization of Christian communities）までの約 250 年間に及ぶ「潜伏キリシタン」（the Hidden Christians）の文化です。

江戸幕府の厳しい禁教政策における迫害の中で、キリスト信徒たちや宣教師たちには、殉教（martyrdom）を辞さない強い信仰を示し、潜伏してまでもその信仰を守り続けた人々がいました。約 250 年という長い禁教期に秘かな祈りを続けた証となる世界的にも希有な世界遺産です。12 の構成資産のうち国宝は「大浦天主堂」のみで、島原・天草一揆の舞台の城も建物は現存せず「原城跡」だけです。他の構成資産は「集落」や「集落跡」です。一見地味な世界遺産のようですが、その内容は奥深さを秘めています。

「長崎と天草地方の潜伏キリシタン関連遺産」の構成資産

1. 原城跡 Remains of Hara Castle
2. 平戸の聖地と集落（春日集落と安満岳）Kasuga Village and Sacred Places in Hirado

(Kasuga Village and Mt.Yasumandake)

3. 平戸の聖地と集落（中江ノ島）Kasuga Village and Sacred Places in Hirado (Nakaenoshima Island)
4. 天草の﨑津集落 Sakitsu Village in Amakusa
5. 外海の出津集落 Shitsu Village in Sotome
6. 外海の大野集落 Ono Village in Sotome
7. 黒島の集落 Villages on Kuroshima Island
8. 野崎島の集落跡 Remains of Villages on Nozaki Island
9. 頭ヶ島の集落 Villages on Kashiragashima Island
10. 久賀島の集落 Villages on Hisaka Island
11. 奈留島の江上集落（江上天主堂とその周辺）Egami Village on Naru Island (Egami Church and its Surroundings)
12. 大浦天主堂 Oura Cathedral

Q&A 100 キリスト教の禁教令

Q 「キリスト教の禁教令」と「信教の自由」について簡潔にお話しください。**Please tell me about the Ban on Christianity and the Freedom of Religion in brief.**

A «The Ban on Christianity» Toyotomi Hideyoshi issued an edict expelling all Christian missionaries from Japan in 1587 because of misgivings about the increase of the Christians. In 1614, Tokugawa Hidetada, the second shogun of the Tokugawa shogunate, issued an edict banning Christianity all over the country and strengthened the strict control of Hidden Christians to abandon their religious belief.

«The Freedom of Religion» When missionaries of Oura Cathedral found out about the brutal crackdown on many Hidden Christians, they appealed to the consulates of Western countries represented in Japan to help stop the persecution. In 1873, the new Meiji Government lifted the ban on Christianity by abolishing signboards proscribing Christianity, granting religious freedom to all Christians. The suppression policy of Christianity in Japan for about 250 years from the Edo period to the Meiji era was eventually put to an end. "The Freedom of Religion" was officially approved by the Meiji Constitution in 1889.

【主旨】

《禁教令》1587年（天正15年）、キリシタンの増加に危惧を抱いた豊臣秀吉（1537-1598）は「伴天連追放令」を発令しました。1614年（慶長19年）第2代将軍徳川秀忠の時代には全国に「キリスト教の禁教令」を出し、棄教するように潜伏キリシタンの厳しい取り締まりを強化したのです。

《信教の自由》大浦天主堂の宣教師らは、潜伏キリシタンへの残忍な迫害を知り、欧米諸国の在日領事に対してこのような迫害を停止するように働きかけました。1873年（明治6年）、明治新政府は「キリスト教禁制の高札」を撤去して解禁とし、全信徒を釈放しました。江戸初期から明治初期に至る約250年間に及んだ日本におけるキリスト教への弾圧政策は終焉を告げました。1889年（明治22年）明治憲法にて「信教の自由」が公認されました。

Notes

□ **an edict expelling all Christian missionaries** 伴天連追放令 ☆キリスト教の布教を禁止し、宣教師を国外に追放すること。「伴天連」は、ポルトガル語の「パードレ」から「神父 / 司祭」(英語で father）の意味。

□ **misgiving** 危惧、不安（=anxiety, fear, a feeling of doubt）

□ **Hidden Christian** 潜伏キリシタン

□ **abandon one's religious belief** 棄教する、信条を捨て去る

□ **brutal crackdown** 残忍な弾圧

□ **persecution** 迫害

□ **lift the ban** 解禁する

□ **abolish** 撤去［廃止］する（=do away with … completely）

□ **the suppression policy of Christianity** キリスト教の弾圧政策

「信徒発見」を記念するレリーフ（大浦天主堂）

アテンドの知識

原城跡

原城跡は、全国禁教の初期である1637年にキリシタン（Christians）が蜂起した「島原・天草一揆」(Shimabara-Amakusa Rebellion [Uprisings])、通称「島原の乱」(Shimabara Rebellion）の主戦場跡です。幕府軍（the Tokugawa shogunate's troops）は約12万6千人の兵力、それに対し一揆勢（the revolt groups）の地元農民とキリスト教徒総勢3万7千人は、16歳の少年天草四郎（本名・益田時貞：1621-1638）を総大将として廃城の原城跡にて結束し、籠城しました。キリシタンが潜伏するきっかけとなった、敗戦した一揆の遺跡です。

大浦天主堂

日本に現存する最古の木造教会です。幕末の1864年に落成し、翌年1865年に献堂式（the dedication ceremony）が行われました。建築設計はフランスのフューレ神父（Father Furet: 1816-1900）とプティジャン神父（Father Petitjean: 1829-1884)、施工は（熊本県）天草出身の棟梁・小山秀之進（1828?-1898）です。1865年大浦天主堂で潜伏キリシタンと宣教師が接触することにより、約250年ぶりにキリシタンたちの潜伏が終わるきっかけにもなりました。これは世界宗教史上では、東洋の「信徒発見」(the Discovery of Hidden Christians）の奇跡とされています。大浦天主堂は国宝（national treasure）に指定されています。

大浦天主堂

19 文化遺産

百舌鳥・古市古墳群
—古代日本の墳墓群

Mozu-Furuichi Kofun Group: Mounded Tombs of Ancient Japan
（2019 年 7 月登録）

【所在地】大阪府堺市・羽曳野市・藤井寺市

【概要】百舌鳥エリア（堺市）と古市エリア（羽曳野、藤井寺両市）に密集する、3 世紀から 6 世紀にかけて築造された 49 基の古墳を含む 45 件の文化資産の総称です。選ばれた古墳は 2 つのエリアの古墳群で、日本が中国の影響のもと中央集権国家となる前の、古墳時代の文化を最も豊かに表しています。

古墳は元来中央や地方の有力者の墓であり、日本全国に 16 万基ほど存在します。その古墳の中から厳選されたものが本文化資産であり、古墳時代の最盛期とされる古墳時代中期（4 世紀後半から 5 世紀後半）を代表するものです。古墳の中には陵墓（皇室の霊廟）と呼ばれ、宮内庁に管理されているものもあります。墳丘の全長が 486 メートルで日本最大の前方後円墳が「大仙古墳（仁徳天皇陵古墳）」です。大仙古墳は広大さにおいて世界最大級の墳墓です。大仙古墳の霊廟（mausoleum）は、中国の「秦の始皇廟」とエジプトの「クフ王のピラミッド」と並ぶ「世界三大墳墓」の 1 つです。

百舌鳥・古市古墳群—古代日本の墳墓群
Mozu-Furuichi Kofun Group: Mounded Tombs of Ancient Japan

「百舌鳥・古市古墳群・古代日本の墳墓群」の構成資産

45 件 49 基の古墳　＊下記の英語訳は文化庁サイトより

❶百舌鳥エリア（大阪府堺市）23 基

1. 反正天皇陵古墳 Hanzei-tenno-ryo Kofun

2. 仁徳天皇陵古墳・茶山古墳・大安寺山古墳 Nintoku-tenno-ryo Kofun, Chayama Kofun and Daianjiyama Kofun
3. 永山古墳 Nagayama Kofun
4. 源右衛門山古墳 Genemonyama Kofun
5. 塚廻古墳 Tsukamawari Kofun
6. 収塚古墳 Osamezuka Kofun
7. 孫太夫山古墳 Magodayuyama Kofun
8. 竜佐山古墳 Tatsusayama Kofun
9. 銅亀山古墳 Dogameyama Kofun
10. 菰山塚古墳 Komoyamazuka Kofun
11. 丸保山古墳 Maruhoyama Kofun
12. 長塚古墳 Nagatsuka Kofun
13. 旗塚古墳 Hatazuka Kofun
14. 銭塚古墳 Zenizuka Kofun
15. 履中天皇陵古墳 Richu-tenno-ryo Kofun
16. 寺山南山古墳 Terayama-minamiyama Kofun
17. 七観音古墳 Shichikannon Kofun
18. いたすけ古墳 Itasuke Kofun
19. 善右ヱ門山古墳 Zenemonyama Kofun
20. 御廟山古墳 Gobyoyama Kofun
21. ニサンザイ古墳 Nisanzai Kofun

❷古市エリア（大阪府羽曳野市・藤井寺市）26 基

22. 津堂城山古墳 Tsudo-shiroyama Kofun
23. 仲哀天皇陵古墳 Chuai-tenno-ryo Kofun
24. 鉢塚古墳 Hachizuka Kofun
25. 允恭天皇陵古墳 Ingyo-tenno-ryo Kofun
26. 仲姫命陵古墳 Nakatsuhime-no-mikoto-ryo Kofun
27. 鍋塚古墳 Nabezuka Kofun
28. 助太山古墳 Suketayama Kofun
29. 中山塚古墳 Nakayamazuka Kofun
30. 八島塚古墳 Yashimazuka Kofun
31. 古室山古墳 Komuroyama Kofun
32. 大鳥塚古墳 Otorizuka Kofun
33. 応神天皇陵古墳・誉田丸山古墳・二ツ塚古墳 Ojin-tenno-ryo Kofun, Konda-maruyama Kofun and Futatsuzuka Kofun
34. 東馬塚古墳 Higashiumazuka Kofun
35. 栗塚古墳 Kurizuka Kofun
36. 東山古墳 Higashiyama Kofun
37. はざみ山古墳 Hazamiyama Kofun
38. 墓山古墳 Hakayama Kofun
39. 野中古墳 Nonaka Kofun

40. 向墓山古墳 Mukohakayama Kofun
41. 西馬塚古墳 Nishiumazuka Kofun
42. 浄元寺山古墳 Joganjiyama Kofun
43. 青山古墳 Aoyama Kofun
44. 峯ヶ塚古墳 Minegazuka Kofun
45. 白鳥陵古墳 Hakuchoryo Kofun

Q&A 101 大仙古墳（仁徳天皇陵古墳）

Q 大仙古墳について簡潔にお話しください。**Please tell me about the Daisen Mounded Tomb in brief.**

A The "Mozu-Furuichi Kofun Group: Mounded Tombs of Ancient Japan" was added to the UNESCO World Heritage list in 2019. The Mozu-Furuichi tumulus clusters span the cities of Sakai, Habikino and Fujiidera in southern Osaka Prefecture. The cultural heritage sites consist of 49 ancient tombs (23 in the Mozu area and 26 in the Furuichi area) that were built over a period of 100 years or so from the latter half of the fourth century.

Among 49 ancient tombs is the Daisen Mounded Tomb, which the Imperial Household Agency considers to be the Mausoleum of Emperor Nintoku. It is called a keyhole-shaped mounded tomb (*kagi-ana no kofun*) in appearance and is regarded as the largest tomb in the world by size. It is also surrounded by a three-ringed moat.

The Daisen Mounded Tomb is basically made up of two sections: a circular mound at the rear where the stone coffin of the deceased imperial member is buried, and a rectangular mound where ceremonies and rituals were performed during the burial. The Daisen Mounded Tomb was built by digging around it, eventually creating a bell-shaped depression that forms the perimeter of the tumulus.

【主旨】

「百舌鳥・古市古墳群ー古代日本の墳墓群」は、2019 年（令和元年）にユネスコ世界遺産に加えられました。百舌鳥・古市古墳群は、大阪府南部の堺市、羽曳野市、藤井寺市に広がっています。文化遺産は4世紀後半から約100年かけて築かれた49基の古墳（百舌鳥エリアの23基と古市エリア26基）で構成されています。

49基の墳墓群の中には宮内庁が仁徳天皇陵とみなす大仙古墳があります。その外観から「鍵穴の古墳（前方後円墳）」とも呼ばれ、その規模は世界最大の古墳とみなされています。そして三重の壕に囲まれています。

大仙古墳は基本的に2つのセクションで構成されています。死亡した皇族の石棺が埋葬されている後部の円形の塚、そして埋葬中に式典や儀式が行われていた長方形の塚です。大仙古墳は、その周りを掘で造られ、いつしか古墳の周囲を形成する鐘形の窪みが形作られました。

Notes

- ☐ **tumulus** (pl. tumuluses; ［ラテン語式］tumuli) 古墳 ▶「高松塚古墳」Takamatsuzuka Mounded Tomb [Tumulus]
- ☐ **mausoleum** (pl. mausoleums; ［ラテン語式］mausolea) ～陵 ▶「神武天皇陵」the Mausoleum of Emperor Jimmu
- ☐ **in appearance** 外観上
- ☐ **a stone coffin** 石棺
- ☐ **depression** 窪み
- ☐ **perimeter (of the lake)** （湖の）周囲、周辺（地域）

アテンドの知識

大仙古墳（仁徳天皇陵古墳）は日本最大の古墳、「前方後円墳《ぜんぽうこうえんふん》」（an ancient burial mound that is square in the front and round in the back）です。前方部を南に向けた墳丘は、全長約486メートル、後円部の径約249メートル、高さ約35.8メートル、前方部の幅約307メートル、高さ約33.9メートルの規模で、3段に築成されています。

大仙古墳は、エジプトの「クフ王のピラミッド」（the Pyramid of King Khufu: 長さ230m、高さ146m）や中国の「秦始皇帝の霊廟」（the Mausoleum of the first Emperor Qin Shi Huangdi: 長さ350m、高さ76m）と比較しても世界最大の古代の墓の1つと言えます。

仁徳天皇（4世紀末から5世紀前半）は、第16代天皇だったと言われていますが、天皇の人生と治世は神話に包まれている（his life and reign are shrouded in myth）ため、彼の存在は物議を醸しています（his existence remains controversial）。しかし、大仙古墳は、国の皇室霊廟（the imperial mausoleum）の1つとして宮内庁によって管理され続けています。

20 文化遺産

北海道・北東北の縄文遺跡群

Jomon Prehistoric Sites in Northern Japan（2021 年 7 月登録）

【所在地】北海道・青森県・岩手県・秋田県

【概要】北海道・北東北の縄文遺跡群は、北海道 6 遺跡、青森県 8 遺跡、岩手県 1 遺跡、秋田県 2 遺跡の合計 17 遺跡で構成されています。発掘された考古遺跡のみで構成されるものとしては、国内初の世界遺産です。これらの遺跡は、縄文時代の集落における生活様式や精神文化を知る上で貴重な文化遺産です。

縄文時代は紀元前 13,000 年頃から稲作が広まった弥生時代の紀元前 400 年頃までの 1 万年以上にわたった時代です。縄文人は、農耕社会に移行することなく、気温の温暖化や寒冷化またそれらに伴う海進・海退の変化に適応しながら、狩猟・漁労・採集を基盤とした生活を継続し、竪穴住居の集落や共同墓地、祭祀場を築きました。そのような営みの中でさまざまな土器や石器を使い、本格的な定住生活を始めた人々が残したものが縄文遺跡です。日本最大級の縄文集落跡「三内丸山遺跡」（青森市）や秋田のストーンサークルと呼ばれる「大湯環状列石」（鹿角市）など、北海道、青森、岩手、秋田に点在する遺跡群が残存しています。ユネスコの諮問機関は、「農耕以前の定住社会と複雑な精神文化を示し、定住社会の発展段階や多様な環境変化への適応を示している」ことを評価したのです。

「北海道・北東北の縄文遺跡群」の構成資産

＊下記の英語訳は文化庁サイトより

❶北海道

1. キウス周堤墓群（千歳市）Kiusu

Earthwork Burial Circles
2. 北黄金貝塚（伊達市）Kitakogane Site
3. 入江貝塚（洞爺湖町）Irie Site
4. 高砂貝塚（洞爺湖町）Takasago Burial Site
5. 大船遺跡（函館市）Ofune Site
6. 垣ノ島遺跡（函館市）Kakinoshima Site

❷青森県
7. 三内丸山遺跡（青森市・特別史跡）Sannai Maruyama Site
8. 小牧野遺跡（青森市）Komakino Stone Circle
9. 是川石器時代遺跡（八戸市）Korekawa Site
10. 亀ヶ岡石器時代遺跡（つがる市）Kamegaoka Burial Site
11. 田小屋野貝塚（つがる市）Tagoyano Site
12. 大森勝山遺跡（弘前市）Omori Katsuyama Stone Circle
13. 二ツ森貝塚（七戸町）Futatsumori Site
14. 太平山元Ⅰ遺跡（外ヶ浜町）Odai Yamamoto Site

❸岩手県
15. 御所野遺跡（一戸町）Goshono Site

❹秋田県
16. 大湯環状列石（鹿角市・特別史跡）Oyu Stone Circles
17. 伊勢堂岱遺跡（北秋田市）Isedotai Stone Circles

Q&A 102 三内丸山遺跡

Q 三内丸山遺跡の主な特徴は何ですか。**What is the main feature of the Sannai Maruyama Site?**

A "Jomon Prehistoric Sites in Northern Japan" are comprised of 17 ancient sites across Hokkaido, Aomori, Iwate and Akita prefectures that are reflective of a hunter-fisher-gatherer society, which prevailed in Japan for more than 10,000 years (from about 13,000 BCE to 400 BCE).

Among the historic sites, the Sannai Maruyama Village in Aomori Prefecture, which dates back around 5,900 years, features a large settlement with the remains of large buildings and roads arranged systematically. The Sannai Maruyama Site, a special historic site, is one of the largest Jomon period settlements in Japan where excavation and investigation of the remains are conducted. The symbol of the historic site is the restored tower of the "Excavated Large Pillar Building." The Sannai Maruyama Settlement has provided historical artifacts as well as a look into the lives of the people of the past.

【主旨】

「北海道・北東北の縄文遺跡群」は、北海道、青森県、岩手県、秋田県の 17 の遺跡で構成されており、1 万年以上（紀元前 13,000 年頃から紀元前 400 年頃）にわたって日本で普及していた狩猟・漁労・採集社会を反映しています。

遺跡の中でも、約 5,900 年前にさかのぼる青森県の三内丸山ムラの遺跡の特徴としては、大きな建物や道路の跡が整然と整った大きな集落があることです。特別史跡に指定された「三内丸山遺跡」は、発掘調査が行われた日本の遺跡のうちで最大級の縄文時代の集落の 1 つです。遺跡のシンボルは「大型掘立柱《ほりたてばしら》建物」の復元塔です。三内丸山集落の提供する歴史的遺物から過去の人々の生活を垣間見ることができます。

Notes

- ☐ **be composed of** 構成する（=consist of）
- ☐ **reflective (of)** 反映するような（=reflecting）
- ☐ **prevail** 普及する（=exist in many places）
- ☐ **settlement** 村落、集落
- ☐ **remains** 遺跡（=ruins）
- ☐ **excavation** 発掘
- ☐ **investigation** 調査
- ☐ **artifact** 人工遺物（=anything made by human work or skill）

アテンドの知識

三内丸山遺跡からの発掘物

三内丸山遺跡の縄文遺跡群は、竪穴住居（pit dwellings）、掘立柱の建物（pillar-supported buildings）、墓（graves）、貯蔵ピット（storage pit）、儀式用の土塚（ritual earthen mounds）を備えた大規模なハブ集落遺跡（hub settlement site）です。動植物の残骨（animal and plant remains）やその他の人工遺物（artifacts）として大量の鍋（pots）や石器（stone tools）などが発掘されました。これらの発見は、当時の庶民の暮らし（livelihood）を示しています。また 2,000 点を超える日本最多の土偶（clay figures）を含む膨大な量の儀式道具（ritual tools）が発掘されています。さらにこれらの発見（findings）は祭事や儀式（rituals and ceremonies）が長期間にわたって継続的にここで行なわれていた（perform continuously over a long period of time）ことを示しています。

1 自然遺産

屋久島

Yakushima（1993 年 12 月登録）

【所在地】鹿児島県熊《くま》毛《げ》郡《ぐん》屋久島町

【概要】九州最南端の大隅半島（the Osumi Peninsula）の佐多岬（Cape Sata）から南南西に約 60km の海上に浮かぶ山岳島。九州最高峰である宮《みや》之《の》浦岳《うらだけ》（標高 1,936m）を含む、屋久杉（the Yaku-Sugi; Japanese cedar; crytomeria Japonica：樹齢 1,000 年以上の老樹のスギ）が無数に自生する大自然の島です。島の面積（約 $500km^2$）のうち約 21%（島の 5 分の 1）が世界遺産に登録されています。

屋久島

中央部に聳える宮之浦岳をはじめ 1,000m 級の山々が 40 座以上連なり「洋上のアルプス」と呼ばれています。日本一の降水量がスギ原生林を育み、1954 年（昭和 29 年）には特別天然記念物に指定されました。天然スギは標高 1,000 ～ 1,500m の範囲に多く自生し、その数は 2,000 本を越えます。標高 1,200 ～ 1,300m 付近には「紀元杉」（推定樹齢 3,000 年）や「縄文杉」（推定樹齢 2,000 ～ 7,200 年）などの巨木がみられます。また樹齢 1,000 年未満のスギは「小杉」と呼ばれます。2,000m 近い山々があるため、亜《あ》熱帯《ねったい》から亜《あ》寒帯《かんたい》の植物が海岸線から山頂にかけて垂直に分布しており、カシ（oak tree）、シイ（chinquapin tree）、クス（camphor tree）などが日本最大の常緑広葉樹《じょうりょくこうようじゅ》林《りん》（照葉樹林《しょうようじゅりん》 an evergreen forest）を形成しています。島の 90%を占める神秘的な森には特異な生態系（ecosystem）が育まれ、島固《こ》有種《ゆうしゅ》（endemic species）の植物

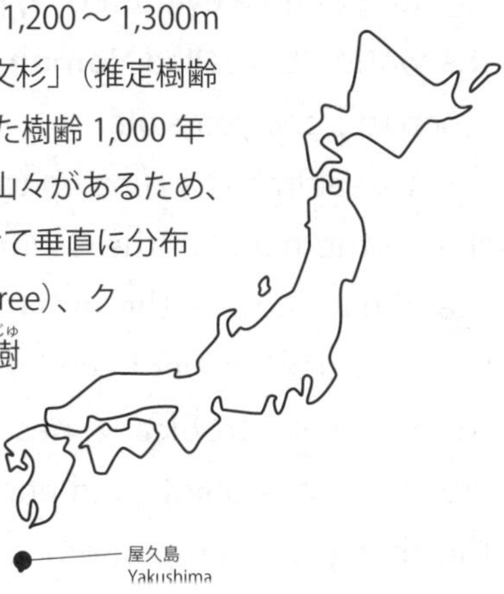

が 50 種近く、屋久島を南限とする植物は約 150 種、北限とする植物は約 20 種も見られます。また島固有種の動物ヤクシマザル（Yaku monkey）やヤクシカ（Yaku deer）が生息し、島北部の永《なが》田《た》浜は世界有数のアカウミガメ（loggerhead sea turtle）の産卵地としてよく知られています。その島の特性から「東洋のガラパゴス」とも呼ばれます。

Q&A 103 屋久島

Q 屋久島の主な特徴は何ですか。**What are the main features of Yakushima Island?**

A One of the main features of **Yakushima** is that it has one of the largest temperature and seasonal changes on earth. It is said to rain "35 days a month" because it rains so much on this island. With so much rainfall throughout the year, the island is covered with deep green forests which include "*Yaku-sugi*," the symbol of Yakushima. The term '*Yaku-sugi*' (designated as Natural Monuments) is used only for cedar trees over 1,000 years old. '*Yaku-sugi*' trees growing in this area have their roots sometimes extending even from leaves or stalks, forming themselves into strange shapes. A cedar discovered in 1966 which is situated at an elevation of 1,300 meters is assumed to be the oldest in the world. It is called '**Jomon-sugi**', which is said to be anywhere from 2,000 to 7,200 years old.

Yakushima is a subtropical island situated about 60 km south from the southern end of the Osumi Peninsula in Kagoshima Prefecture. This island has snow in the mountains, often for months, while the ocean temperature is never below 18°C. It is possible to see a variety of plants from both subtropical zones and subarctic zones on the island. There are many rare plants and animals due to the abundance of water and the changes in temperature at different altitudes. The flora range from mangroves to alpine plants, and the fauna display traits unique to Yakushima Island as seen in the Yaku monkey and Yaku deer.

Seventy-five percent of the total area of the island is mountainous. There are many mountain peaks over 1,500 meters high including **Mt. Miyanoura-dake** (1,936m), the highest mountain in Kyushu. Mt. Miyanoura-dake is located in the center of the island surrounded by numerous smaller mountains and covered in dense forest noted for cryptomeria trees known as *Yaku-sugi*. Yakushima is sometimes called “the Alps on the ocean.”

【主旨】

屋久島の主な特徴の 1 つと言えば、地上最大の気温と季節の変化です。この島は降雨量が多く、「ひと月に 35 日間は雨が降る」とさえ言われています。年間降雨量が多いため、屋久島のシンボル「屋久杉」を含め深緑の森で覆われています。「屋久杉」(天然記念物に指定）の用語は樹齢 1,000 年以上に及ぶ杉樹木にのみ使用されます。この地域で茂る「屋久杉」は、時にはその根を葉や茎からさえも広げ、奇形を呈しています。1966 年（昭和 41 年）に発見された 1,300 メートルの標高に位置する杉は、世界最古の樹木と推定されています。「**縄文杉**」と呼ばれ、樹齢は 2,000 年から 7,200 年とも言われています。

屋久島は鹿児島県の大隅半島南端から約 60km の南方海上に位置する亜熱帯の島です。この島の山岳地域では数か月にも及ぶことが多い積雪がある一方、海水の温度は 18 度より下ることがありません。この島では亜熱帯から亜寒帯の両面に及ぶ多様な植物を目にすることができます。豊富な降水と標高の違いによる気温の変化があるため、珍しい動植物が多数生息しています。植物相はマングローブから高山植物にまで分布し、動物相ではヤクシマザルやヤクシカのような屋久島固有の特性がみられます。

島全域の 75 パーセントは山岳地帯です。九州最高峰の**宮之浦岳**（1,936m）を含み 1,500m 以上の山岳が多数散在しています。宮之浦岳は小さな山々に囲まれ、また屋久杉で知られる有名な杉の密林で覆われた島の中心地にあります。屋久島は時として「洋上のアルプス」の呼ばれます。

Notes

- ☐ **cedar tree**　スギ　☆杉花粉 cedar pollen
- ☐ **elevation**　高度、標高
- ☐ **assume**　推定する
- ☐ **subtropical zone**　亜熱帯
- ☐ **subarctic zone**　亜寒帯
- ☐ **altitude**　高度、標高
- ☐ **dense forest**　密林

2 自然遺産

白神山地

Shirakami -Sanchi（1993 年 12 月登録）

【所在地】青森県の南西部から秋田県北西部にかけて広がる山地

【概要】約 8,000 年前頃に形成された東アジア最大規模の「ブナの原生林」（the untouched virgin [unspoiled primeval] forest of Japanese beech trees）が広がる山岳地帯です。

白神山地

白神山地は、ヨーロッパのブナ林に比べ植物相が多様で、多種多様な動植物の生息地となっています。植物の生態系（an ecosystem; an ecology system）や動物の遺伝子保存（gene conservation; genetic preservation）の場として学術的に貴重な場と言えます。

最高峰の向白神岳《むかいしらかみだけ》（1,243m）、主峰の白神岳（1,232m）など標高 1,000m 級の山が連なり、その森林には 500 種以上の植物が生育し、ニホンカモシカ（Japanese serow：国指定の特別天然記念物）、ヤマネ（Japanese dormouse：国指定の天然記念物）、クマゲラ（black woodpecker：国指定の天然記念物）やイヌワシ（golden eagle：国指定の天然記念物）など希少な動物や、また 2,000 種以上の昆虫が生息します。遊歩道が整備されているため、白神山地全体が美しい大自然の景観を鑑賞できる森林博物館の様相を呈しています。

Q&A 104 白神山地

Q 白神山地の特徴は何ですか。**What are the features of Shirakami-Sanchi?**

A **Shirakami-Sanchi** is the general name for an extensive mountainous region of 130,000 hectares ranging from the southwest of Aomori Prefecture to the northwest of Akita Prefecture.

The main feature of the Shirakami Mountain Range is the virgin forest of **Japanese beech**, unique amongst world forests. Beech trees make up a large portion of the untouched primeval forest. This is not only one of the last natural beech forests left in East Asia but also one of the largest beech forests in the world.

Along with the beech primeval forest, another main feature of the Shirakami Mountain Range is the mountainous landscape cut through with deep gorges and peppered with lakes and waterfalls, attracting many visitors and trekkers to the area. **Lake Juni-ko** is a lake of mystery in the northwestern foothills of the Shirakami Mountain Range, which is surrounded by a dense beech forest. The lake actually is composed of a group of 33 lakes and marshes in all. Among them is 'Aoike Pond' with its beautiful cobalt blue water, which is always fascinating for visitors. **Anmon-no-taki** Falls is the most beautiful scenic spot in the Shirakami Mountain Range. It is easily accessible on foot and is a popular sightseeing destination. It is a must-see for tourists.

The Shirakami Mountain Range provides an important environment for plant and animal habitats. It is home to some of the most unique plants in the world and rare animals including a protected species of dormouse, black woodpeckers, Asiatic black bears, Japanese serow, Japanese macaque and golden eagles. The vast primeval beech forest, which is home to this precious population of flora and fauna, and many popular sightseeing destinations, is much like a forest-life museum.

【主旨】

白神山地は青森県の南西部から秋田県北西部にかけて広がる130,000haの山岳地帯の総称です。

白神山地の主な特色は、**ブナ**の原生林であり、世界の森林の中でもユニークなものです。人の手が加えられていない原生林の大部分を構成しているのがブナの樹木です。これは東アジアに残された、最後のブナ天然林の１つであると同時に世界最大のブナ森林の１つでもあります。

ブナの原生林と並び、白神山地の主な特徴といえば、深い渓谷に沿って切り開かれ、湖や滝などが散在する山々の景色で、個々に訪れる人やトレッキングをする人々を引きつけてやみません。**十二湖**は白神山地北西部の山麓にあるブナの密林に囲まれた神秘的な湖です。実際には湖は全部で33の湖沼の集合体です。中でもコバルトブルーの水をたたえた透明度の高い「青池」は非常に美しく、多くの来訪者を魅了しています。**暗門滝**は白神山地の中で最も美しい景観を呈しています。徒歩でも行くことができるので、人気の高い観光目的地になっています。観光客にとっては必見です。

白神山地の連山は、植物の自生地また動物の生息地として重要な環境を供給しています。世界でも非常にユニークな植物、また保護された種のヤマネ（リスとネズミの中間の動物、日本固有種）、黒キツツキ（木や崖などに穴を掘り、そこに巣をつくる鳥）、ツキノワグマ、日本カモシカ、日本ザルそしてイヌワシなどの珍しい動物の生息地でもあります。貴重な動植物の宝庫であるブナの原生林、そして人気のある多くの観光地はさながら森の生きた博物館のようです。

Notes

- □ **general name** 総称
- □ **virgin forest** 原生林（=primeval forest）
- □ **gorge** 渓谷
- □ **pepper** 随所にふりかける、浴びせる
- □ **be composed of** から構成される
- □ **destination** 行先、目的地
- □ **a must-see** 必見もの ▶This scenic spot is a must-see for tourists. この観光地は観光客にとって必見です。
- □ **plant and animal habitat** 動植物の生息地 ▶habitat for native animals 在来動物の生息地
- □ **flora and fauna** 動植物

アテンドの知識

ブナの木

ブナ（beech tree）はブナ属の落葉高木の総称。以前ブナの木は椎茸《しいたけ》栽培以外にはあまり活用されず、白神山地でも手つかずでした。自然の中で倒れ放置されたブナは、他の樹木や生物の生存に不可欠な栄養分を供給します。白神山地のブナの原生林には多種多様な樹齢の大木が見られます。特に人為的な影響を受けない原生林地区が広がる場所は世界でも珍しく、1997年（平成９年）には白神山地で新しい酵母菌《こうぼきん》「白神こだま酵母」が発見され、その広がりがバイオビジネスの世界でも注目を浴びています。

3 自然遺産

知床

Shiretoko（2005 年 7 月登録）

【所在地】北海道斜里郡《しゃりぐん》斜里町、目梨郡《めなしぐん》羅臼町《らうすちょう》

【概要】オホーツク海（the Sea of Okhotsk）に面する知床半島（the Shiretoko Peninsula）の陸域と知床国立公園に隣接する海域（海岸線から約 3km 沖まで）の面積 71,100ha が世界遺産に登録されています。

知床

陸域には、知床最高峰の羅臼岳《らうすだけ》（1661m）や硫黄山《いおうざん》（1562m）などの千島火山帯（the Chishima volcanic zone）が縦走《じゅうそう》します。針葉樹《しんようじゅ》（エゾマツやトドマツなど）や落葉《らくよう》広葉樹《こうようじゅ》（ミズナラやシナノキなど）の原生林（virgin [primeval] forest）が広がり、ヒグマ（brown bear）、エゾシカ（Yezo deer）、キタキツネ（north fox）などの哺乳動物（mammal）、ロシアから飛来し越冬する希少種《きしょうしゅ》のオジロワシ（white-tailed eagle：天然記念物）などの鳥類が生息します。

海域には、世界最南端に接岸する流氷《りゅうひょう》（drift ice; ice floe; ice floating on the surface of the water）が訪れます。知床の海を覆いつくす流氷がもたらす大量のプランクトン（plankton：浮遊生物）は、様々な海洋生物の栄養源、生命の糧となっています。秋になると、海を回遊して体いっぱいに栄養を蓄えたサケ（salmon）の仲間は、故郷知床の河川を遡上《そじょう》し、山に生きる野生動物の餌として捕食されます。動物の排泄物や死骸、魚の食べ残しなどは植物の栄養素となり陸地に還元され、知床の森を豊かにします。生きるものと死んでいくものが、海と山の栄養の循環をつくっています。

流氷がもたらす「陸海一体の多様な生態系」（a full mountain-to-the-sea [marine and terrestrial] ecosystem）を育む相互作用（interaction）こそが、知床の価値を高めていると言えます。

Q&A 105 知床

Q 知床の主な特徴は何ですか。**What are the main features of Shiretoko?**

A **Shiretoko** is a long narrow peninsula jutting out about 65km off the northeast end of Hokkaido into the Sea of Okhotsk. Shiretoko is located on a picturesque peninsula with precipices and sea-eroded rocks that protrude into the waters of the northern Pacific. Shiretoko is also noted as a virgin forest region which is made up of volcanoes, caldera lakes, and waterfalls along the sea cliffs.

The main feature of Shiretoko is an ecological system with few equals in the world. The Shiretoko ecosystem is a clear example of the linkage between marine and terrestrial ecosystems. Shiretoko is located at the southern limit of the Northern Hemisphere where ice floes can still be seen. It is an outstanding model of an area in which a marine ecosystem influenced by floating ice converges with a terrestrial ecosystem. The salmon and trout that migrate to the sea off Shiretoko are an important food resource supporting a terrestrial ecosystem filled with rare animals (such as bears and birds). It is an important wildlife preservation area, with unique features unlike any other in the world.

The various wild animals to see in Shiretoko are also one of the area's most appealing features. When autumn comes, salmon and trout come back from the Sea of Okhotsk and the North Pacific Ocean, swimming upstream to spawn. When winter arrives, huge white-tailed eagles arrive from the Kamchatka Peninsula in Russia, while seals raise their pups on the floating ice floes. About 200 brown bears and a large number of Japanese deer can be seen at many spots along the peninsula.

The coastline cliffs facing the Sea of Okhotsk rise up more than 100 meters high, and visitors can take a look at waterfalls large and small cascading directly into the sea as well as abundant colonies of seabirds. In winter, visitors can enjoy the beautiful seascape as the coasts of Shiretoko are surrounded by drifting ice floes, changing the Sea of Okhotsk into a gleaming white snowfield.

【主旨】

知床は北海道の北東部約65km沖合まで伸び、オホーツク海に長く突き出ている狭い半島です。知床は北太平洋の海にせり出す断崖《だんがい》や海食岩《かいしょくがん》の見られる美しい半島です。知床は原生林の地域でも知られ、火山、カルデラ湖それに海の断崖沿いに見られる滝などから成っています。

知床の主な特色は世界に類をみない生態系システムにあり、海洋と陸上の生態系の連鎖を示す明確な典型例となっています。知床は北半球における流氷観察の南限です。そのため、流氷の影響を受けた海洋生態系が陸上生態系へ作用を及ぼす地域の好例となっているのです。知床沖合へ回遊するサケやマスは、陸上生態系を支える重要な食物資源となります。そこには、ヒグマやオジロワシといった希少動物も多く含まれます。このようにして、知床は世界でも珍しい野生動物の重要保護地域となっているのです。

知床に見られる多種多様な野生動物はこの地域の最も魅力的な特徴の1つでもあります。秋には、オホーツク海や北太平洋からやって来るサケやマスが産卵のため川の上流にさかのぼります。冬には、白い尾のオジロワシがロシアのカムチャッカ半島からやって来ます。他方ではアザラシが流氷上で子を育てます。半島の多くの場所では約200頭のヒグマや多数のエゾシカが見られます。

オホーツク海に面する海岸沿いの絶壁は100m以上の高さでそそり立ち、観光客は直接海上に流れ込む大小の滝や海鳥の群れを見ることができます。冬になれば、流氷に覆われた知床海岸はオホーツク海をきらめく白い雪原に変え、観光客は美しい海景を堪能できるのです。

Notes

- ☐ **jut out** 突き出ている（=protrude into）
- ☐ **precipice** 断崖（=cliff）
- ☐ **sea-eroded rocks** 海食岩
- ☐ **ecological system** 生態系 ☆ ecosystem とも略される。
- ☐ **linkage** 連鎖
- ☐ **terrestrial ecosystem** 陸上生態系
- ☐ **Hemisphere** 半球
- ☐ **ice floes** 流氷（=drifting [floating] ices）
- ☐ **rare animal** 希少動物
- ☐ **wildlife** 野生動物
- ☐ **preservation** 保護、保存
- ☐ **spawn** 産卵する
- ☐ **pup** こども
- ☐ **colonies of seabirds** 海鳥の群れ

4 自然遺産

小笠原諸島

Ogasawara Islands（2011 年 6 月登録）

【所在地】東京都小笠原村

【概要】小笠原諸島は、東京都特別区の南南東に約 1,000km 離れた太平洋上に浮かぶ大小 30 余の島々から成り立っています。

　約 4,800 万年前から数百万年かかって海洋プレートのみにより形成された海洋島であり、一度も大陸と地続きになっていません。そのため、島の生物は環境に合わせて独自の進化を遂げ、小笠原諸島にのみに生きる多数の固有種（indigenous species）が希少な生態系（rare ecosystems）を形成しています。

「小笠原諸島」の主要な構成資産

1. 聟島列島 Muko-jima Islands
2. 父島列島 Chichi-jima Islands
3. 母島列島 Haha-jima Islands
4. 北硫黄島 North Iwo-to Island
5. 南硫黄島 South Iwo-to Island
6. 西之島 Nishi-no-shima Island

☆西之島は、1973 年と 2013 年の海底火山の噴出物によって「新しい陸地」（西之島新島と命名されている）を形成する。

Q&A 106 小笠原諸島

Q 小笠原諸島の特徴は何ですか。**What are the features of the Ogasawara Islands?**

A **The Ogasawara Islands** is the general term for 30 islands of various size scattered over the Pacific Ocean. The islands are located around 1,000 kilometers south of the central Tokyo. The islands are made up of three groups of archipelago, the whole area of which forms a part of Ogasawara National Park. Today only the two largest islands, Chichijima and Hahajima, are inhabited.

The island chain has never been connected with the main island of Japan or any continent, allowing its ecosystem to evolve independent of outside influences. Therefore, the region is rich in unique plant and animal species. There are over 160 species of indigenous plants and more than 100 kinds of animals that are native to the islands. This situation is similar to that of wildlife in the Galapagos Islands, Ecuador. Ogasawara has been dubbed "the Galapagos of the Orient" for its rich and distinctive natural assets.

While the UNESCO designation of the islands has brought more tourists, some islanders worry that this trend could also lead to the destruction of the natural environment. As part of nature conservation efforts, only 100 tourists are allowed to visit **Minami-jima**, the most popular spot in the Ogasawara chain, only by small boat from Chichijima per day for a short two-hour stay. Visitors should pay attention not to import any seeds or alien species to the islands. They must refrain from collecting or otherwise harming the local plants and wildlife as well.

【主旨】

小笠原諸島は太平洋に散在する大小 30 ほどの島の総称です。東京の都心から約 1,000 キロ南にあります。諸島は 3 つの列島から成り、その全域は小笠原国立公園の一部です。

現在人が住居する島は父島と母島の2島のみです

小笠原列島は，これまで日本の本州やどの大陸とも一度もつながったことがなく、そのおかげで島々の生態系は外からの影響を受けずに進化しました。したがって、この地域では固有の動植物種が豊富です。160種以上の固有種の植物、それに100種以上の当島固有の動物が生息します。これはエクアドル領ガラパゴス諸島の野生生物と似た状況です。この豊富な固有性を有する自然資産のおかげで小笠原諸島は「東洋のガラパゴス」の異名で呼ばれています。

小笠原諸島がユネスコに指定されたことで観光客も増えた一方、そうした傾向により自然環境の破壊につながるのではないかと心配する島民もいます。自然保護活動への取り組みの一環として、小笠原諸島で最も人気のある**南島**には2時間だけ滞在でき、父島からの小型船で1日にわずか100人の観光客しか行くことができません。観光客はこの島へはどのような種子や外来種をも持ち込まないように留意しなければなりません。また当地の動植物を採集したり、害を及ぼしたりしないようにすべきです。

Notes

- □ **archipelago** 列島、群島 ☆複数形は archipelagos; archipelagoes
- □ **ecosystem** 生態系
- □ **evolve**（生物が）進化する
- □ **independent of** ～から独立して、～と無関係である
- □ **indigenous** 固有の（=endemic）
- □ **similar to** ～と類似する
- □ **wildlife** 野生生物
- □ **dub**（人をニックネームで）呼ぶ
- □ **trend** 傾向
- □ **destruction** 破壊
- □ **natural environment** 自然環境
- □ **conservation** 保存
- □ **pay attention to** 注意を払う

アテンドの知識

南島

「沈水カルスト地形」という石灰岩特有の地形をもつ父島南西沖の小さな無人島。島内は多種多様な植生に加え海鳥やウミガメの産卵地として知られています。海は野生のイルカ、美しい熱帯魚や珊瑚が見られる南国の楽園で、エコツーリズムの島です。2003年（平成15年）以降は南島適正利用規定が厳しくなり、上陸には東京都のガイドが同行します。ガイド1人につき15名が利用でき、1日当たり100名のみ、最大利用時間は2時間です。

5 自然遺産

奄美大島、徳之島、沖縄島北部及び西表島

Amami-Oshima Island, Tokunoshima Island, Northern Part of Okinawa Island, and Iriomote Island（2021 年 7 月登録）

【所在地】鹿児島・沖縄県

【概要】鹿児島県の「奄美大島」と「徳之島」、沖縄県の「沖縄島北部（国頭村、大宜味村、東村）」と「西表島」の 4 島は、国内南西端に位置する琉球列島に含まれます。琉球列島はかつてユーラシア大陸の一部で、太古の地殻変動によって分断・孤立しました。亜熱帯の照葉樹林やマングローブ林など豊かな自然が広がり、独自の生態系が残存しています。

この世界遺産の価値は、なによりも固有種や国際的な希少種が生息・生育していること、つまりこの地域の生物多様性です。昔ながらの形態をとどめながら生き残ってきた「遺存固有種」、そして各々の島の環境に適応するよう独自の進化を遂げた「新固有種」がこの 4 島地域に今も息づいているのです。

「奄美大島、徳之島、沖縄島北部及び西表島」の構成資産

中琉球 the Central Ryukyu
1. 奄美大島 Amami-Oshima Island
2. 徳之島 Tokunoshima Island
3. 沖縄島北部 Northern part of Okinawa Island

南琉球 the Southern Ryukyu
4. 西表島 Iriomote Island

Q&A 107 奄美大島、徳之島、沖縄島北部及び西表島

Q この世界自然遺産における４つの島についてお話しください。
Please tell me about the four islands in this World Natural Heritage Site.

A Japan's southern islands of Amami Oshima, Tokunoshima, and Iriomote as well as the Yanbaru Region in the north of Okinawa Island, were registered as a UNESCO World Natural Heritage Site in 2021. All the areas are found in the subtropical Nansei island chain that extends from southwestern Kyushu to northern Taiwan, and are part of Okinawa and Kagoshima prefectures.

•**Amami-Oshima**, the largest of the Amami Islands, is located 380 kilometers south of Kagoshima City with a coastline of 461 kilometers. The island is part of Amamigunto National Park, and the surrounding seas are crystal clear.

•**Tokunoshima**, the second largest of the Amami Islands, is located halfway between Amami Oshima and Okinoerabujima approximately 489 kilometers south of Kyushu and 100 kilometers north of Okinawa. Tokunoshima has a beautiful coral coastline and beaches, and several of the island's beaches form part of Amamigunto National Park.

•The Yanbaru region makes up mountain areas in the **northern part of Okinawa Island** that spans the villages of Higashi, Kunigami and Ogimi (popularly called Yanbaru San-son). The region contains an abundance of subtropical forested hills and endemic species of flora and fauna. Yambaru National Park was established in 2016 and the area was included in a submission for inscription on the UNESCO World Heritage List.

•**Iriomote Island** and **Yanbaru** (the northern part of the main island of Okinawa) were registered as a UNESCO World Heritage Site to protect their important biodiversity and rare endemic species. The

Iriomote area is largely undeveloped, with nearly 90 percent of its land covered by dense jungle and Japan's largest mangrove forest designated as a national natural monument. In particular, the island is also famous for the habitat of the Iriomote cat found only on Iriomote. Almost all of Iriomote Island is designated as Iriomote-Ishigaki National Park.

【主旨】

2021 年（令和 3 年）日本の南の島である奄美大島、徳之島、西表島、沖縄島北部のやんばる地方がユネスコ自然遺産に登録されました。この地域はすべて、九州南西部と台湾北部の間を走る亜熱帯の南西諸島にあり、沖縄と鹿児島県の一部です。

・**奄美大島**は奄美群島の中で最大の島で、鹿児島市から南へ約 380km に位置し、周囲およそ 461km の海岸線を有しています。奄美大島は奄美群島国立公園の一部であり、島を取り巻く海は水晶のように澄み切っています。

・**徳之島**は奄美群島の中で 2 番目に大きい島で、奄美大島と沖永良部島の中間にあり、九州の南約 489km、沖縄の北約 100km に位置しています。徳之島は珊瑚礁の海岸線が美しく、島のビーチのいくつかは奄美群島国立公園の一部を形成しています。

・やんばる（山原）地方は**沖縄島北部**にある山岳地域を指し、東村、国頭村また大宜味村（通称「やんばる三村」）が点在しています。この地域には、亜熱帯の森林に覆われた丘と固有種の動植物が豊富に残存しています。2016 年（平成 28 年）にはやんばる国立公園が設立され、この地域がユネスコ世界遺産リストに登録される提出文に含まれました。

☆この地域は第二次世界大戦の沖縄での激戦（Battle of Okinawa）時に多数の人々が避難した地区（area of refuge）でもあります。

・**西表島**と**やんばる**（沖縄島北部）は、重要な生物多様性と希少な固有種を保護するために、ユネスコの世界遺産に登録されました。西表島地域はほとんど未開発で、その土地の 90% 近くが密集したジャングルと国の天然記念物に指定されている日本最大のマングローブ林に覆われています。特に、この島は西表島でのみ見られる野生猫であるイリオモテヤマネコの生息地としても有名です。西表島のほぼ全域は西表石垣国立公園に指定されています。

Notes

- ☐ **fauna and flora**　動植物（=animals and plants）
- ☐ **biodiversity**　生物多様性
- ☐ **subtropical island**　亜熱帯島
- ☐ **endemic (animal)**（その土地）固有種の（動物）
- ☐ **habitat**　生息地（=the place where an animal or plant naturally lives or grows）

アテンドの知識

国指定の特別天然記念物

世界遺産の構成資産になっている4島には国の特別天然記念物に指定されている有名な動物（animals designated as a special natural monument by the Japanese government）が多数生息しています。奄美大島と徳之島の「アマミノクロウサギ」（奄美大島と徳之島にだけ生息する体長40～50cmほどのウサギ科の固有種）、沖縄島北部の「ヤンバルクイナ」（山原《やんばる》地域のみに生息する鳥類の固有種）、西表島の「イリオモテヤマネコ」（「ヤマネコの生息する世界最小の島」と言われる西表島にのみ生息するネコ科の固有種）などが生息しています。大陸から離れ分離結合を繰り返しながら孤立した過程において独自に進化した多様な動植物（animals and plants evolved independently）です。それらの多くは絶滅が危惧されている希少種（critically endangered rare species）であり、生物多様性を保全する上で重要な地域です。

2017年（平成29年）に奄美大島と徳之島は「奄美群島国立公園」に、2016年（平成28年）に沖縄島北部は「やんばる国立公園」に、そして西表島は1972年（昭和47年）に国立公園に指定され、2016年（平成28年）には周辺の海域を含むほぼ全域が「西表石垣国立公園」に指定されています。

奄美群島

西表島のマングローブ

西表島の海岸

著者・校閲者紹介

山口百々男（やまぐち　ももお）

サレジアン・カレッジ（哲学科・神学科）卒業。ラテン語・イタリア語に精通。東京大学にて教育学研修後、ハーバード大学留学（英語）。大阪星光学院中学・高等学校およびサレジオ学院高等学校の元教頭。旧通訳ガイド養成所（現・文際学園日本外国語専門学校および大阪外語専門学校）の初代校長兼元理事（創業に参画）。全国専門学校日本語教育協会元理事。全国語学ビジネス観光教育協会（元理事）付属観光英検センター顧問。英検１級２次面接および観光英検１級面接の元試験官。著書に『和英：日本の文化・観光・歴史辞典』、『観光英検２級の精選過去問題』、『観光英検３級の精選過去問題』（以上三修社）、『和英日本文化辞典』（ジャパンタイムズ）、『和英・日本ことわざ成語辞典』（研究社）など多数。

牧野眞一（まきの　しんいち）

日本大学大学院文学研究科修士課程史学専攻終了（文学修士）。学校法人九里学園（浦和大学・浦和大学短期大学部・浦和実業学園中学・高等学校）元理事長。職務遂行の傍ら、大航海時代の日本の歴史研究に携わる。

Deryk Bliss（デリック・ブリス）

ビクトリア大学（文学士）、バーミンガン大学（M. A. 文学修士）、早稲田大学（博士号 PhD. candidate）。アイアンブリッジ国際文化遺産研究所勤務。専修大学・文教大学非常勤講師。観光英検試験１級２次面接の元試験官。日本文化に造詣が深い。

佐原正夫（さはら　まさお）

学習院大学法学部政治学科卒業。実用英語技能検定１級・TOEIC 990点取得。日本ユニシス株式会社、日本コンベンションサービス（各種国際会議・放送通訳担当）、学究社勤務等を経て、現在、日本外国語専門学校（通訳・翻訳担当）・観光英検センター勤務。共著に『英語通訳ガイド試験・問題と解説』（研究社）、『カタカナ英語ハンドブック・英語の発想をつかむ』（三修社）などがある。